The Influence of Resource
Endowment and Institutional
Environment on New Ventures' Growth

资源禀赋、制度环境与新企业成长

李贡 著

南京大学出版社

图书在版编目(CIP)数据

资源禀赋、制度环境与新企业成长 / 李贲著. —南京：南京大学出版社，2024.4
ISBN 978-7-305-27320-9

Ⅰ.①资… Ⅱ.①李… Ⅲ.①企业成长－研究 Ⅳ.①F271

中国国家版本馆 CIP 数据核字(2023)第 201350 号

出版发行	南京大学出版社
社　　址	南京市汉口路22号　邮　编 210093
书　　名	资源禀赋、制度环境与新企业成长 ZIYUAN BINGFU ZHIDU HUANJING YU XINQIYE CHENGZHANG
著　　者	李　贲
责任编辑	王日俊
照　　排	南京开卷文化传媒有限公司
印　　刷	江苏凤凰数码印务有限公司
开　　本	718 mm×1000 mm　1/16 开　印张 13　字数 248 千
版　　次	2024 年 4 月第 1 版
印　　次	2024 年 4 月第 1 次印刷
	ISBN 978-7-305-27320-9
定　　价	88.00 元

网　　址：http://www.njupco.com
官方微博：http://weibo.com/njupco
官方微信号：njupress
销售咨询热线：(025)83594756

* 版权所有，侵权必究
* 凡购买南大版图书，如有印装质量问题，请与所购
  图书销售部门联系调换

作者简介

李贲,男,汉族,1986年3月出生,浙江湖州人,经济学博士,南京财经大学讲师、硕士生导师。主要研究方向为产业经济、区域经济与企业创新,先后在《中国工业经济》、《外国经济与管理》、《中国科技论坛》、*Post-Communist Economies* 等国内外期刊发表论文多篇;参与国家社会科学基金重点项目1项、国家社会科学基金一般项目1项、省部级项目多项;主持国家自然科学基金青年项目1项。

本书获得南京财经大学青年学者支持计划(2019年)、江苏现代服务业协同创新中心和现代服务业智库的资助。

序

新企业是经济增长的新生力量,微观新企业成长推动着中观产业结构的转型升级和宏观经济增长的新旧动能转换。新企业大多致力于开发新产品、开辟新市场,市场需求的快速增长既是企业成长的机遇也是企业面临的风险:一方面,初创期企业资源有限,组织管理能力弱,市场不确定性强,新企业成为企业死亡高发地;另一方面,新市场新需求给予企业更大的发展空间,一些企业存活并快速成长。新企业成长一直是学术界、企业和政府管理部门关注的重点问题,人们一直都在探索新企业走出死亡陷阱并快速成长的秘密,本书也希望在这个问题上有所贡献。

企业资源禀赋和制度环境是新企业演化发展的内外条件,企业资源禀赋和制度环境之间的联结构成了新企业成长路径的动态发展过程。本书以新企业成长的决定因素为研究对象,从企业资源禀赋和外部制度环境两方面研究新企业的成长动因,从成长路径的"锁定"和"解锁"重新解读新企业成长的内外影响机制,通过分析资源禀赋和制度环境在新企业成长路径"锁定"和"解锁"中的作用来解释二者对新企业成长的影响;从组织"烙印"作用、"资源拼凑"行为解剖新企业成长过程的资源禀赋和制度环境作用演化机制,反映出在资源禀赋和制度环境条件下企业应对行为与企业成长的关系,也显示出新企业成长的复杂性和主动性。

中国是社会主义市场经济国家,中国企业有独特的属性和成长的制度环境。本书从企业所有制属性、区域制度环境、产业政策环境以及开发区制度设计等方面,阐述中国企业特有的资源禀赋和外部制度环境。从产业政策导向、产业竞争强度、产业规模壁垒等方面,分析不同产业环境下资源禀赋和制度环境对新企业成长的影响,考察分析了中国企业成长的产业环境影响。中国改革的独到之处和成果所在是采取先"增量改革"后"存量改革"的顺序,开发区是中国渐进式改革实践中重要的增量制度安排,对促进企业成长发挥着重要作用。从增量制度的视角,借助开发区设立这一准自然实验,分析制度环境对新企业成长的影响研究,对增量制度与新企业成长的关系进行因果识别,真实地反映了中国企业成长特有的制度环境。

  本书是作者基于博士论文完成的专著,不可避免存在一些不足,有待以后进一步研究。资源禀赋是新企业成长内在基础,制度环境是新企业成长的外部条件,企业在成长过程中依据外部环境和内部资源条件,企业战略选择是生存发展的关键,考虑企业战略选择影响,更贴近现实中企业成长过程。每天有数万家新企业成立,仅有少数企业成为未来市场的佼佼者,企业的成长过程跌宕起伏、千差万别,对新创企业发展过程的追踪调查研究,可以发现中国新企业成长的特有路径,拓展现有企业成长理论体系。

吴利华

2023 年 10 月 24 日

前　　言

企业是市场的微观主体，企业成长是经济增长和产业演化的微观基础。新企业的创立及其成长是经济转型和高质量发展的重要推动力量，但新企业在成长过程中市场风险大、死亡率高是一个不争的事实。同时，近年来，随着新冠疫情发展、国际经贸摩擦、地缘安全冲突等外部不确定性的持续增加，新企业在成长和发展过程承担更大的风险。新企业初始资源不足、组织合法性低、外部关系薄弱、资源获取途径有限，深受资源约束和合法性门槛的困扰，存在"新进入缺陷"。为什么有的新企业能够茁壮成长，而有的新企业举步维艰，甚至死亡？哪些因素是影响新企业成长的决定因素？在当前国内国际经济环境日趋复杂多变的背景下，分析新企业成长动因，考察新企业成长规律，进而助力新企业健康发展，具有非常重要的现实意义。

本书以新企业成长为研究对象，从企业资源禀赋和外部制度环境两方面研究新企业的成长动因。通过梳理和借鉴既往研究，将新企业成长过程解读为成长路径的"锁定"与"解锁"两个方面，分析资源禀赋和制度环境影响新企业成长的作用机制以及产业特征对作用机制的影响；在界定核心概念的基础上，测算了新企业成长率、新企业资源禀赋水平，分析了新企业的成长特征；基于理论机制和现状特征的分析，构建了资源禀赋、制度环境对新企业成长影响的实证模型，实证研究了资源禀赋、制度环境对新企业成长的影响程度，对两者交互作用的机制进行了检验，并从制度环境细分层面、企业控股结构两方面进行了异质性分析。由于不同产业演化中的新企业成长存在差异，本书从产业政策导向、产业竞争强度、产业规模壁垒三个方面，进一步实证研究了不同产业特征情况下资源禀赋和制度环境的异质性作用。增量制度是改革过程中制度环境变化的典型表现，本书以开发区设立作为准自然实验，使用倾向得分匹配基础上的双重差分方法（PSM-DID），补充了对增量制度与新企业成长关系的因果识别。

本书获得的主要结论包括：

1. 资源禀赋和制度环境通过成长路径的"锁定"和"解锁"影响新企业成长。

创立初期的内外条件对新企业演化具有路径依赖的"锁定"作用，而后续的特殊事件、外部变化和进一步战略行为具有路径变迁的"解锁"作用。新企业资源使用效率和资源获取是其成长的两个重要方面，同时连接资源禀赋和制度环境两者之间的相互关系。资源禀赋和制度环境在企业成长路径"锁定"和"解锁"中的作用及两者的相互关系构成了新企业成长的动态发展过程。资源禀赋对新企业成长的影响主要体现在：初始资源禀赋能够强化组织"烙印"作用，将新企业锁定在易于成长的路径之上；丰裕的资源禀赋有利于实现新企业成长路径的"跃迁"；资源禀赋有助于强化"资源拼凑"行为，缓解新企业的资源约束，改善"新进入缺陷"问题。制度环境对新企业成长的影响主要体现在：制度环境的改善有助于新企业提高资源使用效率、获取后续资源，进而缓解新企业的资源不足，强化新企业成长路径的"锁定"过程；区域制度改善通过营造更加规范和公平的新企业成长环境，可以触发新企业演化路径的"解锁"过程；制度环境的改善有助于新企业获得身份认同、提高合法性程度，突破"合法性门槛"，进而获得快速成长。

2. 新企业的成长既依赖于内部资源禀赋，又受到外部制度环境的影响。

资源禀赋和制度环境对新企业成长率均具有正向影响，即丰裕的企业资源禀赋和良好的制度环境质量均能够促进新企业成长；同时，两者存在互补的作用关系，即资源禀赋越丰富，制度环境质量越好，越有助于促进新企业的成长。(1) 在企业股权异质性方面，资源禀赋、制度环境对国有控股新企业成长的作用与对非国有控股新企业的作用存在差异：在国有控股企业情形下，新企业的成长更依赖于资源禀赋，制度环境质量的改善反而抑制了其成长。(2) 在制度环境异质性方面：在作用方向上，制度环境三个细分层面（经济制度环境、政府行政制度环境和法律保护制度环境）的影响方向和制度环境总体的影响结果保持一致；在作用强度上，制度环境三个细分层面的影响存在差异，经济制度环境和法律保护制度环境的作用强度大于政府行政制度环境的作用强度。

3. 新企业成长过程需要遵循产业演化的运行规律,不同产业特征会影响资源禀赋和制度环境的作用。

首先,在产业政策导向方面,资源禀赋、制度环境对受引导行业新企业的作用与对受管制行业新企业的作用呈现异质性;制度环境总体改善更有利于受引导行业新企业的成长,对受管制行业新企业反而有抑制作用。其次,在产业竞争强度方面,行业竞争强度越低,资源禀赋对新企业成长的促进作用越强;行业竞争强度越高,制度环境对新企业成长的促进作用越强。最后,在产业规模壁垒方面,行业规模壁垒越高,新企业成长对资源禀赋的依赖越强;行业规模壁垒越低,制度环境对新企业成长的促进作用越强。

4. 开发区设立的准自然实验表明,增量制度建设对新企业成长具有"扶持"作用。

总体而言,开发区设立促进了新企业规模的扩大,有助于新企业成长。在开发区异质性方面,开发区对新企业成长的促进作用与开发区的级别有关:国家级开发区和省级开发区能促进新企业的规模扩张,而市级及以下开发区的影响并不显著;同时,国家级开发区的影响程度显著优于省级开发区。在行业异质性方面,基于要素密集度的行业差异并没有影响开发区设立对新企业规模扩张的作用。这说明新企业资源缺乏的普遍性,新企业自身资源的匮乏和对资源的渴求,使得开发区设立对新企业规模成长具有普遍的促进作用。同时,机制检验发现,"政策效应"和"集聚效应"是开发区影响新企业成长的重要传导机制。

上述研究结论可以为中国情境下新企业成长问题提供新的借鉴思路:助力新企业茁壮成长,既可以从企业内部资源禀赋入手,改善"自身条件",也可以从外部制度环境入手,加强"外部建设"。本研究有助于更全面、更细致地解读中国情境下新企业的演化规律,可以为助力新企业更快更好发展提供科学依据和合理对策。

目　　录

第一章　绪论 …………………………………………………………… 001
　1.1　问题的提出 ……………………………………………………… 001
　1.2　基本概念界定 …………………………………………………… 007
　1.3　文献综述 ………………………………………………………… 018
　1.4　研究思路与框架结构 …………………………………………… 029
　1.5　研究方法与创新之处 …………………………………………… 033

第二章　新企业成长的内外影响机制分析 …………………………… 037
　2.1　理论基础 ………………………………………………………… 038
　2.2　资源禀赋与新企业成长 ………………………………………… 045
　2.3　制度环境与新企业成长 ………………………………………… 048
　2.4　基于产业差异的新企业成长异质性 …………………………… 055
　2.5　新企业成长的"锁定"与"解锁"：资源禀赋与制度环境 …… 058
　2.6　本章小结 ………………………………………………………… 061

第三章　中国新企业成长的特征分析 ………………………………… 063
　3.1　新企业的规模成长特征 ………………………………………… 063
　3.2　新企业的资源禀赋特征 ………………………………………… 072
　3.3　新企业的制度环境特征 ………………………………………… 075
　3.4　新企业演化的行业特征 ………………………………………… 083
　3.5　本章小结 ………………………………………………………… 087

第四章　资源禀赋、制度环境对新企业成长影响的实证研究 ……… 090
　4.1　研究问题的提出 ………………………………………………… 090
　4.2　研究设计 ………………………………………………………… 091
　4.3　估计结果与分析 ………………………………………………… 096
　4.4　稳健性检验 ……………………………………………………… 104

  4.5 进一步研究：资源禀赋与制度环境的交互作用 …… 106
  4.6 本章小结 …………………………………………… 109

第五章 基于产业特征的新企业成长差异分析 …………… 111
  5.1 研究问题的提出 ………………………………… 111
  5.2 产业政策导向对新企业成长的影响 …………… 112
  5.3 产业竞争强度对新企业成长的影响 …………… 118
  5.4 产业规模壁垒对新企业成长的影响 …………… 124
  5.5 本章小结 ………………………………………… 130

第六章 增量制度对新企业成长影响的实证研究 …………… 132
  6.1 研究问题的提出 ………………………………… 132
  6.2 增量制度建设和开发区发展的经验事实 ……… 133
  6.3 研究设计 ………………………………………… 136
  6.4 估计结果与分析 ………………………………… 143
  6.5 稳健性检验与机制检验 ………………………… 152
  6.6 本章小结 ………………………………………… 157

第七章 研究结论、对策与展望 …………………………… 159
  7.1 主要结论 ………………………………………… 159
  7.2 对策建议 ………………………………………… 162
  7.3 不足与展望 ……………………………………… 165

参考文献 …………………………………………………………… 167
后　记 …………………………………………………………… 194

第一章 绪论

本章主要介绍本书的选题背景与研究意义、拟解决的关键问题、基本概念界定、文献综述、研究思路与框架结构、研究方法与创新之处,从总体上把握本书的研究内容、研究思路和预期目标。

1.1 问题的提出

1.1.1 选题背景

1. 现实背景

在改革开放40多年的历程中,中国经济出现过举世罕见的高速增长。1978—2012年中国国内生产总值(GDP)平均增速达到了9.9%,从2012年起中国GDP增速出现了明显的回落,2012年及此后五年增速分别为8.6%、7.1%、8.3%、6.4%、6.7%和6.9%[①]。这表明中国经济增长阶段的根本性转换,呈现出新常态:从高速增长转为中高速增长;经济结构不断优化升级;从要素驱动、投资驱动转向创新驱动。创业型经济是21世纪的重要特征(彼得·德鲁克,2009);新企业的成立和发展是现代经济发展的重要推动力量(Schumpeter,1934)。中国经济发展迫切需要改变旧的发展方式,形成新的发展方式,而创业创新是打造新引擎与改造旧引擎的重要手段。

为了打造中国经济升级版,在2014年夏季达沃斯论坛的开幕式上,国务院总理李克强第一次在公开场合发出了"大众创业,万众创新"的号召。2015年《政府工作报告》首次将"大众创业,万众创新"写入其中,提出"打造大众创业、万众创新和增加公共产品、公共服务'双引擎',推动发展调速不减势、量增

---

① 数据来源:国家统计局 http://data.stats.gov.cn/easyquery.htm? cn=C01。

质更优,实现中国经济提质增效升级。"国家"十三五"规划(2016—2020年)进一步提出"深入推进大众创业万众创新","把大众创业万众创新融入发展各领域各环节,鼓励各类主体开发新技术、新产品、新业态、新模式,打造发展新引擎"。同时,政府从国家宏观层面和区域行业层面积极出台政策,为鼓励创新创业和助力新企业发展提供外部支持。全球创业观察(Global Entrepreneurship Monitor,GEM)多年的中国报告数据显示,我国已成为创业活动最活跃的国家之一。国家工商总局统计数据显示,2013年全国平均每天新登记企业数量为6 900户,2014年和2015年分别增长至1.06万户和1.2万户,全国范围内掀起了创新创业的热潮。

但在中国企业发展的过程中,新企业生存风险大、死亡率高是一个不争的事实。新企业在成立的最初阶段,普遍存在容易陷入生存危机导致破产的现象。据美国劳工部劳动统计局统计,美国新创企业成立5年后能保持存活的约占总数的一半,且仅有三分之一的企业生存时间能够超过10年;英国RSA保险集团的分析报告显示,55%的英国中小企业寿命不超过5年。OECD国家数据显示,创立两年内失败的企业占20%~40%,只有40%~50%的新企业存续时间超过7年。而中国企业成长的衰减速度显著高于其他国家(王永进等,2017),新企业成长问题更为严峻。国家工商总局2013年发布的《全国内资企业生存时间分析报告》显示:中国企业成立后的3~7年间为退出市场的高发期,近五成的企业存续时间在5年以下,中小企业的寿命相对更短。新闻媒体也纷纷报道新企业存在寿命短、成长困难的现象:彭博通讯社调查发现新企业有80%在创业的前18个月里宣告失败;《财富》杂志则报道中国中小企业平均寿命仅为2.5年。新企业生存困难、发展不足、生命周期短是一个不容忽视的问题。

同时,近年来,随着新冠疫情暴发、国际经贸摩擦、地缘安全冲突等外部不确定性的持续增加,新企业的成长和发展过程承担着更大的风险。2020年突如其来的新冠疫情在全球暴发并不断蔓延,对各国经济发展造成巨大冲击,也给新企业的正常经营带来多方面的阻碍。首先是企业受停工停产的影响面临不同程度的直接经济损失;其次是新冠疫情引发市场需求呈现一定程度的萎缩;第三是企业现金流需要经受考验,往往有资金需求却面临融资难的困境。据艾瑞咨询研究院数据显示,2017年以后中国中小微企业利润同比增速由正值降为负值;受新冠疫情影响,2020年中小微企业利润加速下降,下滑比率超过30%。此外,中美经贸摩擦不断升级,行业竞争加剧,对新企业生存能力提出了更高要求;乌俄地缘冲突等国际事件也不断引发地区紧张局势和能源供应波动,造成产业链供应链"断链"可能,进而影响新企业的正常运行。

创新创业活动的重要价值不仅在于新企业数量的增多,更重要的是新企业持续成长。中小企业解决了社会大量的就业需求,新企业不仅创造了相当数量的就业岗位,而且发现和创造了新的市场机会,新企业的健康成长对于国民经济的持续增长尤为重要。但初创期企业存在"新进入缺陷"①(Stinchcombe,1965)。相对于成熟企业,新企业在初创期会面临企业资源不足、组织合法性较低、外部关系较弱等约束,遇到更多的生存挑战和成长困难,新企业的演化过程中存在相当高的失败可能(杜运周等,2009)。在当前外部环境持续变化的背景下,考察新企业成长的一般规律和在中国经济转型情境下的具体情况,进而提高新企业的生存率、助力新企业持续成长迫在眉睫。

2. 理论背景

回顾既有文献,企业成长研究一直是经济学、管理学和组织学等领域的重要议题,对于揭示经济增长路径、产业演进规律、企业决策模式等具有重要的价值(肖兴志等,2014)。相对来说,新企业成长研究是一个起步较晚且涉及多个学科研究领域的研究主题(Cooper等,1994;Gilbert等,2006)。从既有文献来看,不同学科领域的新企业成长研究基于不同的出发点,提供了多种不同的解释和相异的结论(Ambos和Birkinshaw,2010),呈现出"丛林现象"。现有相关研究尚未获得比较统一的认识,新企业成长研究成果仍然缺乏(Samuelsson和Davidsson,2009;梁强等,2017)。

不同领域、不同流派的理论成果为本书奠定了进一步研究的基础,提供了参考与借鉴,指引了思考的方向。企业生命周期理论虽然在成长阶段数量和阶段划分等方面尚有争议(Kaulio,2003),但提示了新企业成长所体现的阶段性特征。资源观理论从内生因素的角度考察企业成长的源泉,新制度经济学

---

① "新进入缺陷"(liability of newness)指新企业在创建后因为自身所存在的功能缺陷对生存环境的不适应,类似新生儿因为尚未发育齐全而出现的功能缺陷。新企业在创立之初容易遭遇失败和倒闭,随着时间推移"死亡率"下降。"新进入缺陷"是新企业生存与发展过程中一系列成长困难和组织特征的集中体现。

理论又引入了制度变迁等外部因素,产业组织理论则从产业环境角度考察产业特征对新企业成长的影响。演化经济学更关注资源创造、企业生产、历史演化过程,提供了研究新企业成长的新概念和新范式。虽然它们都未能全面地解读新企业成长的动力来源,但都贡献了丰富而富有见地的观点和视角,同时提示本书在对新企业成长因素的考察过程中需要兼顾内因和外因,需要考察产业特征等方面的异质性,采用比较全面的视角才能得出尽可能严谨和科学的结论。

既往的新企业研究往往从某一方面分析新企业成长的影响因素和机理,难免认识片面和研究离散。(1)管理学领域的相关研究中存在多种视角:企业资源视角侧重分析资源整合机制,强调创立资源、资源获取对新企业创立和成长的影响;组织发展视角则关注组织特征对企业绩效的影响和企业发展过程中的组织变化规律,注意到初始条件对发展路径的"烙印"作用;创业机会视角关注创业过程,从机会存在、机会识别、机会开发等方面阐述新企业创立的条件和过程。(2)经济学领域的相关研究中,产业经济学理论关注产业特征对新企业成长的影响、新企业进入市场后与在位企业的博弈关系;企业经济学理论则结合微观经济学与管理学的理论,关注新企业创立情境下,企业资源、核心能力、战略决策与企业竞争优势的机制;制度经济学理论则通过交易费用、委托代理等概念,在对企业规模边界的考察中引入制度、契约和环境因素等外生变量。(3)心理学领域的研究关注可以将创业者与非创业者相分离的心理特质,通过对特质、认知、动机、情感等方面因素的考察来说明企业家禀赋和新企业创立的关系。

现有新企业成长研究主要呈现三大主题:第一个方面是与一般企业或者成熟期企业相比较,新企业演化过程的特殊性,即"新进入缺陷"现象和原因;第二个方面是关注新企业采用何种成长模式能够跨越初创期,致力于对新企业成长机理的研究;第三个方面是对"一些新企业死亡而另一些新企业维持成长"现象的解释,探究影响新企业成长问题的决定因素(Shephard,2000)。新企业成长研究已经认识到,新企业存在高死亡率和高失败率,"新进入缺陷"是新企业成长困境的集中体现;内外条件的"烙印"作用、"资源拼凑"行为等概念的提出,为解读新企业成长过程提供了新的思路,指引了可行方向。但对于新企业成长机制的剖析和成长因素的实证研究仍然存在"缺口"(田莉,2012;梁强等,2017),而且中国情境下的既有研究以理论为主,由于数据和识别的问题,对于中国新企业成长的实证研究相当匮乏(田莉,2012)。

1.1.2 选题意义

1. 理论意义

本书通过梳理和归纳既有研究成果,从成长路径的"锁定"和"解锁"两个方面入手重新解读新企业成长的内外影响机制,通过分析资源禀赋和制度环境在新企业成长路径"锁定"和"解锁"中的作用来考察这两者对新企业成长的影响。在此基础上,构建资源禀赋和制度环境对新企业成长影响的实证模型。因此,本书研究的理论价值主要体现在:

(1)突破了单一视角考察新企业成长动因的不完整性,尝试更全面地分析新企业成长的一般规律。既往的新企业研究往往从某一方面分析新企业成长的影响因素和机理,难免认识片面。本书以资源禀赋和制度环境为研究对象,从企业内部因素和外部环境条件两个方面同时入手,并考虑到两者的相互作用关系,能够更全面地解读新企业成长过程。

(2)突破对成长动因的零散解读,构建了新企业内外影响机制的分析思路。既有研究往往从单一角度解读新企业成长问题,尚无统一的框架能够给出较为全面和完整的解释。本书整理多个流派的理论基础、新企业成长的现有文献,借鉴组织"烙印"作用、"资源拼凑"行为等既有研究成果,将新企业成长过程重新解读为成长路径的"锁定"和"解锁"两个方面,并以此分析资源禀赋和制度环境的作用,从而形成考察新企业成长动因的新思路。

2. 现实意义

本书在机制分析和现状描述的基础上,通过计量模型实证研究了资源禀赋和制度环境对新企业成长的影响,并对两者机制作用的相互关系进行了检验。本书不仅分析了制度环境细分层面、企业控股结构的异质性影响,还补充了基于产业特征的新企业成长差异分析和增量制度对新企业成长的实证研究。因此,本书研究的现实意义主要体现在:

(1)科学测算新企业成长、资源禀赋和制度环境,为深刻认识中国新企业成长特点和成长规律提供新方法和直观依据。本书通过借鉴既往文献,尽可能科学界定新企业、资源禀赋和制度环境,通过使用绝对形式和相对形式更稳健地测算新企业成长率,使用财务资源、人力资源来衡量资源禀赋,使用市场化总指数和分项指数来衡量制度环境及其细分层面,从而为相关实证研究提供了新思路。

(2)充分考察各种异质性因素,为破解中国新企业成长困境提供细致的经验证据。既有文献中新企业成长机制的剖析和成长因素的实证研究仍然缺乏,特别是对中国情境下的实证研究相当匮乏。本书不仅实证分析了资源禀赋和制度环境对新企业成长的影响,同时对新企业成长的内外影响机制进行了检验,更重要的是做了两个方面的补充:一方面,分析了不同产业特征带来的资源禀赋和制度环境对新企业成长的异质性影响;另一方面,通过准自然实验实证分析了增量制度安排对新企业成长的影响。本研究有助于更全面、更细致地解读中国情境下新企业演化规律,从而可以为助力新企业更快更好发展提供科学依据和合理借鉴。

1.1.3 拟解决的关键问题

从新企业成长的研究背景、研究意义出发,本书拟解决的关键问题包括依次递进的三个部分。

关键问题之一:新企业成长、资源禀赋、制度环境的概念内涵是什么以及分别如何测算?

解决办法:通过梳理和归纳现有新企业、企业成长率、资源禀赋、制度环境等方面的研究文献,拟根据企业生命周期理论的阶段性差异来解读新企业成长的含义与特点;拟通过指标构建、衡量变量、测算方法这三个方面的选择,形成本书新企业成长率的衡量指标;拟根据新企业特征、资源类型特点、资源拼凑行为的需要,归纳资源禀赋主要形式,选择主要的财务资源和人力资源作为实证研究中资源禀赋的具体变量;拟将制度环境分为经济制度环境、政府行政制度环境、法律保护制度环境三个细分层面,采用各省区市场化总指数和分项指数,作为制度环境的具体测算指标。

关键问题之二:资源禀赋、制度环境影响新企业成长的作用机理是什么以及两者之间存在怎样的相互关系?

解决办法:通过回顾和整理新企业成长的既有文献,拟将新企业成长过程解读为成长路径的"锁定"和"解锁"两个方面,拟重点关注内部条件中的资源禀赋和外部环境中的制度环境;通过分别解读资源禀赋、制度环境在新企业成长路径"锁定"和"解锁"中的作用,来分析新企业成长的内外影响机制,同时区分了资源类型和制度环境细分层面的异质性影响;通过机制分析与现状描述,构建计量模型,通过交互项的引入,对资源禀赋和制度环境在新企业成长过程的相互关系进行机制检验。

关键问题之三:资源禀赋、制度环境对新企业成长的影响是否具有异质性?是否是有条件的?如何强化两者的促进作用?

解决办法:基于新企业、资源禀赋、制度环境的概念内涵,使用人力资源和财务资源来衡量资源禀赋,在实证研究中分析资源禀赋的稳健性作用;采用市场化总指数和分项指数作为制度环境总体质量和细分层面的衡量指标,在机制研究中分析制度环境与资源禀赋交互作用及其异质性影响;在基准回归下,拟考察制度环境细分层面、企业股权结构的异质性。此外,实证研究又从不同产业特征和增量制度安排的角度,补充考察资源禀赋和制度环境对新企业成长的异质性影响。通过分样本回归和引入交互项,分析了产业政策导向、产业竞争程度、产业规模壁垒对资源禀赋、制度环境作用强度的异质性影响;从增量制度安排的角度,使用倾向得分匹配基础上的双重差分方法(PSM-DID),来识别开发区设立对新企业成长影响的因果关系。

1.2 基本概念界定

概念的澄清和界定是学术研究的前提,本书的研究涉及一些重要要素,在展开正式研究之前,本节首先明确这些要素的概念和测算方法。

1.2.1 企业成长

对企业成长的研究由来已久,现有理论和实证文献颇为丰富。企业成长是一个多维度的现象(Zahra 等,2010;Delmar 等,2003),已有文献不断挖掘出其丰富的内涵;同时,实证研究选择不同的指标构建、变量衡量和测算方法对企业成长进行测度。梳理企业成长的一般含义和测度方法是本书研究的基础。

1. 企业成长的概念和内涵

"成长"一词最初来自生物学的研究中,表示一个生物有机体从小到大的变化过程和发展机制(刘曜和干胜道,2011)。一般来讲,"成长"所表述的是一个事物由低级层面向高级层面转化的动态过程。对于"企业成长",马歇尔(1981)较早地用树木生长的规律来解读企业成长的原理,指出企业成长是一个"适者生存,优胜劣汰"的过程。因此,"企业成长"不仅是企业实现生存和发展而体现出的存续状态,也是企业由小变大、由弱变强的不断发展过程(杨杜,1996)。

相关领域的众多研究对于"企业成长"的界定,主要侧重于两个方面:一个方面是规模的扩大,即"量"的变化;另一个方面是绩效的提高,即"质"的变化(刘曜和干胜道,2011)。在量变的层面,企业成长可以理解为企业在经营效率既定的境况下,企业自身规模的持续扩大;在质变的层面,企业成长可以理解为企业在自身规模既定的境况下,其生产效率的提升。因此,"企业成长"可以视为自身规模与整体经营效益的同步增长,是"质"与"量"的有效结合。企业成长"量"的提升通常表现为一个企业其拥有资源的持续增多,体现在产品销售额、总资产规模与利润率等方面;而"质"的提升往往取决于企业自身的变革以及自主创新能力大小,进而表现在自身经营资源性质的变化、企业内部结构重组等方面(张玉利,2004)。

国内外学者从不同的角度对"企业成长"的内涵进行解读。Coase(1937)认为企业成长表现为企业功能的扩张;Penrose(1959)则认为企业成长是企业规模的扩张,依赖于获取资源能力;Trewatha 和 Newport(1979)则强调企业成长来源于一个组织在其内外环境中的存活能力。汤文仙和李攀峰(2005)从三个维度来说明企业成长,认为这是一个囊括了规模扩张、知识积累和制度建设的综合过程;李政(2005)则认为企业成长是在企业存续的基础上实现量变与质变的过程,量变是手段,质变是目的。

归纳诸多既有研究可以发现,企业成长具有三个层次的内涵(刘曜和干胜道,2011):(1)企业成长是一个动态变化的过程,是过去历史的演进和未来发展的趋势;(2)企业成长是内外因素的统一,既表现为可测指标数量上的外在增长,又体现为内部资源性质的改善、内部组织结构的调整、生产效率和技术水平的提升等多方面的变革;(3)企业成长需要考虑企业的存续性问题,即企业是否可以持续为社会及消费主体创造相应的价值。

2. 企业成长的测度

回顾相关实证研究,对企业成长的测度存在多种选择,主要体现在三个方面:第一个方面是指标构建方式的选择;第二个方面是具体变量的选择;第三个方面是测算方法的选择。

(1) 指标构建的选择

指标构建方式的选择是指使用单一指标还是构建指标体系。单一指标是使用某一个单独的变量,通过某一测算方法,作为企业成长的度量指标。指标体系是使用一系列变量,通过一定的测算方法并设定不同的权重,用整个指标体系作为企业成长的度量指标。王永进等(2017)、盛斌和毛其淋(2015)直接使用销售额增长率作为企业成长的被解释变量,袁鹏等(2017)则使用工业总产值作为企业规模指标来考察企业成长,杜传忠和郭树龙(2012)、李洪亚等(2014)、李洪亚(2014)使用就业人数来度量企业规模并用企业规模的变化率来测算企业成长。这类研究都选择了单一指标。而陈闯等(2009)、Clercq 和 Sapienza(2010)、Wijbenga 等(2007)的研究使用问卷数据来构建企业成长的指标体系,郭韬等(2017)也从企业规模与成长趋势两个方面使用了 7 个指标来构建企业成长的绩效指标体系。这些研究都选择构建指标体系的方式来度量企业成长。

不同的指标构建方式各有优劣。构建指标体系的做法可以尽可能地体现企业成长的内涵,但对数据的质量要求比较高,往往适合于问卷调查数据;同时依赖于具体变量和测算方式的选择,使用不同的指标和权重可能获得不一致的结论。而使用单一指标虽然无法全面体现企业成长的内涵,但从既有文献来看,因其具有简单直接的优点,使用单一指标测度企业成长是更为普遍的实证研究手段。因此,从数据可得性和测算可行性来说,单一指标是既有研究条件下比较合适的选择。

(2) 衡量变量的选择

Delmar(2006)综述了大量实证研究的文献,发现用于测算企业成长率的企业规模变量主要有以下几种:企业的销售收入、就业人数、企业业绩、资产总额、市场份额等。对这些变量的不同选择,可能带来企业成长实证研究中的结果差异。这些差异不仅取决于指标的主客观性质,还源于变量在企业经营发展过程中的作用差异。

最常用的变量是销售收入和就业人数,使用频率约占所搜集文献总数的60%(Delmar,2006)。这两个变量是比较客观的衡量指标,数据也比较容易获得,而且从其体现的内涵来说争议较少。相对企业销售收入、资产总额来说,就业人数不易受价格因素的影响,对通货膨胀情境下的企业成长研究来说,这是更合适的变量选择。企业销售收入的变化往往与企业员工数量的变化有比较高的相关性,但受到市场需求的波动性影响(Anderson和Strigel,1981)。企业管理者会等待和确定稳定的需求水平,从而避免因为市场的短期波动而雇佣或解雇员工。因此,企业就业人数是企业生产计划的工具变量,但销售需求的变化比员工数量的变化更快,就业人数经常会滞后于销售需求。此外,资产的变动高度依赖于资本结构,因此,资产总额这个变量更适合资本密集型行业。对于服务业而言,资产总额并不是一个合理的衡量指标;但对于制造业企业来说,资产总额体现了企业所拥有的全部资源,是可供选择的度量指标。

虽然有不少研究使用了企业成长的主观衡量,但相关变量选择饱受诟病。有相当数量的学者对这些变量构建的有效性提出了为数不少的合理质疑。虽然企业成长状况与企业家、企业管理者个人期望之间的比较,能反映企业的客观表现,但不同的人对相同的成长或表现的满意度也会有所不同。对企业成长的主观的相对度量依赖于企业家、企业管理者的知识和对情境的感知(Chandler 和 Hanks,1993)。如果不能控制这些因素,那么对企业的实际增长情况的主观评论可能不具备可比性。

(3) 测算方法的选择

关于企业成长描述企业状态(规模或者效率)在两个时间点之间的差异,既往的研究主要有两种测算思路:一种是计算绝对值的改变,另外一种是计算相对值的改变。具体来说,可以使用三种不同的测算方法:第一种测算方法是直接用前后两期企业规模的差值来衡量,即 $GS_{it} = Scale_{it} - Scale_{it-1}$;第二种测算方法是前后两期企业规模取对数后计算差值,即 $GS_{it} =$

$\log(Scale_{it})-\log(Scale_{it-1})$；第三种测算方法是前后两期企业规模的差值除以前一期企业规模，即 $GS_{it}=(Scale_{it}-Scale_{it-1})/Scale_{it-1}$。后两者没有实质性的差异，但使用对数形式有助于消除因为数据数量级相差过大导致的系统性误差。而使用绝对形式与使用相对形式来测算企业成长，两者之间存在一定的差异。企业增长率随着规模的增大而降低是一个普遍规律（王永进等，2017）。与绝对形式指标相比较而言，对于小企业居多的样本，相对形式指标可能会高估企业成长；与相对形式指标相比较而言，对于大企业居多的样本，绝对形式指标可能会高估企业成长（Delmar，2006）。因此，无论采用何种方法，成长都可能受企业规模的影响。为了获得严谨、准确的结论，最简单的处理办法是使用不同的计算方法，用多个估计模型来获得更稳健的结果。

1.2.2 新企业

相对于一般企业研究，针对新企业的研究起步较晚。现有关于新企业的研究中，有相当数量的文献并没有给予"新企业"准确的界定和详细的说明，甚至和年轻企业和中小企业等概念混同（Heirman 和 Clarysse，2004；Santos 和 Eisenhardt，2009）。这里对本书"新企业"的内涵和界定给予基本的说明。

1. 新企业的内涵

国外文献主要使用"New Venture""New Firm""New Business""Start-up""New Organization"等词来表述新企业的概念，而国内文献则主要使用"新企业""初创企业""新创企业"等词来体现相关概念。这些用词往往表达了相近的概念，主要差异在于：相对于"新企业"来说，"新创企业"和"初创企业"多了一些对创业过程的关注；"New Venture"和"New Firm"基本同义，而"Start-up"更强调新企业的创建环节和创业过程。

"新企业"的概念基本都是相对于成熟期企业来说的（如表 1-1 所示）：Chrisman 等（1998）认为"新企业"泛指没有进入成熟期的企业；刘智勇与姜彦福（2009）认为新企业是成立时间不长的企业；汪少华与佳蕾（2003）认为新企业是处于初创期的企业。广义的"新企业"既包括创意产生、商机发现、形成实体组织的阶段，也包括新企业创立后快速发展的阶段（李雪灵等，2013）；狭义的"新企业"则特指企业创立后处于生命周期初始时期的企业。本书重点关注的不是新企业成立之前的创业过程,而是新企业成立之后的成长过程,故采用狭义的概念界定。为避免混淆,本书统一使用"新企业"来描述成立时间较短、尚处于企业生命周期初始阶段的企业。

表1-1 新企业的相关内涵

	作者	年份	用词	内涵
国外文献	Chrisman 等	1998	New Venture	将没有达到成熟阶段的创业企业都称作"新企业",同时认为何时达到成熟阶段不存在精确的时间。
	Zimmerman 和 Zeitz	2002	New Venture	"新企业"是一个成立初期的组织,无论是由一个已建立的组织发起还是独立于已建立的组织。
	Heirman 和 Clarysse	2004	Start-up	从创业资源角度关注"创业企业"的创建过程。
	Amason 等	2006	New Venture	"新企业"一直与风险并存,面对丰富的竞争对手、强大的供应商、持怀疑态度的客户和稀缺的资源。
	Geroski 等	2010	New Firm	"新企业"是与老牌成熟企业相区别的。
	Ambos 和 Birkinshaw	2010	New Venture	"新企业"具有区别于成熟企业的特征:资源有限;管理模式粗糙;流动性大;对竞争对手的影响力小。
	Cai 等	2017	New Venture	"新企业"通过探索性学习能够发现并抓住新的机会,在不确定性下承担风险进而创造财富。
国内文献	李志能	2002	新创企业	"新创企业"和经营历史较长的企业存在诸多方面的差异,不能将新创企业简单视为"大企业的小版本"。
	汪少华和佳蕾	2003	新创企业	"新创企业"指从企业创立,甚至是从企业创意开始,到企业已经摆脱生存困境并基本转化为规范化、专业化管理的过程,即从企业创立到发展演变成大中型企业的过程。
	蔡莉等	2008	新创企业	"新创企业"是指创业者利用商业机会通过整合资源创建的一个新的具有法人资格的实体,它能够提供产品或服务,以获利和成长为目标,并能创造价值。
	刘智勇和姜彦福	2009	新创企业	"新创企业"是成立时间不长的企业,与已有较长历史、经营稳定的成熟企业有着巨大的差异。
	彭学兵和胡剑锋	2011	初创企业	"初创企业"和成熟企业具有不同的资源禀赋、组织经验和市场地位,往往采取不同组织方式开发机会。
	胡望斌和张玉利	2011	新企业	"新企业"是成立时间不长、在创业企业没有达到成熟阶段前的形态。
	杜运周和张玉利	2012	新企业	"新企业"是嵌入一定社会情境下的组织,克服组织合法性门槛是新企业成长的必要过程。
	李雪灵等	2013	新企业	"新企业"有时也被称为创业企业,是新创建的企业,包括创建阶段的企业和早期成长阶段的企业。
	尹苗苗等	2015	新企业	"新企业"发展包括新企业的创立(3年以下)与成长(4至8年)。

资料来源:作者根据文献整理

新企业与一般企业的差异(更准确地说,新企业与成熟企业的差异),不仅仅是纯粹的规模大小的差异,还包括企业属性的不同(李志能,2002);是因为企业所处发展阶段的不同,进而运行方式不同所带来的独特发展过程。新企业是处于生命周期前端、位于企业成立阶段至成熟发展阶段的企业,具有不同于一般企业的演化特点:其初始资源和内部能力有限(Baker和Nelson,2005;韩炜和薛红志,2008);面临巨大的生存压力,存在"新进入缺陷"(Stinchcombe,1965);结构简单,制度化水平低(Quinn和Cameron,1983;Clarysse和Moray,2004),内外环境的不确定性强(Rindova等,2001)。当然,新企业也具有发展的优势与长处,由于新企业不受制于既往惯例和传统规则的束缚,其变革的过程更为直接,创新的潜力也更加巨大(Ambos和Birkinshaw,2010)。

2. 新企业的界定

不论是国外的研究还是国内的研究,对于新企业主要以成立时间为具体标准来界定。该思路源于企业成长阶段理论[①]的思想,依据企业发展阶段的差异进行企业生命周期阶段的划分。既往研究对企业生命周期阶段数量和划分标准尚没有形成定论(熊和平等,2016)。定性划分方法可能受到主观因素的影响,相较来说,采用定量划分方法更为合理,也更常用;同时,新企业位于企业发展轨迹的最前端,对此阶段的争议相对较少。

目前,关于企业生命周期阶段的主流划分方法主要有两种:(1)使用财务特征来区分企业的不同阶段(王凤荣和高飞,2012;李云鹤等,2011),特别是吴先明等(2017)的研究通过比较两个相邻时期企业增长率与所属行业平均增长率来确定企业所处的阶段。但对于本书研究的主题而言,如果使用此类方法,则划分所采用的因素可能与描述企业成长的被解释变量之间存在相互关系,容易增加内生性问题。(2)借助企业存活年龄,因为企业年龄相对比较客观,董晓芳和袁燕(2014)通过企业年龄的分位数将企业生命周期分成若干阶段。本书主要借鉴此方法,通过成立年限的设定来确定处于企业生命周期最前端的企业,即新企业。

对于新企业界定的通常做法是以成立年限为标准做区分,但对于具体年限尚没有形成一致的看法(张玉利等,2008)。全球创业观察组织(The Global

---

① 参见第二章2.1.1企业生命周期理论。

Entrepreneurship Monitor,GEM)将成立时间 42 个月以内的企业界定为新企业。Baum 等(2011)认为 4 年时间是一个节点,将成立年限 4 年以内的企业视为新企业。吴晓晖和叶瑛(2009)则将成立后 5 年内的企业作为样本企业。Zahra 等(2000)认为前 6 年发展情况对新企业存活极为关键。不少学者将新企业界定为成立时间少于 8 年的企业(Biggadike,1979;McDougall 等,1994;刘小元和林嵩,2013)。同时,也有不少学者认为新企业克服"新进入缺陷"通常是在创立后的 8~12 年(Quinn 和 Cameron,1983;Kananjian 和 Drazin,1990),因此将划分新企业标准的成立时间延长到 10 年(Covin 和 Slevin,1990;Yli-Renko 等,2001)。此外,不少学者使用折中的方法,杨俊等(2009)折中了以 6 年为界限和以 10 年为界限的观点进而选择 8 年的判定标准,胡望斌和张玉利(2009)折中了 48 个月和 8 年的判定标准进而将成立时间 5 年以下的企业界定为新企业。

通过梳理既往的文献(如表 1-2 所示),可以发现:国外研究对于新企业界定的年限分歧较多,这可能受到国别和地区差异的影响,但总体来说以选择 8 年的居多。而国内文献则体现出一个趋势,越来越多的研究将新企业界定为成立时间不超过 8 年的企业,这是比较惯用的处理方式。因此,本书遵循这种通行的界定方法,虽然成立年限并不是完美的筛选标准,但新企业区别于成熟企业的本质是其企业的阶段性特点,至少能保证以 8 年为限的企业是处于成立初期的。在下文实证研究中还通过改变新企业判断年限标准的方法,说明本书中新企业的界定是基本稳健的。

表 1-2 新企业的界定

	作者	年份	新企业界定	期刊或出处
国外文献	Biggadike	1979	成立时间 8 年以内	*Harvard University Press*
	Weiss	1981	成立时间 7 年及 7 年以内	*Sloan Management Review*
	Covin 和 Slevin	1990	成立时间不超过 10 年	*Journal of Business Venturing*
	Brush 和 Vanderwerf	1992	成立时间 4 年至 6 年	*Journal of Business Venturing*
	McDougall 等	1994	成立时间 8 年及 8 年以内	*Strategic Management Journal*
	Zahra 等	2000	成立时间 6 年及 6 年以内	*Academy of Management Journal*
	Yli-Renko 等	2001	成立时间不超过 10 年	*Strategic Management Journal*
	Baum 等	2011	成立时间 4 年以内	*Personnel Psychology*

续　表

	作者	年份	新企业界定	期刊或出处
	Batjargal 等	2013	成立时间8年及8年以内	*Academy of Management Journal*
	Larrañeta 等	2014	成立时间8年及8年以内	*Strategic Management Journal*
国内文献	吴晓晖和叶瑛	2009	成立时间5年及5年以内	中国工业经济
	杨俊等	2009	成立时间8年及8年以内	南开管理评论
	李新春等	2010	成立时间8年及8年以内	中国工业经济
	胡望斌与张玉利	2011	成立时间5年及5年以内	南开管理评论
	朱秀梅和李明芳	2011	成立时间8年及8年以内	管理世界
	杜运周和张玉利	2012	成立时间不超过8年	管理科学
	李雪灵等	2013	成立时间8年及8年以内	管理世界
	郭润萍和蔡莉	2014	成立时间8年及8年以内	外国经济与管理
	董保宝和葛宝山	2014	成立时间8年及8年以内	南开管理评论
	尹苗苗等	2015	成立时间8年及8年以内	管理科学
	王浩宇	2017	成立时间8年及8年以内	吉林大学博士论文

资料来源：作者根据文献整理。

1.2.3　企业资源禀赋

"资源禀赋"又称为"要素禀赋"，原用于描述一国或者一地区所拥有的各种生产要素，例如劳动力、资本、土地、技术、管理能力等。这些研究往往考察国别、地区资源禀赋差异在经济发展、对外直接投资、地区创新效率等方面的影响（吴剑峰等，2015；王永钦等，2014；战炤磊，2014；宋瑛和陈纪平，2014；韩淑娟，2014；李强和徐康宁，2014）。"企业资源禀赋"则侧重于企业层面，类似于"企业资源"，指企业所拥有的资源存量（田莉，2010），描述企业用以构建和实施战略行为所需的资产、能力、组织方式、知识和技能等。企业资源是任何可以给企业带来竞争优势的资产，包括有形资源和无形资源（Wernerfelt，1984）。企业资源是企业拥有的能够提高战略效果的所有资产和能力（Barney，1991）。

对于企业资源的分类有多个维度，不同的学者有不同的看法，尚无统一的标准（董保宝和李全喜，2013；苏敬勤和王鹤春，2010）。一般意义上来说，Barney（1991）将企业资源分为三种类型：物资资源，如厂房设备、物资技术、地理位置、获取材料的渠道等；人力资源，如天赋、行业经验、决策能力、社会关系及培训体系等；组织资源，如正式的组织架构、正式和非正式的管理与合作系统，集团间、企业内、企业间及其和外部环境的非正式关系等。而 Marino(1996)则认为企业资源可以分为有形资源(如原料、设备和人力等)和无形资源(声誉、流程和常规程序等)。陈闯等(2009)则将企业资源分为通用资源与专用资源，前者指能够通过市场的途径获取的资源，后者是企业为了实施其战略行为而耗用通用资源构建的与经营模式相适应的资源。

不同于成熟企业，新企业初创期的资源禀赋有其独特性(王斌和宋春霞，2015)。针对新企业的资源禀赋类型选择需要从逻辑含义和数据可得性等多方面考虑。田莉(2010)认为新企业的资源禀赋主要是财务资源、人力资源、物质资源(主要是技术资源)和社会资本等要素。但韩炜等(2013)研究涉及的初始资源并没有包含社会资本，社会资本是与初始资源相区别而进行分析的。蔡莉和尹苗苗(2008)在新企业初始资源对企业资源构建的研究中，重点分析了人力资源、财务资源和社会网络资源。

同时，在新企业成长过程的研究中，也有学者发现新企业的初始资源组合往往不会囊括上述全部资源，而只是掌握其中的一种或几种(韩炜等，2013)。不少文献通过具体分析某一种、某几种初始资源的作用来解读新企业资源禀赋的影响，比如 Lee 等(2001)考察了初始财务资源和初始技术资源在技术型新企业成长中作用；Cooper 等(1994)认为初始人力资源、初始财务资源是决定新企业后续绩效的核心资源。田莉(2010)认为新企业在创立之初很难获得组织资源，必须在自身的发展过程中不断积累和构建自己的组织资源，也就是说，新企业在组织资源上彼此并没有太大的差异。技术资源更多地存在于高新技术行业的新企业中，同时技术资源作为无形资产的体现，在估值和测算方面存在一定的难度。

因此，从新企业特征、资源类型特点来看，资源禀赋主要体现为人力资源和财务资源，本书主要关注这两类资源禀赋在新企业成长过程中的作用，该分类与陈闯等(2009)的研究相一致。

1.2.4 制度和制度环境

"没有规则，不成方圆。"制度是一系列被制定出来的秩序、规则、道德、习俗。North(1990)把制度定义为特定范围或者组织内的一系列行事规则,支配和约束着其内所有参与个体的行为,是为了确定相互关系而人为设定的约束条件,会影响决策主体的行为决策。而制度环境,简单来说,就是一个国家或地区的制度背景状况。Scott(2008)认为制度环境是由各种详尽的规则和条件所形塑的,个体或组织必须遵守这些规则条款才能获得合法性和支持。制度环境是能够对组织结构和企业行为产生约束作用的外部制度性因素(于飞,2014),包括具有强制性质的因素,例如法律法规、行政命令等,也包括被社会默认的规范性因素,例如道德准则、文化习俗等。制度环境是企业生产经营所依托的外部环境,是企业无法控制的变量(王铁媛,2015)。

类似于对制度的理解,制度环境也包括正式和非正式的规范、规则和社会价值观、道德文化习惯(Chiles等,2007)。Peng等(2009)也从正式与非正式两个维度,将制度环境分为两种:一种以管制为主体,包括法律、管制和规则,是管制性制度环境;另一种以规范和认知为主体,包括规范、文化和道德,是规范性与认知性制度环境。从广义上来讲,制度环境既包括正式的制度背景,如法律法规等较为体系化的制度建设,又包括国家政治体制、政府政策等政府层面的内容,还包括了非正式的制度背景。由于本书重点考察外部制度因素对新企业成长的影响,主要关注的是影响经济运行的正式制度背景。

Willianson(2000)提出了一个较系统的制度研究框架,将制度划分为四个层次:(1) 社会文化制度,变化最缓慢,以100~1 000年为单位变化;(2) 关于产权的法律保护制度,变化较缓慢,以10~100年为单位变化;(3) 对合约的治理监督制度,变化较快速,以1~10年为单位变化;(4) 自由市场经济制度,变化最迅速。基于分类,对应的正式制度环境主要是后三者。借鉴此分类,本书在考察制度环境异质性时将正式的制度环境分为:经济制度环境、政府行政制度环境、法律保护制度环境。既有文献对中国情境下各地区制度环境状况的衡量,绝大多数采用了樊纲等(2011)编制的各地区市场化指数(刘伟等,2014;戴魁早,2015;甄红线等,2015;李诗田和邱伟年,2015),包括总指数和各分项指数。本书在实证研究过程中,对制度环境总指标和细分指标的选择主要参考上述研究。

1.3 文献综述

相对于围绕成熟企业展开的企业成长研究,针对新企业的成长研究起步较晚,成果也相对较少。一般意义的企业成长文献早就关注到企业成长存在的"年龄依赖性"和"规模依赖性"。由于规模和年龄的阶段性特点,新企业的演化存在不同于成熟企业的差异。既有的新企业文献首先集中在新企业成长的特殊性方面,新企业生存与成长问题是与"新进入缺陷"交织在一起的。在"新进入缺陷"的框架下,新企业的成长研究实际上也是以克服"新进入缺陷"作为切入点(韩炜和薛红志,2008)。现有新企业成长研究主要呈现三大主题:第一个方面是与一般企业或者成熟期企业相比较,新企业演化过程的特殊性,即"新进入缺陷"现象和原因;第二个方面是关注新企业采用何种成长模式能够跨越初创期,致力于对新企业成长机理的研究;第三个方面是对"一些新企业死亡而另一些新企业维持成长"现象的解释,探究影响新企业成长问题的决定因素(Shephard,2000)。

1.3.1 新企业成长的特殊性

1. 企业成长的"规模依赖"

既有研究发现,不同规模的企业在成长中会遇到不同的障碍(傅红岩和孙国浩,1999)。Gibrat(1931)最先构建了企业规模和产业结构运行的模型,分析企业规模和企业成长率之间的关系,提出了吉布莱特定律(Gibrat's Law),该定律也被称为比例效应定律(The Law of Proportional Effect)。该定律认为:某一个企业的规模在每一段时期内的预期增长值与该企业当前规模具有成比例的关系。也就是说,无论规模大小,同一行业的企业在相同一定时期内,其规模变化的概率是相同的,即企业的成长率独立于其规模大小。其核心观点是:企业成长是一个随机过程,有诸多的影响因素,难以预测。Simon和Bonini(1958)进一步研究指出,吉布莱特定律的成立需要一定的假设条件:其假设前提是水平的单位成本曲线,而不是通常的U型成本曲线,即不存在规模经济;同时,企业存在着一个最小有效规模,只有超越这一水平才具有不变的单位成本。

在此后的数十年间,众多学者使用不同国家或地区的、不同部门或产业的企业数据,运用不同的方法实证分析了吉布莱特定律的有效性,尚不能得到相对统一的结论。一些学者发现企业的规模和成长关系符合吉布莱特定律(Hymer 和 Pashigian,1962;Audretsch 等,2004;赵桂芹和周晶晗,2007)。但同时有一些学者持怀疑态度,因为他们的研究发现小企业的成长率高于大企业(Hall,1987;Dunne 等,1989;张维迎等,2005;Falk,2012;袁鹏等,2017)。此外,还有一些学者认为企业成长率和其规模之间存在正向影响的关系(Samuels,1965;唐跃军和宋渊洋,2008;李洪亚,2014)。虽然相关研究结论众说纷纭,但是给了我们一个提示,在对企业成长的考察中应重视企业规模因素的影响。

2. 企业成长的"年龄依赖"

既有研究不仅关注到规模方面的影响因素,还对不同年龄对企业成长的影响进行了论证。Stinchcombe(1965)首先提出"新进入缺陷"(liability of newness)的概念,即新企业在刚创建后因为自身所存在的功能缺陷进而呈现对生存环境的不适应,类似新生儿因尚未发育齐全而出现的功能缺陷;新企业在创立之初容易遭遇失败和死亡,随着时间推移,死亡率下降(韩炜和薛红志,2008)。他认为这种现象是因为新企业处于刚刚起步的阶段,所依赖的合作者关系尚比较陌生,组织体系还比较粗放低端,和在位企业相竞争的能力也不够强大。同时,他进一步发现以新的形式建立的新企业比以常用形式建立的新企业更容易面临成长困境(Freeman 等,1983)。

此后的研究对"新进入缺陷"成立与否和原因进行了丰富的实证检验(Aldrich,1978;Delacroix 和 Carroll,1983;Freeman 和 Hannan,1983),大量后续文献倾向于支持 Stinchcombe 的观点,认可企业演化过程中的"年龄依赖"特征(Yang 和 Aldrich,2017)。然而也有一些学者表示质疑,Fichman 和 Levinthal(1991)、Brüderl 和 Schüssler(1990)对应地提出了"青春期缺陷"(liability of adolescence)的概念,他们认为新企业成立后存在一个缓冲期,接着企业失败的概率在新企业成立初期会出现一个峰值,尔后随着企业年龄的增长而逐渐下降。虽然该结论对于新企业成立初期生存困难的趋势有不同的观点,但本质还是一致的,即新企业发展和成长会遇到额外的困难。回顾近数十年间相关研究,"新进入缺陷"具有相当的普遍适用性,不受时间、地点和企业类型异质性的影响。因此,本书不仅在新企业成长研究中考量企业年龄的影响,同时沿用"新进入缺陷"的概念来区分其与一般企业成长的差异。

3. 新企业的成长困境

相对于成熟企业,新企业成长过程中存在更高的死亡率和失败可能。"新进入缺陷"是新企业创建与发展过程中一系列成长困难和组织特征的集中体现。新企业的成长困境源于新企业的特殊性。

新企业在诸多方面与在位的成熟企业之间存在显著的差异(Gilbert 等,2006;龚丽敏和江诗松,2014)。首先,新企业往往深受资源约束的困扰,不仅缺乏初始资源(Baker 和 Nelson,2005),同时获取资源的渠道和途径比较有限,整合与利用资源也受到诸多限制(Leung 等,2006;任萍,2011),往往面临巨大的生存压力(Baker 和 Nelson,2005)。其次,新企业必须从零开始搭建组织架构,形成组织资源(韩炜和薛红志,2008)。新企业需要消耗时间和精力来建立合适的组织结构和管理体系,处理与大量新员工之间尚不稳定的信任关系,改善与客户和供应商之间刚刚形成的业务联系,往往会出现临时冲突和暂时无效率的问题。此外,新企业由于先天的弱势,往往存在制度合法性问题。新企业组织结构比较简单,职能部门并不完备,规范化程度低(Quinn 和 Cameron,1983;Clarysse 和 Moray,2004),导致其企业规范性、产品质量容易受到外界的质疑,制度合法性水平低,普遍缺乏市场的认可(Hannan 和 Freeman,1984;Santos 和 Eisenhardt,2009)。

同时,在经营目标上,新企业与成熟企业之间也存在差异。新企业需要寻找甚至是创造适合自身的经营模式,更倾向于各种形式的创新;而成熟企业已经形成了稳定的经营模式,企业管理、战略实施都有章可循、有据可依,更倾向于通过规范化的战略管理提升既有资源的使用价值(李志能,2002;陈闯等,2009)。最后,新企业各方面都处于摸索、尝试的过程中,其运行状态往往是变动的,各种不确定性因素较多(Rindova 等,2001)。同时,新企业的首要目的是维持生存(Mudambi 和 Zahra,2007),其战略行为更多地为了赢得生存机会而较少顾及长期计划,从而行为导向、机会主义、资源拼凑是新企业战略行为中比较普遍的现象(Adizes,1989;Bhide,2000;Baker 和 Nelson,2005)。

资源约束和合法性门槛是"新进入缺陷"的两个主要原因,制度经济学和组织关系等领域的学者们将新企业成长过程看成是一个合法化的过程(杜运周等,2009),认为新企业成长的本质是通过合法化战略选择来克服"合法性门槛",从而获取资源并不断嵌入制度的过程(Zimmerman 和 Zeitz,2002)。新制度学派强调组织合法性的概念,突出社会认知系统的重要性,认为由于个体决策的有限理性和外部环境的不确定性,个体难以直接判断组织的价值和可接受性,往往依据组织与制度的一致性来判断组织合法性。组织通过适应外部制度的管制、规范和认知而获得合法性(Ruef 和 Scott,1998;Dowling 和 Pfeffer,1975)。组织合法性的提高有助于新企业对成长资源的获取;对于资源缺乏的新企业来说,应该关注的是对企业生存和成长能力有关键影响的资源持有者的制度观,并积极地实施主动合法化战略,而不仅是被动依从。

1.3.2 新企业的成长过程

新企业的成长是克服"新进入缺陷"的过程,对新企业成长过程的解读是新企业成长研究的核心议题之一,近年来日益受到学者们的关注,也形成了一些富有洞见的研究成果(张敬伟,2013)。

一些学者认为,相对于成熟企业,在新企业组织演化过程中更多地体现出成立条件的"烙印"作用(Boeker,1989)。"烙印"现象来源于生物学的研究成果,组织生态领域的学者们成功地借助"烙印"概念来研究组织演化过程,认为组织往往会具备早期创建阶段内部条件和外部环境的特征。组织"烙印"作用过程的实现需要满足三个条件(Marquis 和 Tilcsik,2013):首先,在发展历程中,存在着若干"发展敏感期"(Pieper 等,2015);其次,个体或者组织为了与内外条件相适应而展现出不同的特征;最后,初始的或者过去的特征将持续影响个体或者组织的后期行为和表现(Carroll 和 Hannan,2004;Scott,2008),不会轻易消失(戴维奇等,2016)。产生"烙印"作用的创立条件因素可以归属于多个层面:个体层面、团队层面、组织层面、网络关系以及环境层面。Selznick(1957)主要强调了创建者对于新企业早期的关键性影响;而 Stinchcombe

(1965)则侧重于新企业创建时期外部环境条件的巨大作用。后期的研究中，Kimberly(1975)、Tucker等(1990)、Romanelli(1989)以及其他诸多文献，纷纷验证了初始条件"烙印"作用的影响。

也有一些学者根据Swaminathan(1996)提出的"淬火"(Trial By Fire)模型对影响组织生存和成长的外部环境作用进行检验。Swaminathan(1996)发现成立初期的高死亡率现象是一定条件产生的，并不是必然持续的。可能存在两种情况：一种是初始不利环境持续影响其中诞生的企业，即存在持久缺陷；另外一种是初始不利条件只在初始阶段存在影响，即仅有初始缺陷。对于后一种现象，虽然逆境中成立的新企业初期死亡率比较高，但是一段时期后这些生存下来的企业具有更强的生存和成长能力。这一方面是因为初始状态的不利条件会清除那些存在缺陷和处于弱势的组织，"优胜劣汰"，进而存活下来的新企业具有相对丰富的禀赋和强大的能力；另一方面，存活下来的组织具有更丰富的学习机会(Miner和Haunschild，1995)，通过借鉴失败企业可以摆脱不利条件的发展路径(Delacroix和Rao，1994)。

在新企业特征的基础上和"新进入缺陷"的框架下，学者纷纷提出了一系列应对的措施，归纳起来主要体现在两个方面。一方面是"练好内功"，提高企业内部能力和资源使用效率(徐中等，2010)。新企业作为市场的新进入者，面临陌生和变化的环境因素，其适应能力非常重要(Geroski，2000)。新企业需要快速形成足够的学习能力，了解行业规则，积累管理经验，构建经营模式，有效积累和利用知识，增强业务竞争力，降低绩效波动性。新企业还要完善内部管理，确立稳定和长远的经营目标，形成并维护员工之间的信任、协调和合作等关系，实现日常运营的制度化以及业务活动的规范化(韩炜和薛红志，2008)。

新企业突破成长困境的另一个方面是"寻找外援"，寻找获取外部资源的途径和方法。搜寻、获取、管理外部资源是帮助新企业突破发展困境的有效途径。随着业务的发展，新企业需要与客户、债权人和供应商建立并保持稳定的交易关系，争取他们的支持具有一定的缓冲作用，保护企业免受过度竞争的压力。外部网络能够成为新企业识别商机的重要信息途径(Birley，1985；张玉利等，2008)，新企业可以通过与政府、行业协会、金融机构等部门建立联系获得外部支持(Lee等，2001)，进而为其战略行动提供资源支撑。

1.3.3 新企业成长的内外因素

新企业成长研究最终归结为对新企业成长差异的解读,通过寻找影响新企业成长的决定因素来解决"新进入缺陷"问题(Shephard,2000)。从影响因素的来源看,既有研究主要体现在两个方面:一方面,从企业内部来探求影响新企业成长的因素,比如初始资源、战略选择、创始人特征和创业团队等;另一方面,从外部环境入手进行考察,比如行业竞争、市场环境、外部网络和制度环境等。

1. 企业内部因素

一些学者探讨了资源禀赋和新企业成长之间的关系,将资源(不论是初创时期的资源还是前一期的资源)视为应对"新进入缺陷"的重要工具(田莉,2009)。资源约束是造成"新进入缺陷"的原因之一。新企业如果能积累比较丰富的资源,就能够避免失败,促进成长(Levinthal,1991)。新企业的生存与成长取决于能否在初始资源耗尽之前获取和开发出新的资源(韩炜和薛红志,2008)。资源依赖理论认为,组织自身的资源总是有限的,但组织可以从外部环境获取成长的必要资源(Aldrich 和 Pfeffer,1976)。新企业的成长是一个资源整合的过程,也是一个资源不断积累的过程:在资源获取过程中新企业可以通过识别初始资源禀赋的价值,利用有形资源杠杆和无形资源杠杆来实现资源的获取(Ropo 和 Hunt,1995;Brush 等,2001;蔡莉和柳青,2007)。既有研究不仅注意到资源获取过程中通过社会网络获取外部资源的重要作用(Lee 等,2001;Waison,2006;李新春等,2010;朱秀梅和费宇鹏,2010),还借鉴了人类学的研究成果,在新企业成长过程的研究中引入了资源拼凑机制,讨论在资源紧缺的情境下,新企业在初创期如何利用手头现有、零散和看似无价值的资源来凑合利用、即兴创作、突破资源约束(Baker 和 Aldrich,2000;Baker 和 Nelson,2005;梁强,2013;吴亮等,2016)。

新企业战略行为对自身成长影响的重要作用也受到一些学者的关注。企业战略有丰富的内涵,比较宽泛地包含了诸多的企业行为:战略可以指企业某一系列的行为决策,这方面的研究直接讨论某种具体战略选择的影响;战略作为一项企业职能,相关研究探讨战略定位、战略规划、战略实施等企业战略行为过程与新企业产出之间关系(陈闯等,2009)。Siegel 等(1993)认为使用聚焦的企业战略(即为特定市场专业化地提供单一的产品或服务)有利于产品销售额的增加;而 Baum 等(2001)则认为差异化战略通过提供高质量和创新的产品与服务,有利于销售额、利润和雇员的增长,即促进了新企业成长。技术创新是企业重要的战略行为,会对新企业产生持续的影响(Andrews,1971;Child 等,2003;Wood 和 Michalisin,2010)。技术创新是提高企业效率的源泉,企业创新行为能够帮助企业提升风险抵御能力,释放生存风险(Fontana 和 Nesta,2009;鲍宗客,2016)。Chrisman 等(1998)分析了企业的战略活动,认为新企业的资源获取战略和资源利用战略对其成长具有直接影响。Gilbert 等(2006)认同企业战略在新企业成长过程中的作用,同时强调企业依赖于资源来进行战略的具体实施。从这些研究中可以发现,由于企业实践过程和经营管理活动中的先后顺序和作用关系,新企业的资源禀赋和战略实施可能存在一定相互影响的联系。

此外,还有一些学者关注到,相对于成熟企业,新企业对于创始人和创始团队更具依赖性(张梦琪,2015)。创始团队的年龄组成、教育程度、专业技能等方面的优势能够促进新企业的成长(Amason 等,2006)。不同学者基于不同的视角和分类,考察了与新企业成长有关的创始人特质和行为(Renko 等,2015)。Tang 和 Murphy(2012)的研究认为随着创始人年龄的增长,其从业经验、个人能力、社会阅历都会增长,有利于新企业的发展;而 Davidsson(1991)则持相反的观点,认为年轻的创始人更愿意承担风险,更可能促进新企业成长。不同的研究分别探讨了企业家的创业动机、行业背景、管理经验、责任感等因素对于新企业成长的影响(Storey,2016;Ciavarella 等,2004)。贺小刚和沈瑜(2007)将企业家资本视为新企业成长的动力来源;田莉和龙丹(2009)也高度重视企业家的先前经验,因为先前经验能够使创始人积累从业知识,了解信息来源和资源渠道以及如何有效利用既有资源。Chandler 和 Jansen(1992)认为企业家能力会直接影响到企业的战略和管理活动,进而间接对企业成长产生重要影响;而杨俊(2005)也认为企业家能力是通过创业机会和资源相互作用进而对新企业成长产生重要的影响。从上述研究中可以发现,创始人在新企业成长中的作用一定程度上可以从利用资源、获取资源的视角进行解读。

2. 企业外部因素

产业结构和市场环境是较早受到学者们关注的企业外部成长因素。虽然企业个体行为可能影响产业结构的变化,但对新企业来说,主要受产业环境的制约。产业竞争强弱、产业成长阶段、进入退出壁垒、市场位势等产业特征都会影响新企业成长的快慢(王秀峰等,2013)。徐虹等(2015)发现产品市场竞争程度越高,横向并购的规模扩张方式越有利于提升企业价值。产业发展过程中过度竞争也可能给新企业发展带来负面影响(常根发,2005)。在市场扩张时期或者行业成长阶段,新企业则可以获得较大的发展空间(田莉,2010);在这样的行业环境中,市场份额分配尚不稳定,新企业可以抓住参与竞争、重构市场格局的机会,有可能获得较高的成长性(Eisenhardt 和 Schoonhoven,1990;McDougall 等,1994)。转型经济中企业持续回应和消解进入壁垒的结果是企业逐步的成长过程(汪伟和史晋川,2005)。企业根据产业特征及自身优势选择适宜的模式来整合产业链;企业在产业链中的位置决定其核心竞争力、支配价值分配能力,进而决定其成长的能力(汪建等,2013)。也有学者从环境特性的角度,进行不同维度的分析,比如从动态性、宽松性、复杂性、不友好性、不确定性等(Holcombe,2003;田莉和张玉利,2012;Zahra 和 Bogner;2000;Scherer,1982;Milliken,1987;吕一博等,2008)不同属性来考察市场或者外部环境在新企业成长过程中的影响。

近年来,越来越多的学者注意到外部网络具有不断获取、增值资源的能力(Lin,2003),并开始重视网络关系对新企业成长的作用。虽然少数学者提出网络关系可能具有消极的影响(Uzzi,1997;Warren 等,2004;Li 等,2009),但更多学者认为网络关系为转型经济下的企业成长提供了坚实的基础(Li 和 Zhang,2007;Danis 等,2011;于波和唐任伍,2014;Moyes,2015)。外部网络是企业连接内外环境的纽带,是新企业以较低成本获取外部资源的主要途径(Leung,2006;蔡莉和尹苗苗,2008;付宏,2013)。基于业务往来的商业关系可以增强新企业与网络成员之间的信任,有助于新企业获得关键信息和资源(Wind 和 Thomas,2010;Stam 等,2014),也可以提高所购买原材料和服务的质量;通过与竞争对手建立"竞合"关系,能够以"双赢"的方式提升彼此的竞争优势。外部网络能够促进网络成员之间的知识共享,促进技术溢出和知识扩散(Tsai 和 Ghoshal,1998;),同时,基于网络关系的企业吸收能力、学习能力可以促进新企业进一步资源整合从而获得成长动力(芮正云和庄晋财,2014)。网络关系的作用效果和制度环境存在紧密的联系,当在高质量的制度环境下,网络关系只是对正式制度的一种补充;而在低质量的制度环境下,网络关系则具有主导作用,成为不健全正式制度的替代(朱秀梅和李明芳,2011)。

在中国情境下对新企业的成长考察中,制度环境是一个重要的外部环境因素。制度由政治、社会和法律的基本规则组成,据此形成了生产和分配等经济活动的基本原则(李后建,2014),是降低经济交易不确定性和交易成本的必要手段(North,1990)。大量的跨国宏观数据表明制度因素是决定各国经济发展差异的根本性原因之一(Knack 和 Keefer,1995;Levchenko,2007;Acemuglu 等,2007)。中国改革开放过程中的非均衡性策略选择以及在体制改革过程中各级政府行为的差异,对各地区制度环境造成的影响势必存在差异(李扬等,2005;马光荣,2014)。中国市场化进程是一场大规模的制度变迁,樊纲等(2011)构建了市场化指数来考察各省区相对的制度环境差异,为中国情境下制度环境研究提供了一个非常值得借鉴的方向。近年来大量研究是借鉴该指数进行的,既有从区域层面研究制度环境差异对地区经济发展和政府行为的影响(邓路等,2014;陈志勇和陈思霞,2014),也有研究制度环境对微观企业行为和企业效率的影响,涉及企业研发投入(廖开容和陈爽英,2011)、企业环境战略(猴倩雯和蔡宁,2015)、企业绩效(甄红线等,2015)、全要素生产率(魏婧恬等,2017),等等。但在制度因素对企业成长方面的研究尚不充分(曾萍等,2013),尤其缺乏针对新企业成长研究的文献。

1.3.4 文献评述

通过上文的梳理可以发现,现有文献为本书提供了可以借鉴的成果。但相对于比较丰富和成熟的关于一般企业成长的研究,针对新企业成长的研究起步较晚,成果较少。同时,研究中国情境下新企业成长的文献,特别是实证研究更为缺乏。这给本书留下了可以尝试拓展的空间。

1. 现有研究的可供借鉴之处

现有新企业成长的相关研究为本书奠定了研究的基础。关于新企业成长特殊性的相关文献关注到企业成长的"规模依赖"和"年龄依赖"的特征,因此,在本书的实证研究中通过控制企业规模和年龄方面的变量来获取尽可能严谨的结论。同时,新企业存在高死亡率和高失败率,"新进入缺陷"是新企业成长困境的集中体现,成长是新企业避免失败的首要途径。在既有研究成果基础上,本书以"新进入缺陷"为立足点,通过考察新企业如何实现成长来克服初始阶段的生存困境。关于新企业成长过程的研究分别通过创立条件的"烙印"作用、"淬火"模型、制度合法性过程来解读新企业独特的成长过程。这些研究为剖析新企业成长机理提供了广阔的视野和丰富的理论。本书有选择地整合这些作用机制,进而形成自身的机制分析内容。从新企业成长因素的既往文献中可以发现,相关影响因素主要体现在两个方面:一方面是从企业内部来探求影响新企业成长的因素,比如初始资源、战略选择、创始人特征和创业团队等;另一方面是从外部环境入手进行考察,比如产业环境、外部网络和制度环境等。本书不可能囊括所有的因素,而既往研究的选择给本书提供了比较明确的参考建议。

2. 现有研究的不足之处

(1)现有文献对于新企业的界定尚不够清晰,数据的选择不够科学。从现有关于新企业的研究文献来看,有相当数量的文献并没有就新企业给予准确的界定,甚至和年轻企业、中小企业等概念混同(Heirman 和 Clarysse,2004;Santos 和 Eisenhardt,2009);使用的数据实际体现的往往是年轻企业而不是新企业(田莉,2010)。其原因主要是:一方面,新企业的界定比较困难,尚无统一的标准;另一方面,难以获得完整描述新企业成长的全套微观数据。这不仅给实证研究增加了难度,其说服力也有待商榷。

(2)现有研究对新企业成长机制解读和实证检验尚不够充分,存在研究缺口。现有研究往往主要探究某些因素或者某类因素对新企业成长的影响,但对于新企业成长过程的影响机制所知不多,这方面的系统阐述和实证检验仍然比较缺乏(梁强等,2017),进而制约了相关研究可能带来的学术贡献。近年来,基于跨学科的视角,组织"烙印"概念、"资源拼凑"过程的引入,有助于打开新企业成长过程的黑箱,但构建一个完整的逻辑框架解读新企业成长过程是一项复杂的工作,这一方面的研究相对不足,特别是在理论分析基础上的实证研究比较缺乏。

(3) 现有研究对新企业成长影响因素的考察尚不够完整、不够细致。新企业成长受到多种因素的影响,不仅包括客观条件,还涉及主动行为(企业战略),而客观条件又可以进一步体现为内部条件和外部条件。不同方面的影响因素对新企业的作用过程可能存在差异,同一方面但不同类型的影响条件可能存在异质性效果,不同影响因素之间也可能存在不同的相互作用关系。既往的研究往往是从某一角度或者某一方面分析新企业成长的影响因素和机理,难免认识片面和研究离散。

(4) 现有研究尚未对中国情境下制度环境对新企业成长的作用给予足够充分的考察。企业成长受到多种内外因素的影响,而在中国情境下就转轨经济而言,影响企业成长的因素更为复杂,特别是各种体制性因素的作用更为明显。所以考察中国的新企业成长需要充分重视制度因素。近年来,少数研究开始关注地区省级层面制度因素对企业成长的影响,但在制度环境不同类型的异质性影响方面,缺乏更细致的分析。同时,以省级层面来考察制度环境还是比较粗糙的方法,更细致的关于省级地区内部增量制度的影响研究甚为少见。

3. 有待突破的研究空间

(1) 借鉴既往文献,尽可能地科学界定新企业,尽可能地获取高质量的数据。新企业的界定可以充分借鉴企业生命周期理论的阶段性思路。该理论以生物体的生命周期来类比企业的成长过程具有一定的逻辑性;同时,在学术研究和实践过程中频频得到使用,具有较强的实用性和可行性。以成立年限为标准界定新企业,也是现有文献中相对比较严谨和容易被接受的做法。同时,使用"中国工业企业数据库",不仅可以获得比较详细和丰富的微观企业信息,同时大样本数据库可以保证在剔除其他企业后,保留足够的新企业样本,有助于提高实证研究的质量。

(2) 兼顾内外因素考察新企业的成长过程,同时考察相关影响因素的异质性作用。新企业成长研究关注企业生命周期前端的活动,已有的研究大多将克服"新进入缺陷"作为切入点,未来的研究应当聚焦于哪些主客观因素能够影响新企业的成长状态。企业成长的理论基础提示我们,仅仅考察内生因素或者外生因素的某一方面不足以全面剖析新企业的成长过程。既往新企业成长研究关注了初始资源、战略选择、创始人特征和创业团队等内部因素，而后三种内部因素的作用一定程度也可以从资源获取、资源利用的角度来解读，所以可以将资源禀赋作为典型的内部因素；同时，在中国情境下，制度环境是尤为重要的外部因素。在既有框架下，同时考虑企业资源禀赋、制度环境对新企业的影响，有助于兼顾内外因素，更全面地研究新企业成长。此外，企业资源禀赋存在不同类型，外部环境也可以区分为不同层次，进一步考察资源禀赋、制度环境的异质性影响和交互作用，特别是通过引入以开发区为典型的地区增量制度，有助于更全面、更深入地探究新企业成长的规律。

1.4 研究思路与框架结构

1.4.1 研究思路

本书遵循"发现问题——分析问题——解决问题"的研究逻辑，从研究思路的出发点（为什么研究这个问题?）、研究思路的内在逻辑（怎么研究这个问题?）和研究思路的落脚点（得到怎样的研究结论?）三个层面梳理本书的研究思路。具体来说：

1. 研究思路的出发点

我国现已将创新、创业放在经济发展的核心位置，但新企业存在"新进入缺陷"，资源约束和合法性门槛等原因造成新企业发展存在诸多困难。新企业成长是其避免失败、保持存活的重要途径。但为什么有的新企业能够茁壮成长并快速发展，而有的新企业在创业浪潮中举步维艰，甚至死亡？哪些因素是影响新企业成长的决定因素？既往的研究往往从单一视角入手，对于新企业成长机制未能给予充分解读，对于新企业成长的内外动因及其相互关系的实证研究仍然缺乏。本书通过梳理既往的文献，尝试将资源禀赋和制度环境作为新企业内外动因的研究对象，进而回答以下问题：基于企业内外条件和互动关系，资源禀赋和制度环境对新企业成长具有怎样的作用？其作用机制是什么？存在怎样的影响效应和异质性作用？

2. 研究思路的内在逻辑

"新进入缺陷"是新企业研究的切入点,资源约束和合法性门槛是新企业成长困境的来源。初始资源禀赋有助于强化"烙印"作用,丰裕的资源禀赋有利于实现新企业成长路径的"跃迁",有助于强化"资源拼凑"行为,缓解新企业的资源约束;制度环境的改善有助于新企业改善资源使用效率、获取后续资源,进而缓解新企业的资源不足,也有助于新企业获得身份认同、获取合法性,突破"合法性门槛"。基于相关概念界定和既有研究成果,本书拟将新企业成长过程解剖为成长路径的"锁定"和"解锁"两个方面,构建了新企业成长的分析思路,通过分析资源禀赋和制度环境在新企业成长路径"锁定"和"解锁"中的作用来解读新企业成长的内外影响机制;进而构建计量模型,实证研究资源禀赋和制度环境对新企业成长的影响及其作用机制;通过分样本回归、引入交互项、设计准自然实验,进一步补充不同产业特征和以开发区设立为典型的增量制度下的异质性作用。

3. 研究思路的落脚点

本书的研究目的是为中国情境下新企业成长研究提供新的视角,为促进新企业更快更好成长提供切实可行的政策建议。本书基于新企业成长内外条件的视角,选择资源禀赋和制度环境作为研究对象,阐述并检验这两者对新企业成长的作用及其影响机制,这是研究新企业成长可行而有效的思路。同时,本书补充了基于产业特征的新企业成长差异分析和增量制度对新企业成长的实证研究,从而获得比较丰富、细致的经验证据,进而探讨实现新企业快速成长的内外条件,从多个方面为助力新企业成长提供政策建议,体现本研究的现实价值。

1.4.2 研究框架

本书遵循"提出问题——分析问题——解决问题"的研究思路和逻辑,以"新进入缺陷"为切入点,着力解读"新企业成长的内外动因",以"资源禀赋和制度环境对新企业成长的影响"为核心展开研究。本书的技术路线可以概括为:立足现实——新企业存在"新进入缺陷";明确机理——新企业成长的内外影响机制;实现目标——解读资源禀赋和制度环境对新企业成长的影响。具体的技术路线图如图 1-1 所示。

第一章 绪论

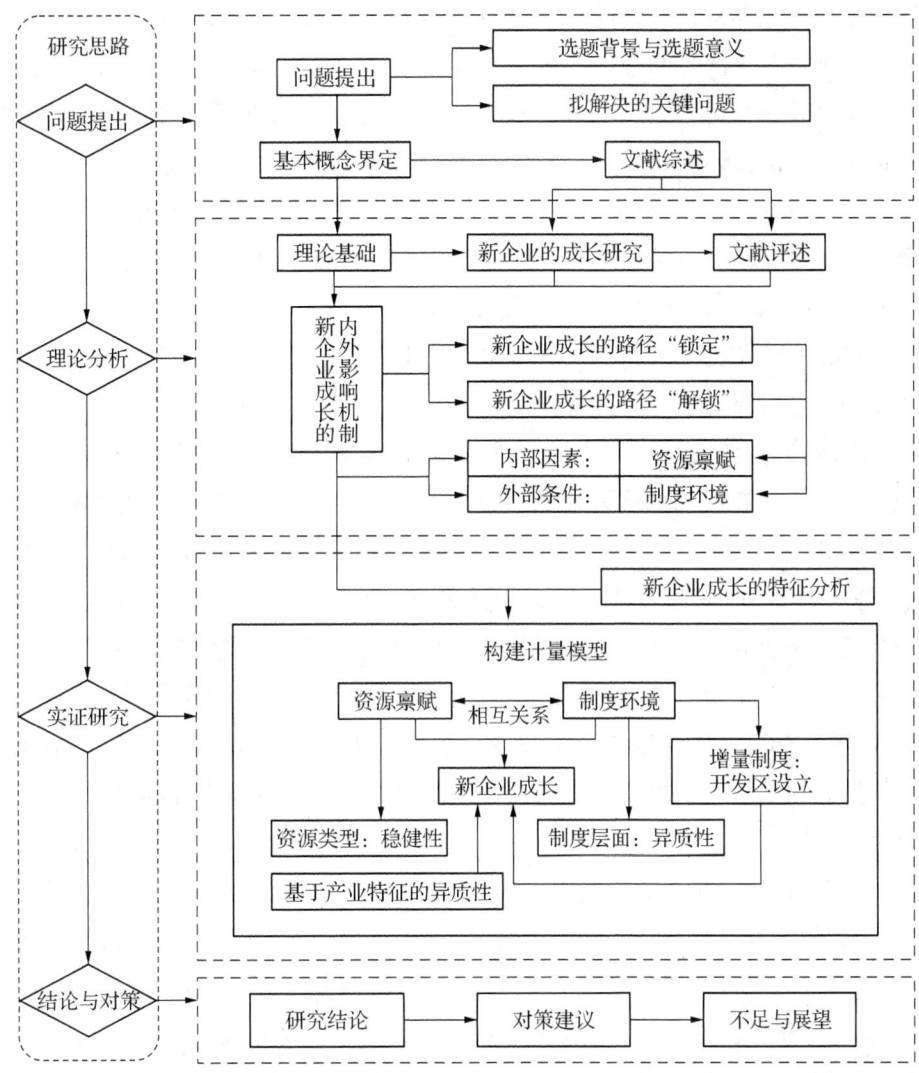

图1-1 技术路线图

本书的研究内容分七个部分展开：第一章为绪论，阐述本书的选题背景与研究意义、概念界定与文献综述、研究思路与框架结构、研究方法与创新之处等内容；第二章、第三章分别为新企业成长的内外影响机制分析、新企业成长的现状特征，构成了本书研究的理论基础和现实基础；第四章、第五章、第六章是本书实证研究的主体部分，第四章为资源禀赋、制度环境对新企业成长影响的实证研究，是本书实证研究的核心，第五章、第六章分别为不同产业特征的新企业成长差异分析、增量制度对新企业成长影响的实证研究，这两章在第四章基础上进行更深入的分析和进一步的补充；第七章为结论、对策与展望，是对本书主要研究的总结，并在此基础上提出政策建议，指出不足和未来的研究方向。各章的具体内容如下：

第一章，绪论。本章主要介绍本书的选题背景与研究意义、拟解决的关键问题、基本概念界定、文献综述、研究思路与框架结构、研究方法与创新之处，从总体上把握本书的研究内容、研究思路和预期目标。

第二章，新企业成长的内外影响机制分析。根据本书的研究需要，本章梳理了企业生命周期理论、资源观理论、新制度经济学理论、产业组织理论、演化经济学理论对企业成长研究所奠定的理论基础；进而阐述资源禀赋和制度环境对新企业成长影响的内外作用机理。新企业成长过程可以从成长路径的"锁定"和"解锁"两个方面来解读。本章首先论述资源禀赋对新企业成长的影响，并从"资源拼凑"行为的角度分析资源类型的异质性作用；其次，论述制度环境对新企业成长的影响，从制度环境不同层面分析其异质性作用，并阐述了增量制度对新企业成长的"扶持"作用；然后，基于产业特征的差异，分析不同产业情境下资源禀赋和制度环境对新企业成长影响的异质性作用；最后，阐述资源禀赋和制度环境的相互关系，并总结新企业成长路径的"锁定"和"解锁"过程。

第三章，中国新企业成长的特征分析。本章从"新企业的规模成长特征""新企业的资源禀赋特征""新企业的制度环境特征"和"新企业演化的行业特征"四个部分展开。使用规模变迁矩阵、时间趋势比较、地区差异比较等工具和方法，层层递进地分析了中国工业企业的规模变化规律、新企业的规模变化特点和新企业的成长率变化特点；通过对人力资源、财务资源的测算和描述性统计，分析中国工业企业的资源禀赋特点、新企业与成熟企业的资源禀赋差异；从年际变化趋势和地区差异情况两个方面，分别考察制度环境总体质量和三个细分层面的变化情况；从企业规模和企业成长率两个方面，分别考察新企业演化的行业间差异。

第四章，资源禀赋、制度环境对新企业成长影响的实证研究。在前文机制分析和现状特征的基础上，本章通过构建计量模型，实证研究了资源禀赋和制度环境对新企业成长的影响。本章不仅进行基准模型的回归估计和稳健性检验,还进一步考察制度环境细分层面和企业股权结构的异质性作用,并对资源禀赋和制度环境之间交互作用的影响机制进行检验,进而从内部条件和外部环境两个方面,为助力新企业成长提供较为充分的经验证据。

第五章,基于产业特征的新企业成长差异分析。本章在资源禀赋、制度环境对新企业成长影响的实证研究中,进一步引入对产业特征异质性的考察。从产业政策导向、产业竞争强度和产业规模壁垒三个角度考察产业特征情况,根据产业政策导向选择了受引导行业和受管制行业,使用赫芬达尔—赫希曼指数(HHI)测算了产业竞争强度,根据行业最小有效规模衡量产业规模壁垒;根据不同的产业分类,估计不同产业特征下的回归结果,进而实证分析不同产业特征下资源禀赋和制度环境在新企业成长过程中的差异化作用,为助力新企业成长提供更为细致的经验证据。

第六章,增量制度对新企业成长影响的实证研究。增量制度建设是当改革阻力较大时,在"存量"暂时不变的情况下在"增量"部分实现的制度创新。本章主要从中国渐进式改革过程中增量制度的视角,进一步补充制度环境对新企业成长的影响研究。本章借助开发区设立这一准自然实验,对增量制度与新企业成长的关系进行因果识别。实证分析中,在基准回归结果的基础上,又考察了开发区级别和要素密集度两个方面的异质性作用,并使用中介效应模型对影响机制进行了检验,进而从增量制度的角度丰富和补充新企业成长外部环境的研究成果。

第七章,结论、对策与展望。本章系统总结本书的主要研究结论,在此基础上针对中国新企业死亡率和失败率高的现状提出切身可行的对策建议。最后,客观评述本书的不足之处,指出未来研究可以进一步拓展的方向。

1.5 研究方法与创新之处

1.5.1 研究方法

本书研究的全过程综合了概念界定、理论梳理、归纳推理、逻辑演绎、指标评价、图表展示、比较分析、回归估计等多种研究方法。其中主要的研究方法如下:

1. 归纳演绎方法

归纳方法是根据事物部分样本的某种性质,推理此类事物的所有样本都具有这种性质,是从个别到一般的认识思路。演绎方法则相反,体现了从一般到个别的思路。本书首先通过既有文献的回顾和评述,借鉴吸收现有研究成果,总结了新企业成长过程的共性规律,构建解读新企业成长内外因素的分析思路,这体现了归纳方法的运用。而演绎方法体现在:理论分析中,从企业成长路径的"锁定"和"解锁"两个方面来阐述资源禀赋和制度环境的作用;实证研究中,对资源禀赋和制度环境作用和机制的验证,以及多个层面异质性作用的进一步考察。

2. 比较分析方法

比较分析方法能够通过对不同事物之间异同点的区别,达到对不同事物特点的把握。本书中比较分析方法的使用主要体现在三个方面:首先,在第三章中通过新企业和成熟企业之间核心指标的比较分析,归纳了新企业规模变化的特点、新企业成长率变化的特点、新企业资源禀赋的特点;其次,在第五章引入产业特征的异质性分析中,根据产业政策导向、产业竞争程度、产业规模壁垒进行三种行业分类,基于三种分类进行三次比较分析,从而考察不同产业特征下资源禀赋和制度环境作用的差异;最后,在第六章中使用倾向得分匹配基础上的双重差分方法(PSM-DID),双重差分的过程中比较了开发区内新企业和非开发区新企业之间的规模变化差异。

3. 计量分析方法

在实证研究过程中,本书使用的主要计量分析方法:面板固定效应估计方法和倾向得分匹配基础上的双重差分方法(PSM-DID)。

(1) 面板固定效应估计方法

面板数据具有多方面的优点:① 可以缓解遗漏变量的问题。遗漏变量常常是由不可观测的差异造成的,如果这种差异不随时间变化,则面板数据有助于缓解这种估计误差。② 提供个体动态行为的信息。面板数据同时具有横截面与时间序列两个维度,可以了解单独横截面数据或时间序列数据不能提供的信息。比如,新企业成长需要比较同一个企业在不同时间段状态的差异,面板数据符合此主题实证研究的需要。

普通最小二乘法是比较传统也比较常用的回归估计方法,在本书大样本数据的情形下,最小二乘估计是适用的估计方法。同时,为了尽可能克服不同年份、不同地区以及不同行业因素对于企业成长的影响,估计过程中加入了年份、地区以及行业的虚拟变量,使用最小二乘虚拟变量模型(LSDV)进行面板固定效应估计,能够缓解估计结果的偏误。

(2) 倾向得分匹配基础上的双重差分方法(PSM-DID)

计量分析的主要目标和重点工作是进行因果关系的识别。双重差分方法可以识别政策效应,但可能存在样本偏差问题,需要严谨地补充平行趋势检验;而倾向得分匹配可以通过匹配的方式,筛选出与处理组尽可能一致的对照组,从而缓解样本偏差问题。本书在增量制度与新企业成长关系的实证研究中,通过寻找合适的准自然实验,将开发区设立作为政策实验,通过倾向得分匹配方法构建处理组与对照组,然后使用双重差分方法分离出政策效果,能够比较严谨地检验增量制度对新企业成长的因果关系。

1.5.2 创新之处

本书可能的创新之处主要包括以下几个方面:

创新之一:从成长路径的"锁定"和"解锁"两个方面,构建解读新企业成长机制的分析框架,发现资源禀赋和制度环境在新企业成长过程存在相互影响的作用机制。

既有的文献已经认同新企业演化过程中存在"新进入缺陷",其成长困境来源于资源约束和合法性门槛等原因,但新企业成长的机制仍然是一个"黑箱"。本书基于既有的研究,特别是组织"烙印"作用、"资源拼凑"行为等的最新成果,拟整合一个分析框架来解剖新企业成长的影响机制:创立初期的内外条件对新企业演化具有路径依赖的"锁定"作用,而后续的特殊事件和进一步战略行为具有路径变迁的"解锁"作用。资源禀赋和制度环境之间的联结构成了新企业成长路径的动态发展过程。资源禀赋是既有的资源存量,初始资源是新企业成长的基础;每一个时间段的初始资源是每期新企业成长的起点,制度环境影响新企业资源使用的效率和获取外部资源的难易程度,对企业资源的战略行为贯通了前后两期的资源整合过程和新企业成长的内外条件。

创新之二：重视不同产业演化中新企业成长的差异，基于产业特征分析资源禀赋和制度环境的异质性作用。

既往研究往往基于某一视角或者某一方面考察和实证新企业成长的动力来源，难免导致认识片面和研究离散。本书不仅从内外动因的视角丰富新企业成长的实证研究，同时关注能够影响企业成长过程的产业特征。新企业成长过程需要遵循产业演化的运行规律，不同产业的发展过程有所不同，产业之间的差异会影响到资源禀赋和制度环境的作用。但涉及中国情境下产业特征对新企业成长的实证研究匮乏，既有研究往往仅将产业类型作为企业创新等战略研究主题下异质性讨论的某一个方面。本书从产业政策导向、产业竞争强度、产业规模壁垒三个方面考察不同产业之间的差异，实证研究发现不同产业类型中资源禀赋和制度环境对新企业成长作用存在差异，进而比较细致地分析促进新企业快速成长的实现条件。

创新之三：基于中国改革实践的现实情况，有效识别增量制度建设对新企业成长的作用。

对处于转轨阶段的中国经济而言，影响企业成长的因素颇为复杂，特别是各种体制性因素对企业成长的影响尤为明显，但对增量制度建设与新企业成长关系的实证研究相当匮乏。中国改革的独到之处和成果所在是采取先"增量改革"后"存量改革"的顺序，增量制度建设保证了改革进程的稳步推进，同时，以开发区为典型的增量制度建设是中国制度环境变化的具体体现。本书不仅使用省区级层面的市场化总指数和分项指数，考察制度环境总体情况和细分层面对新企业成长的影响，还对区域内的增量制度安排给予充分的重视。通过将开发区设立作为准自然实验，使用倾向得分匹配基础上的双重差分方法（PSM-DID），有效识别增量制度与新企业成长的因果关系，进而从增量制度建设的角度丰富了转型背景下中国制度环境与新企业成长的研究成果。

第二章 新企业成长的内外影响机制分析

本章主要阐述本书涉及的理论基础、资源禀赋和制度环境对新企业成长影响的内外作用机制。根据本研究需要,本章梳理了企业生命周期理论、资源观理论、新制度经济学理论、产业组织理论、演化经济学等理论的相关内容,这些成果为企业成长研究奠定了理论基础。在此基础上,新企业成长过程可以从成长路径的"锁定"和"解锁"两个方面来解读,本章论述了资源禀赋对新企业成长的影响,并从"资源拼凑"行为的角度分析资源类型的异质性作用;其次,论述了制度环境对新企业成长的影响,从制度环境不同层面分析其异质性作用,并阐述增量制度对新企业成长的"扶持"作用;然后,基于产业特征的差异,分析不同产业情境下资源禀赋和制度环境对新企业成长影响的异质性作用;最后,阐述资源禀赋和制度环境的相互关系,并总结新企业成长路径的"锁定"和"解锁"过程。

新企业成长是路径依赖和结构惰性特征异常明显的组织演化活动(Geroski 等,2010),其发展轨迹往往同时受到历史因素"烙印"作用和后续事件"变革"作用的共同影响(田莉,2012)。创立初期的内外条件对新企业演化具有路径依赖的"锁定"作用,而后续的特殊事件、外部变化和进一步战略行为具有路径变迁的"解锁"作用。新企业成长路径的"锁定"和"解锁"过程,都依赖于资源的丰裕程度,资源禀赋状态是影响新企业成长的重要内部因素;制度环境影响企业既有资源的使用效率和获取外部资源的难易程度,制度变迁可以触发新企业演化路径的"跃迁",制度环境是影响新企业成长的重要外部因素。从新企业成长的路径"锁定"和"解锁"过程入手进行分析,是解读资源禀赋和制度环境对新企业成长影响的可行思路。

2.1 理论基础

企业是市场的微观主体,企业成长是经济增长和产业演化的微观基础(Acemoglu等,2017;王永进等,2017)。长期以来,企业成长深受业内企业家、政策制定者和学界研究者的广泛关注,企业成长的相关研究也一直是经济学、管理学和组织学等领域的重要议题(Van de Ven和Poole,1995)。企业成长的理论思想源远流长,随着时代背景的变化,相关认识得到不断的深化和拓展。从这些理论所关注的成长因素类型来说,可以分为外生成长理论和内生成长理论;从分析的逻辑框架来说,又经历了从静态分析向动态分析转变的演化过程。这些丰富的理论成果为揭示新企业生存和成长规律奠定了坚实的基础。

2.1.1 企业生命周期理论

企业成长的阶段理论,即企业生命周期理论,将企业的发展同生物体生命过程相类比,区分为出生、成长、成熟、衰老、死亡等周期性阶段。该理论按照一定的标准,把企业的成长过程划分成若干个依次发展的阶段,借此来分析不同阶段的特点以及不同阶段转换需要克服的障碍。

20世纪50年代,Haire(1959)首次使用"生命周期"的观点来研究企业问题。他认为组织的成长就像有机体一样,符合生物学中的成长曲线,存在着明显的周期现象。爱迪斯(1989)是第一位明确研究企业生命周期的学者,《企业生命周期》一书奠定了其在这个领域的核心地位。他认为,企业的成长与演化同生物体相似,将企业的生命周期划分为三个阶段、十个时期,分别是包含孕育期、婴儿期、学步期的孕育阶段,由青春期、盛年期和稳定期组成的成长阶段,以及老化阶段(贵族期、官僚化早期、官僚期和死亡期四个时期)。

陈佳贵(1995)是国内学者中较早进行企业生命周期研究的。他根据企业规模的大小把企业的生命周期划分为孕育期、求生存期、高速成长期、成熟期、衰退期和蜕变期六个阶段;同时,与之前的研究不同,他没有将死亡看成企业生命周期的终点,而是吸取蜕变理论的思想,创造性地增加了蜕变期阶段。企业生命周期理论的价值得到研究者和企业家的广泛认可,相关的理论研究和应用研究如雨后春笋般涌现。新企业处于企业成长的初期阶段,基于企业生命周期理论的相关研究对此提供了丰富的借鉴。

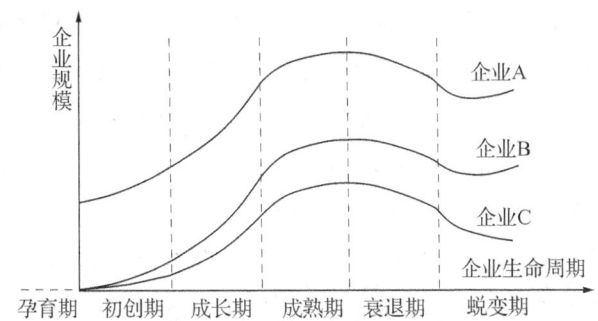

图 2-1 企业生命周期理论的企业规模变化
资料来源:作者参考陈佳贵(1995)绘制。

企业生命周期理论优劣参半,尚存在局限性(Kaulio,2003)。首先,不同的研究所选择的企业阶段划分标准各不相同且各有千秋,在如何科学准确地划分企业的生命周期上并没有达成较为一致的观点。这些差异主要体现在两个方面:一是企业生命周期的阶段数量,从最少的三阶段(Kimberly,1979)到最多的十个阶段(Adizes,1989)差异较大;二是阶段划分的方法,主要存在定性方法和定量方法的差异。定性方法比较容易受研究者主观因素的左右,而定量方法在具体指标的选择上尚存在较大的争议。其次,企业生命周期模型对企业发展过程中呈现出来的多样性、复杂性和企业未来发展可能遵循的路径,尚缺乏相应的理论依据。那么,应该根据哪些因素来划分企业生命周期的阶段? 企业生命周期是否具有可逆性? 对于这些问题,研究者还没有达成广泛的共识。

但不可否认的是,企业生命周期的阶段性思路给新企业的成长提供了丰富的借鉴。从优点上来说,该理论通俗易懂,且具有直觉上的吸引力(Phelps等,2007),因此,在学术研究和实践过程中得到广泛的使用。同时,以生物体演化的生命周期来类比企业的成长过程存在一定的科学逻辑性:一方面,企业发展壮大、经营管理活动在逻辑顺序和实践安排上存在时间上的先后(Garnsey,1998);另一方面,多种制度因素也约束企业组织活动按照若干既定程序进行,因而导致其成长过程体现出阶段性的特征。

2.1.2 资源观理论

纵观近 40 年现代企业战略管理领域理论的演变可以发现,对企业竞争优势来源的研究经历了一个先由内而外再由外而内的往返过程,其中不少研究具有丰富的借鉴价值。企业内生成长理论起源于彭罗斯的资源观理论,此后又经历了沃纳菲尔特、普拉哈拉德、汉默等学者的继承与发展。企业成长的资源观理论认为特定的资源及其引致的内部能力是企业获得经济租金和竞争优势的来源。

Penrose(1959)坚持应该在企业本性中寻找增长的固有力量。她将企业界定为基于管理框架下各种生产资源组成的集合。每个企业都是独一无二的经济个体:不同企业拥有的资源类型、数量、结构不同;即使拥有相似的资源,其产生的生产性服务也与员工利用资源的经验、知识紧密联系,并依赖于企业过去的资源状况和使用资源的经验,从而存在差异。她以单个企业的成长过程为研究对象,通过建立"企业资源—企业能力—企业成长"的分析框架,探究决定企业成长的因素和机制:企业拥有的资源存量和质量是决定企业能力的基础。企业内部物质资源所能提供的生产性服务及其质量依赖于人力资源,两者共同创造了每个企业的生产机会。企业能力决定了企业成长的速度、方向和界限。

Penrose企业内生成长的观点使得资源基础理论得到复兴(Barney,1986;Grant,1991)。Wernerfelt(1984)进一步提出企业的竞争优势建立于其拥有的特殊资源和资源的使用方式。Barney(1986)归纳出特殊资源的特点:有价值、稀缺性和难以模仿。Helfat和Peteraf(2003)提出动态资源论,认为企业拥有资源的异质性和动态特征是企业持续成长的根本动因。经过多年的继承与发展,资源观理论认为企业成长是企业内部资源和能力不断匹配、修正、适应、整合的结果。企业成长是依靠内部资源扩张现有业务活动来实现的。这取决于新的投资活动与现有企业资源之间的专用性程度,若两者高度相关,就能为企业提供成长机会,因为新的投资活动又进一步带来后续的企业资源。同时,企业的持续成长,还依赖于整合运作各类资源的管理能力(Grant,1991)。

以Prahalad和Hamel(1990)为代表的能力观学者们对企业资源论作了进一步引申,认为企业的竞争优势来自企业配置、开发和维护资源的能力。资源观的企业成长理论把企业竞争优势的源泉定义在作为"物"的资源上,完全脱离了企业中"人"的因素,造成资源与其配置者之间的分离。而能力观的企业成长理论则强调了企业内部的资源、核心技术、资源管理等核心能力对企业成长的重要性,企业竞争优势源泉由客观具体的资源衍生为含义丰富的配置、开发和维护资源的能力。Teece、Pisano和Shuen(1997)进一步提出了"动态能力"分析框架。所谓"动态能力"就是匹配、整合、重构、获取组织内部和外部资源、技能和能力来适应外部环境变化的能力。动态能力理论是对资源基础理论有益的补充和衍生,它兼顾企业内部和外部来考察企业的战略问题,并有效地解释了合作联盟、外部网络等不断变化的企业扩张现象。借鉴资源观理论及其衍生的能力观理论、动态能力理论的既有研究成果,有助于更充分地挖掘新企业成长的内在动因。

2.1.3 新制度经济学理论

新制度经济学沿用新古典经济学的逻辑和方法,分析经济组织制度的构成和运行。其中,交易费用理论起源于对企业性质的探索(Coase,1937),着重研究企业与市场的关系,试图解读企业的边界;制度变迁理论则将制度因素纳入经济增长的研究中。

交易费用理论认为,企业成长的动因是对市场交易费用的节约。Coase(1937)认为市场交易存在诸如签约、监督履约和追索违约等交易费用。企业的出现可以节约上述市场机制运行中的交易费用,但也带来了内部管理成本。企业组织是市场机制的替代品,市场交易费用与组织内部管理费用相等的均衡水平确定了组织的边界。企业成长涵盖了经营规模的扩大和企业功能的拓展。企业成长是企业边界扩大的过程,决定企业边界的因素也是企业成长的因素,因此,企业成长的动因在于对市场交易费用的节约。Williamson(1975,1985)从交易特征的多个维度考察了交易费用,分析了企业纵向一体化的可能性。由于信息的不完全和不对称,为了增强对契约的保障,企业通过前向或后向的一体化来应对市场失灵,如此的企业成长就体现为纵向边界的扩展。

制度变迁理论的研究将内部和外部制度因素引入企业成长的研究范畴。企业制度变迁是伴随企业规模的扩张而出现的,同时,又是维持和促进规模扩张的必要条件。钱德勒(2002)认为真正的企业成长体现在现代工商企业出现之后。现代工商企业建立于两项重大的企业制度变迁之上,即所有权与管理权的分离、企业内部层级制管理结构的形成和发展。他通过分析美国战后快速的工业化和城市化进程发现,市场和技术提供了改善经济效益和生产率的潜力,但需要通过与之相适应的企业内部组织来实现。以内部结构为基础的组织能力是企业持续增长的源泉,企业高层管理者应专注于决定企业未来发展的战略决策。诺斯(1991)认为制度因素是经济增长的关键,能够对个人提供有效激励的制度是保证经济增长的决定性因素,强调不同制度变革导致不同的经济绩效。

新制度经济学的企业成长理论对新古典经济学进行了批判性地继承与发展:在内容上,实现了从制度既定到制度变迁、从完全理性到有限理性、从无摩擦成本到交易成本等若干修正与拓展;在方法上,继承了新古典经济学的均衡分析、边际分析与成本收益分析等方法,比较合理地解释了企业的存在和边界,但仍然存在未尽之事。首先,该理论沿用了静态均衡和最优化方法,没有从根本上突破新古典经济学企业成长理论的基本分析框架,从而对诸多现实问题缺乏解释力,也忽视了企业中具有特殊性的资产和能力。其次,交易成本难以说明企业之间成长情况的异质性,即为什么在相同的激励安排下有的企业在市场竞争中获得成功而有的企业却遭遇失败。第三,新制度经济学过于强调企业的交易性,对于企业的生产功能未给予足够的关注。借鉴新制度经济学的研究成果,并尝试弥补其不足,有助于从外部制度环境的视角更充分地解读新企业的成长规律。

2.1.4 产业组织理论

产业组织理论是微观经济理论的延续和应用,侧重从产业环境的角度研究企业间的资源配置问题,特别是从企业竞争的状态来说明产业内部企业与企业之间的资源配置是否合理(杨公仆和夏大慰,2005)。"马歇尔冲突"是产业组织理论的核心议题,其中包含了对企业成长和产业环境分析的深刻思想。借鉴产业组织理论的既有研究成果,可以基于产业特征来分析新企业成长动因的异质性作用。

马歇尔(1964)最早发现规模经济和垄断之间的矛盾关系:规模经济主要来自大量生产和大量销售带来的成本节约。以追求利润为目的的竞争,必然使资源不断流向效率更高的企业,导致生产的集中和企业规模的扩大。在规模经济性的作用下,竞争的必然结果是市场中的垄断因素不断增强。垄断的形成又必然阻碍竞争机制在资源合理配置中发挥作用。产业组织学者寻求解决之法的过程中,以 Mason(1939)、Bain(1956)为代表的哈佛学派在新古典经济学的基础上,提出"结构—行为—绩效"(Structure-Conduct-

Performance)分析范式,简称 SCP 范式。该范式认为产业结构决定了产业的竞争状态,并决定了企业的行为及其战略,从而最终决定企业的绩效;产业基础条件影响市场结构和市场行为,同时市场行为对市场结构和产业基本条件存在反馈效应。SCP 范式的确立为产业及产业内企业行为的实证分析和研究提供了理论基础和研究框架,这个框架有助于分析产业内的相互作用关系。Porter(1980)在此基础上,通过产业环境分析进行企业竞争战略的研究,构建了著名的"五种竞争力量"模型和"三种竞争战略"。

SCP 范式有助于从产业环境层面解读不同产业环境下企业的规模扩张差异,并分析新企业成长的产业环境和同行策略行为。市场结构决定市场的竞争和垄断程度,进而成为决定企业行为和市场绩效的基础。市场集中度、产品差异化、进入退出壁垒、市场需求变化、需求的价格弹性、生产的成本情况等因素相互影响并决定了市场结构的情况,不同竞争情况的市场结构下企业成长的难易程度也不同。企业所采取的市场行为受市场结构制约,同时也能反作用于市场结构。企业市场行为一般包括企业的价格策略、产品策略、排挤竞争对手的策略;对于企业特别是新企业的规模扩张来说,分析竞争对手的市场行为显得尤为重要。市场绩效包括资源配置效率、产业技术进步、生产的相对效率等方面,同时为了达到理想的市场绩效和经济发展目标,非常需要政府制定产业政策,以引导和干预市场结构和企业行为。而这些产业政策又对企业成长具有十分重要的影响。当然,SCP 范式也受到不少质疑:芝加哥学派认为企业自身的效率才是决定市场结构和市场绩效的基本因素,即企业效率的提高才导致企业利润的增加和规模的扩大。

2.1.5 演化经济学理论

相对于新古典经济学体系来说,演化经济学是对经济系统中新奇的创生、扩散和由此所导致的结构转变进行研究的经济学新范式(贾根良,2015)。演化经济学提供了与主流经济学不一样的分析视角和研究范式。

演化经济学更关注资源创造,而非资源配置。以新古典经济学为代表的主流西方经济学往往假定企业技术水平、资源禀赋、消费偏好和制度环境不变;在均衡框架下,研究理性经济人如何按照效用最大化原则,实现资源最优配置。而以演化经济学为代表的非主流经济学流派则认为,从更接近经济社会现实的角度来看,企业技术水平、资源禀赋、消费偏好和制度环境都是处于持续变化中,这种变化的典型特点是非均衡过程,资源创造而非资源配置更应成为经济学研究的核心;经济行为者是按照权衡得失而非效用最大化原则采取行动(贾根良,2015)。在演化经济学的框架下,作为研究对象的资源创造关键取决于"新奇的创生",新奇的创生是永无止境的经济变化的动因(Witt,2006)。

演化经济学以生产而非交换为核心。新古典经济学认为,财富来源于土地、物质资本和劳动力,其积累是通过交易发生的,同时积累下的往往是同质的产品。而演化经济学则认为,财富来源于文化即人类的创造力,其积累是通过创新累积地改变人类的知识和工具(技术)存量所发生的,这种积累更多的是新的事物和异质性的新产品。演化经济学分析的焦点是生产和创新,更强调科学技术在社会经济进步中的作用,强调经济活动的质量对国家贫富的决定性作用,强调生产性制度和交易性制度的区分(赖纳特,2007)。

演化经济学是以动态的、有机的和开放的世界观为基础,而不是静态的、机械的和封闭的世界观。新古典经济学以物理学范式的牛顿主义世界观为基础,而演化经济学深受生物学范式的达尔文主义世界观的影响。在演化经济学的框架下,社会经济系统是一个不可逆的历史演化过程,历史演化过程突出了"因果累积""路径依赖""时间不可逆"等重要概念和特征,认为企业决策是连续的,新要素随时间的推移而创生;在经济变迁的动态过程和有限理性基础上,认为均衡只是暂时的并且存在"多重均衡",最终实现或接近哪种均衡依赖于演化路径(Nelson 和 Winter,2002)。

借鉴演化经济学的逻辑范式和既有成果,可以吸取"烙印"作用等源自生物学的概念来解读新企业成长过程;有助于将新企业成长过程归纳为成长路径的"锁定"和"解锁",从这两个方面来阐述资源禀赋和制度环境的影响;并从资源创造的视角分析"资源拼凑"行为,进而更充分地论证资源禀赋的作用。

2.1.6 既往理论的借鉴价值

通过梳理企业生命周期理论、资源观理论、新制度经济学理论、产业组织理论、演化经济学理论等相关内容,可以为企业成长研究奠定扎实的理论基础。

(1) 既往不同流派的理论成果为本书指引了思考的方向。首先,企业生命周期理论虽然在阶段数量和阶段划分等方面尚有争议(Kaulio,2003),以生物体的生命周期来类比企业的成长过程具有一定的逻辑性,提示了新企业成长所体现的阶段性特征。因此,本书考察资源禀赋和制度环境在新企业成长过程中的作用,也需要立足在新企业区别于成熟企业的成长特征。其次,古典经济学、新古典经济学从外生因素的角度考察企业成长的动因,战略管理理论从内生因素的角度考察企业成长的源泉,产业经济学从产业环境角度考察产业特征对新企业成长的影响,新制度经济学和演化经济学又引入了制度变迁、有限理性等情境因素。虽然它们都未能全面地解读新企业成长的动力来源,但都贡献了富有见地的观点和视角,同时提示本书新企业成长的因素研究需要兼顾内因和外因,需要考察产业特征的异质性,采用比较全面的视角才能得出尽可能严谨和科学的结论。

(2)基于多种流派的理论基础,从新企业成长路径的"锁定"和"解锁"两方面构建可以一个分析框架,进而阐述资源禀赋和制度环境对新企业成长的影响机制。新企业的演化和成熟企业存在显著的差异,需要使用全新的逻辑思路和框架来分析探讨。整合既有的研究,特别是组织"烙印"作用的最新成果,可以形成一个分析思路来解读新企业成长的机制过程:创立初期的内外条件对新企业演化具有路径依赖的"锁定"作用,而后续的特殊事件和进一步战略行为具有路径变迁的"解锁"作用。由于数据、测度等方面的原因,直接实证检验新企业演化机制中的"烙印"过程可能比较困难。但既往的研究注意到资源禀赋、制度环境是新企业成长的重要内外条件,同时后续的创始人决策和战略实施一定程度上通过资源变化进而影响到企业成长,那么,落脚在企业资源状态上,可以解读初始状态和后续企业行为;制度环境又影响既有资源效率和后续资源获取,因此,考察前一期的企业资源禀赋和制度环境状况与后续一段时间企业成长之间的关系,是间接地探讨企业成长机制的可行方法。

2.2 资源禀赋与新企业成长

资源禀赋对新企业成长的影响主要体现在三个方面(如图 2-2 所示):资源条件是企业生存和成长的基础,初始资源禀赋有助于强化组织"烙印"作用,将新企业锁定在易于成长的路径之上;前期资源是企业后续再投入、业务拓展的条件,丰裕的资源禀赋有利于实现新企业成长路径的"跃迁";新企业深受资源约束的困扰,资源禀赋有助于强化"资源拼凑"行为,缓解新企业的资源约束,改善"新进入缺陷"问题,推动新企业的快速成长。同时,资源禀赋存在多种类型,人力资源和财务资源适应"资源拼凑"的需要,在新企业成长中的作用尤为明显。

2.2.1 资源禀赋对新企业成长的影响

资源条件是企业生存和成长的基础,初始资源禀赋有助于强化组织"烙印"作用,将新企业锁定在易于成长的路径之上。资源基础理论认为企业不仅是经营管理单位,而且是由各种生产资源组成的集合(Penrose,1959)。企业资源禀赋具有粘滞性(Teece,2009),新企业获取资源的渠道有限,积累资源和整合资源也需要过程和时间,因此新企业成立时资源禀赋的初创条件是影响其初创期成长的首要因素。新企业创立时刻的资源禀赋是企业正常开工、有序开展经营活动的前提。新企业成长过程是一个不断试错、调整、验证和匹配的过程;是逐步从幼稚、不确定走向成熟、持续发展的过程;需要承担失败的风险,支付试错的成本。资源禀赋是新企业获取生存能力的必要条件,新企业通过耗用资源禀赋来抵御创业风险,弥补试错成本,获取生存能力,可以提高适应外部环境变化的能力(Van de Ven 等,1984;韩炜等,2013)。

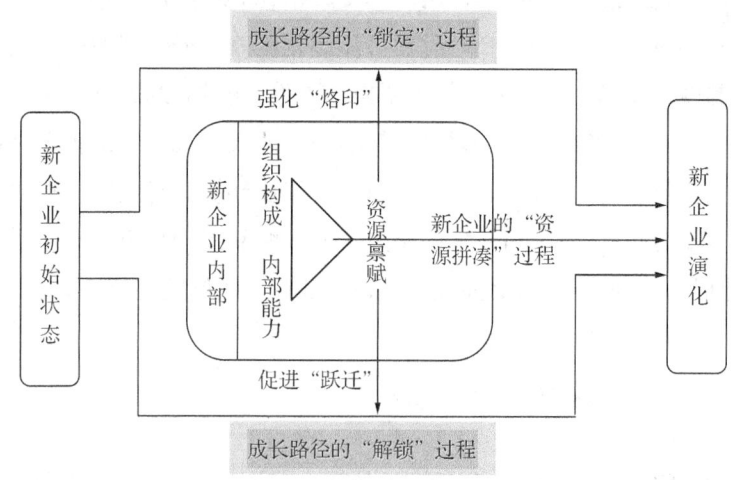

图 2-2 资源禀赋对新企业成长的影响机制

前期资源是企业后续再投入、业务拓展的条件,丰裕的资源禀赋有利于实现新企业成长路径的"跃迁"。企业的成长是经营效率的提升和业务活动的扩展,一方面是既有资源使用效率的提升,另一方面是对新业务活动的资源再投资。任何一个时间点上,企业都是在现有资源基础上进行后续的经营决策。资源基础是企业战略决策的起点,丰富的前期资源禀赋有利于新企业进一步获取后续资源,顺利进行业务扩展。同时,面对动态变化的内外环境,新企业也需要及时调整经营方向、业务模式,战略调整和创新活动都需要新资源的投入。基于新进入缺陷的研究发现新企业的初始资源基础薄弱,不仅维持企业日常业务的通用资源有限,而且缺乏获取竞争优势的专用资源(陈闯等,2009)。丰富的资源禀赋可以提供新企业更多的决策选择,也有助于更有效地进行战略实施和新资源获取(田莉,2012)。一旦新企业找到新的经营模式,竞争优势就会不断地叠加到其成长的路径上(Judge等,2015)。

新企业深受资源约束的困扰,在其路径演化过程中冗余资源相对稀缺(杜运周等,2009),资源禀赋有助于强化"资源拼凑"行为,缓解其资源困境,改善"新进入缺陷"问题,推动新企业的快速成长。"资源拼凑"指新企业在资源紧缺的情境下,通过凑合着使用手头资源来把握新机遇、解决新问题、突破资源约束的即刻行为(Desa和Basu,2013),能够解决初创期的资源困境和创业风险(Baker和Nelson,2005)。"资源拼凑"的整合模式通过挖掘既有资源的内在潜能以突破资源约束,其耗用的是既有的资源禀赋。"资源拼凑"是创造性再造过程,体现了新企业在认识资源、使用资源、整合资源等全方位的创新行为。"资源拼凑"辩证地看待既有资源的有限性,摒弃了资源的无效组合和惯性思维,从"如何发展最优资源"到"如何最优地使用现有资源"是拼凑过程克服"新进入缺陷"的新思路(祝振铎和李新春,2016),实现了"就地取材"和"无中生有"的资源支持(梁强等,2013)。"资源拼凑"的"即兴"与"满意"原则,有助于新企业快速行动,避免因资源困境导致的机会丧失与市场失败,通过挖掘既有资源的潜在价值以突破资源约束,放弃了昂贵而耗时的最优资源搜寻过程,反而成为新企业快速成长的最佳方案(Vanevenhoven等,2011;苏芳等,2016)。据此,本章提出以下假设:

假说1:资源禀赋越丰富,新企业越容易实现成长。

2.2.2 资源禀赋的类型与新企业成长的"资源拼凑"行为

企业资源可以分为人力资源、财务资源、物质资源、组织资源等多种形式

(Barney,1991;蔡莉和尹苗苗,2008;董保宝和李全喜,2013)。新企业资源禀赋往往不会囊括上述全部资源,而只是掌握其中一种或几种(韩炜等,2013)。从新企业特征、资源拼凑过程、资源类型特点来看,资源禀赋主要体现为人力资源和财务资源[①]。人力资源是由个人能力与素养、教育背景、工作经验等构成的(Becker,2009);创业团队的企业家精神有助于提高新企业发展过程的成功率,既往的工作经验提供宝贵的先验知识和敏锐的商机嗅觉,良好的教育背景有利于新技术的识别与开发(Fatoki,2011;Hargis和Bradley Ⅲ,2011)。财务资源由各种来源的钱财构成(Abdulsaleh和Worthington,2013),体现为企业创立、经营和成长过程中所使用的资金(Petty和Bygrave,1993)。财务资源支撑企业的初始投资,同时提供缓冲和保护伞以帮助企业抵御初创期的意外冲击(Cooper等,1994)。

人力资源和财务资源适应资源拼凑的需要,在新企业成长中发挥尤为重要的作用。"资源拼凑"所利用的是手头资源,即资源禀赋;同时,拼凑成效依赖于新企业的创新行动能力(Baker和Nelson,2005)。善于拼凑的新企业可以识别手头资源的新属性,通过对现有资源的创新性利用,使同质资源产生差异化价值,发现其新用途,挖掘出其内在潜能(于晓宇等,2017)。人力资源、财务资源的特性,能充分适应"资源拼凑"过程的需要。人力资源富有活力:创业团队不仅具有丰富的知识储备以及强大的智力支持,还非常富有创新精神,其创新思维成果往往决定企业的经营发展模式;管理层的能力与经验直接影响企业决策水平、经营模式和资源整合能力;企业员工是人力资源的主要提供者,一定程度上可以自由自愿地增加人力资源的供给。财务资源具备一定的流动性和杠杆能力:通过变现可以偿付企业经营成本,支付对市场资源的进一步购买;同时,还可以通过租赁、抵押、贷款等方式,进一步撬动更多财务资源和其他资源(蔡莉和柳青,2007)。

2.3 制度环境与新企业成长

制度环境对新企业成长的影响主要体现在三个方面(如图 2-3 所示):制度环境的改善有利于新企业提高资源使用效率、获取后续资源,进而缓解新企

[①] 参见第一章 1.2.3 企业资源禀赋。

业的资源不足,强化新企业成长路径的"锁定"过程;区域制度改善通过营造更加规范和公平的新企业成长环境,可以触发新企业演化路径的"解锁"过程;制度环境的改善有助于新企业获得身份认同、提高合法性程度,突破"合法性门槛",进而获得快速成长。同时,制度环境包含多个层面,经济制度环境、政府行政制度环境和法律保护制度环境的改善对新企业成长均具有促进作用。

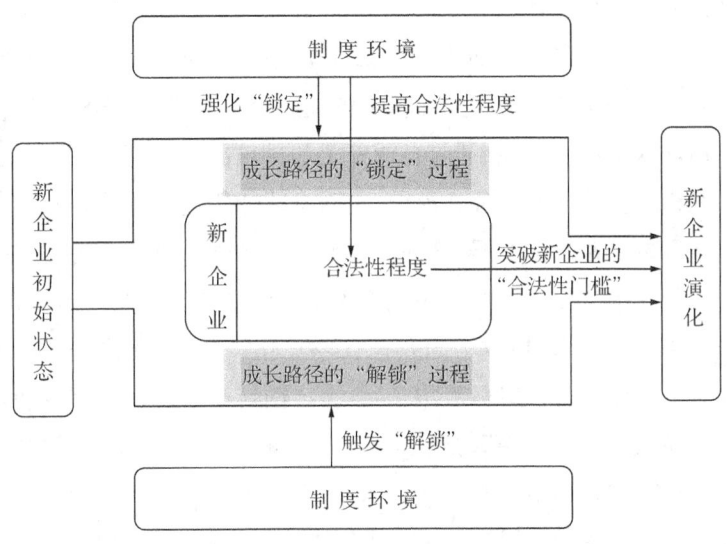

图 2-3 制度环境对新企业成长的影响机制

2.3.1 制度环境对新企业成长的影响

制度环境是企业改善资源使用效率、获取后续资源的外部环境,制度环境的改善有助于缓解新企业的资源不足,强化新企业成长路径的"锁定"过程。生产要素(资本、劳动力和技术等)往往在特定的制度保障下,才得以充分发挥作用;制度环境的优劣对微观企业生产效率有重要影响(马光荣,2014)。改善制度环境可以降低契约的不完全程度,有助于企业深化劳动分工和采用先进技术,进而提高劳动生产率(Acemoglu 等,2007)。劳动分工会通过提高专业化程度进而对生产效率产生正向影响,但伴随劳动分工的深入,劳动力之间的合约关系增多,协调成本也会随之增加,而制度环境改善则可以降低这类协调成本,缓解道德风险(Costinot,2009;毛其淋和许家云,2015)。技术创新是提高企业效率的源泉,企业创新行为能够帮助企业提升风险抵御能力,释放生存风险(Fontana 和 Nesta,2009;鲍宗客,2016),但企业研发的回报时间较长,不确定性较高,良好的产权保护制度才能确保企业获得创新投入的成果回报。制度环境的改善,促进市场信息的透明化,降低资源的搜集成本、交易成本,促进企业再投资和业务扩展。契约不完全程度的降低,缓解投资方在事后再谈判中面临被"敲竹杠"的风险,提高企业投资的效率和效益,增强新企业规模扩张的积极性。

制度变迁是企业经营所面临的外部压力,区域制度改善有助于营造更加规范和公平的新企业成长环境,有利于触发新企业演化路径的"解锁"过程。如果企业所嵌入的制度环境不同,企业经营和成长的环境不同,那么企业之间交易关系和市场交易成本会存在差异,进而企业竞争优势的源泉不同,最终导致企业绩效和成长速度的差异(Peng,2006)。区域资源的异质性和资源分布的不均衡性导致生产要素的区域分布差异,而区域资源条件差异是企业成长的重要影响因素之一,是导致不同企业在成长路径、成长模式、成长绩效等方面形成差异的重要原因(郭韬等,2017)。在中国情境下,制度环境在时空上也存在较大的差异:一方面,中国幅员辽阔,由于资源禀赋、地理位置和国家政策的差异(樊纲等,2011),造成东西部之间、不同省份之间、不同城市之间、城乡之间存在明显的制度差异;另一方面,中国渐进式改革过程中非均衡性策略选择以及中央集权与区域分权体制框架下各级政府的行为差异(马光荣,2014),又形成各地区制度环境在时间上的动态变化。中国渐进式改革中的制度环境改善,有助于抑制寻租活动(李雪灵等,2012),相对于垄断企业而言,新企业能够从公平的竞争环境获得更多的改善;同时,外部制度环境变化又为新企业指明了创新方向,进而引导成长模式和路径的"跃迁"。

"合法性门槛"是"新进入缺陷"的另一个重要原因,制度环境的改善有助于新企业获得身份认同、获取合法性,促进其快速成长。企业是嵌入制度环境的组织单位,是制度约束下经济活动的微观主体(周建等,2010)。企业和社会组织服从、适应制度环境,以使两者趋同而获取合法性(Zimmerman 和 Zeitz,2002)。既有制度对企业行为产生着不同程度的约束,会产生多种趋同。例如,强制企业必须遵守的法律法规等制度具有最强硬的约束力;行业准则、典型示范等规则、规范具有中等强度的约束力;而道德约束、风俗文化方面对企业行为的规范则具有较低的约束力(DiMaggio 和 Powell,1983;杜运周等,2009)。新企业作为市场的"新进入者",其制度合法性水平低,新企业面临的合法化压力大于在位企业,其企业规范性、产品质量容易受到外界的质疑,面临缺乏市场认可的成长困境(Scott 和 Meyer,1983;Santos 和 Eisenhardt,2009)。制度环境的改善,提高了市场透明程度,有助于明确新企业获得资质的渠道;同时,又加快了信息的扩散速度,提高了接纳新事物、新方法的认知基础,从而降低了新企业合法化战略的实施难度;而新企业成长能力又随着合法性提高而得到增强(Aldrich 和 Fiol,1994;Oliver,1991)。据此,本章提出以下假设:

假说 2:制度环境改善,有助于促进新企业成长。

2.3.2 制度环境的类型与作用差异

制度和制度环境有多种分类,可以区分为正式和非正式的制度环境,也可以区分为管制性、规范性和认知性制度环境等(Chiles 等,2007;Peng 等,2009)。制度并不是以单一形式存在的,而是多个层面多种制度相互依存共同构成了整体的制度环境(周建等,2010)。从新企业特征、制度变迁速度、制度作用层次来看,正式的制度环境变迁主要体现为经济制度环境、政府行政制度环境和法律保护制度环境三个方面[①]。

经济制度环境的变化主要从计划经济模式向市场经济模式转变,使市场的调节在资源配置过程中起到决定性作用(付强,2015)。市场经济是公平竞争的契约经济,市场环境秩序在本质上是一种利益和谐、竞争适度、收益共享的资源配置状态和利益关系体系(周建等,2010)。经济制度环境的改善,提供了公平竞争的市场环境,优化了资源获取便利性,使得流入新企业的资金通道更顺畅(吴晓晖和叶瑛,2009),有助于新企业缓解资源约束,实现进一步扩展。政府行政制度环境的变化重点是转变政府职能,实现政企分开,减少对微观经济的过度干预,理顺政府和企业的关系,释放企业经营活力。政府行政制度环境的改善,能够简化审批程序,有助于提高新企业制度合法性水平;同时,减少政策干预能够改善企业的创新行为(廖开容和陈爽英,2011),也可以减少企业寻租活动(李雪灵等,2012;刘伟等,2014),这都有利于提高新企业既有资源的效率。法律保护制度环境的变化主要是

---

① 参见第一章 1.2.4 制度和制度环境。

在改革过程中建立和完善依法治国的法律体系,规范经济主体的行为。法律保护制度环境的改善,通过加强对知识产权的保护,激励企业加快创新活动(邵传林和邵姝静,2016),进而提高新企业既有资源的使用效率;同时,对于投资者保护的改善,保障了企业所有人的经济权益(刘伟等,2014),促进新企业的成长和发展。

2.3.3　增量制度对新企业成长的"扶持"作用

增量制度建设是当改革面临来自旧的制度较大阻力时,通过外围建立新的制度安排,在制度"存量"暂时不变的情况下增量部分实现制度创新(胡军,2005)。中国改革的制度演进过程中,第一阶段体现为体制内的增量模式和外围制度改造(江曙霞等,2006)。其中开发区扮演了极为重要的角色,是特定历史条件下的增量制度安排(刘瑞明和赵仁杰,2015;韩亚欣等,2015)。开发区实行的特殊政策和管理体制是区域制度变迁的重要载体,以开发区为典型的增量制度建设是制度环境变化的具体体现。

选择开发区等形式的增量制度改进方式,是由发展中国家经济发展面临的资本投资不足和市场制度缺失所决定的(郑江淮等,2008)。资本投资不足减缓对劳动力的吸纳,同时,市场机制的不健全和市场失灵造成产权得不到有效的保护,合约得不到切实的执行。这就最终形成了"市场制度缺失—资本投资不足—市场制度缺失"的恶性循环。在这种情况下,一个可行的办法是进行增量发展:在原有政府行政体制之外,开辟一个新的区域,通过特定的制度环境营造,实施有效的产权保护和合约执行来吸引资本投资。开发区的独特制度安排是开发区经济增长和效率提升的重要动力,区内政策极大地节约了企业的交易成本,提升了企业的生产效率,营造了企业成长的良好环境(陈钊和熊瑞祥,2015)。

新企业的成长依赖于能否更为有效地获取新资源,能否不断挖掘现有资源的潜在价值。在中国开发区的演化中,一方面是政府通过制度建设和优惠政策等非市场的力量,引致目标产业在地理上的集中和聚积,旨在为产业集聚创造条件;另一方面是通过强化产业间的关联促进集聚经济的自我完善,旨在通过循环累积的市场力量促进区内经济的持续增长。开发区设立对区内新企业的"扶持"作用相应地也体现在两个方面:一方面,政府通过行政手段,通过制度建设和特殊政策,给予区内企业优惠待遇,直接或间接地提供外部资源,即存在"政策效应";另一方面,通过开发区的建设促进和强化产业集聚的形成,构建区内企业整体的规模经济来降低资源成本和获取难度,促进区内企业之间的创新溢出来优化资源使用效率,即存在"集聚效应"。

1. 开发区的"政策效应"

产业集聚源于历史的偶然事件和循环累积的集聚效应(Krugman,1991;徐康宁,2006)。旨在触发产业集聚的政府行为在开发区建设的初期发挥着尤为重要的作用。各级政府通过设施建设、制度供给、法律完善、政策优惠等方式吸引企业入驻,为产业集聚创造条件。一方面,政府通过大量建设投入来改善开发区的基础设施和配套设施(刘瑞明和赵仁杰,2015),例如提供更便捷的交通条件、更优质的物业社区服务、更廉价的厂房用地,这些投资建设促进了关联产业企业的发展;另一方面,开发区对目标产业企业提供一系列的特殊政策待遇(Wang,2013;Alder 等,2016),涉及税收优惠、政府补贴、信贷便利、用地价格优惠、行政审批便捷等诸多方面(吴一平和李鲁,2017)。政府控制了资本、土地等关键要素的定价权,同时在财政支出上具有较强大的支配权、在税率设定上拥有较强大的决定权(余明桂等,2010),获得特殊的政策待遇是众多企业入驻开发区的重要原因(钱学锋和陈勇兵,2009)。

开发区设立存在明显的"政策效应":政府对开发区的制度建设和给予区内企业的特殊政策,可以给新企业直接或间接地提供外部资源,增强企业获取外部资源的能力。旨在招商引资的优惠政策是典型的"政策租金"(张国锋等,2016),通过使新企业获得额外的经济利益,直接增加了企业当期的资源存量;通过改善其经济绩效,进一步提升了新企业获取未来资源的能力。赚取收益,偿付成本,实现盈亏平衡是企业成长的先决条件;筹措资金,增加投资,进行业务拓展是企业成长的具体表现;新企业深受资源约束的困扰,处于资源缺乏的阶段。财政补贴是政府对企业的无偿资金转移,通过直接增加企业资金拥有量,不仅成为新企业总利润的来源,还能缓解其融资约束,增加新企业再投资活动(毛其淋和许家云,2016)。税收优惠不仅间接帮助新企业获得成本优势,还增强了企业实现盈亏平衡的能力。因此,开发区的"政策效应"有助于促进区内新企业的成长。

2. 开发区的"集聚效应"

中国开发区的设立为目标产业及关联产业的集聚提供了重要载体。不论出于何种目的,企业一旦入驻开发区,必然会促进区域企业间产业关联(郑江淮等,2008),进而强化产业集聚程度。产业集聚是产业内企业、生产供应商、服务供应商以及相关机构的地理聚积(Porter,1998),可以实现外部的规模经济和内部的收益递增,即"集聚效应"。集聚经济的本质是要素在特定地理高度集聚带来的外部经济;其起作用的是创新活动、规模经济、范围经济形成的循环累积过程(徐康宁,2006)。优惠政策所引致企业入驻是否能产生充分的集聚外溢效应是开发区发展成败的关键(张国锋等,2016),同时开发区通过集聚效应"循环累积"的"正反馈"过程实现自我完善和持续发展。强有力的集聚效应能帮助区内企业更便捷地获取外部资源,改善既有资源的使用效率(Duranton和Puga,2004),提升企业竞争优势,促进企业扩张和发展;区内企业的不断茁壮成长又增强了开发区整体的产业集聚程度,进一步强化了规模经济和外部经济的效果。

开发区设立存在明显的"集聚效应":开发区所形成的产业集聚,通过区内企业整体的集聚经济可以降低新企业获得资源的难度和成本;通过促进区内企业之间的创新溢出可以优化新企业的资源使用效率。产业集聚的外部经济来自三个方面:知识技术溢出、劳动市场共享、中间品投入共享(Marshall,1920)。相应地,集聚效应对促进企业成长的影响主要体现在要素投入的规模经济、知识溢出与技术扩散、产业关联的竞争合作等方面。集聚效应为区内新企业提供了熟练的劳动力、丰富的市场需求、低成本的信息扩散等有利条件(Wenberg和Lindqvist,2010)。生产要素的地理集中不仅降低了企业要素的购买成本,还通过同行业竞争、专业化分工提高了新企业生产效率和要素服务质量。同时,产业集聚加快了区内企业的创新活动和技术扩散,改善了创新效率,而创新活动能够形成新的生产能力(Schumpeter,1934),提高了新企业既有资源的使用效率,对新企业增长产生积极的作用(Lu等,2015)。因此,开发区的"集聚效应"有助于促进区内新企业的成长。

2.4 基于产业差异的新企业成长异质性

不同产业呈现不同的演变规律,在产业生命周期、产业政策导向、市场结构特征、技术进步速度等方面存在不同程度的差异(孙早和肖利平,2015)。这些产业差异构成了不同产业的竞争特点、成本收益水平、进入退出壁垒,形成了不同产业企业不同的战略决策,进而表现为不同产业企业各异的成长和演化路径。新企业成长过程中,产业方面的差异会造成资源禀赋和制度环境对不同行业新企业影响的差异。

2.4.1 基于产业差异的资源禀赋异质性作用

1. 基于产业发展阶段差异

不同阶段的产业在运行过程中呈现不同的演变规律和发展特征。根据产业周期理论,从产业出现到完全退出社会经济活动,每一个产业都要经历由诞生到衰退的演变过程。虽然不同产业的寿命不同,但基本上都要经历导入期、成长期、成熟期和衰退期四个阶段(张家伟,2007)。处于不同阶段的产业具有阶段性特征:导入期,企业数量少,产品种类单一且技术粗糙,市场规模狭小,需求增长缓慢,产业利润微薄,进入壁垒低;成长期,存在大量厂商,产品呈现差异化,技术和质量提高,市场规模扩大,需求增长迅速,产业利润率较高且迅速增长;成熟期,产业集中度提高,产品质量较高,市场规模增长放缓,需求价格弹性减小,进入壁垒较高;衰退期,生产商数量减少,市场萎缩,需求减少,利润降低,新产品和替代品出现(张会恒,2004)。

新企业的成长依赖于资源禀赋的丰裕程度,而不同产业阶段企业成长难易程度、利润水平均存在差异,资源使用效率不同,获取外部资源的难易度也不同,进而资源禀赋对新企业成长的作用存在异质性。如果新企业所属行业处于导入期,导入阶段市场规模狭小、需求增长缓慢的产业特征会给新企业的成长造成更多的资源约束,资源禀赋对这类行业新企业成长的促进作用会更加显著。当新企业所在行业处于成长阶段,新企业则会遇到产品畅销、易于扩张的好时机,对于业务再投入和规模扩张的资源需求尤为迫切,资源禀赋对这类行业新企业成长的促进作用也会较为显著。而当新企业所属行业处于成熟期的时候,市场规模趋于稳定,企业规模扩张放缓,进而资源禀赋对新企业成长的促进作用也被削弱。对于衰退期产业中的新企业来说,市场萎缩、利润降低,甚至需要考虑退出和转型的战略,资源禀赋可能无法充分发挥促进成长的作用。

2. 基于产业结构情况差异

不同产业结构情况的行业呈现出不同市场竞争态势,影响该市场环境中新企业的市场份额、利润水平、扩张能力。从产业结构来说,市场存在四种基本状态:完全竞争市场、垄断竞争市场、寡头垄断市场和完全垄断市场。在完全竞争市场上,为数众多的厂商和消费者买卖无差异的产品,但无法单独影响产品的市场价格;垄断竞争市场上有多家厂商提供有所差异的同类产品,但厂商之间不存在直接的策略互动;寡头垄断市场的产品仅由少数几家厂商提供,并且厂商之间根据对手的行为调整自己的对策;在完全垄断市场上只存在一家厂商,同时垄断厂商能够单独为产品定价。不同的产业结构影响产业内的竞争程度和企业的利润水平。完全竞争市场中厂商都是市场价格的接受者,从长期来说超额利润为零;而完全垄断厂商可以通过垄断定价获得超额利润;垄断竞争市场和寡头垄断市场则介于两者之间。

新企业的成长依赖于资源禀赋的丰裕程度,而不同产业环境下行业利润水平存在差异,高强度的市场竞争会降低新企业既有资源的收益率,因此,资源禀赋对新企业成长的作用存在异质性。趋于完全竞争的市场内,竞争程度较高,任何一个企业没有足够的力量左右整个市场的供给和需求,必须通过实施各种战略安排与其他竞争者争夺市场份额,努力留住客户。进行价格竞争、实施低成本的战略,企业产品价格就会趋于生产成本,利润降低;而广告投放和研发创新等非价格竞争的手段,会挤占企业日常经营的费用,过度包装甚至被视为资源浪费。因此,趋于完全竞争的行业中,资源禀赋对新企业成长的作用会受到限制。趋于完全垄断市场内竞争程度较低,垄断厂商可以通过垄断定价最大可能地获得超额利润,同时可以通过歧视定价攫取消费者剩余。那么,在这类市场中新企业的利润率较高,另一方面既有资源的收益率相对较高,一方面有利于获取后续资源进行业务拓展和再投资活动。因此,趋于完全垄断的行业中,资源禀赋对新企业成长的作用相对更强。

2.4.2 基于产业差异的制度环境异质性作用

1. 基于产业发展阶段差异

产业发展阶段和产业政策导向的差异体现了制度环境对不同产业的新企业成长的异质性作用。不同阶段的产业运行呈现不同的演变规律和发展特征,同时,政府往往根据产业的阶段性特点,使用引导性产业政策促进新兴产业的"跨越式"发展,使用管制性产业政策加快落后污染行业的淘汰和转型。新兴产业是随着新兴技术、科研成果的诞生及应用而出现的新的经济部门,代表着产业发展的未来趋势和方向,往往是处于导入期的产业门类。促进引导的产业政策通过调整资源配置会向目标产业倾斜(Chen 等,2017),推动新企业的成长。通过优惠政策、税收补贴、信贷便利、土地供给等途径,受到政策支持的行业将获得较大的增长空间。对于这类行业中的新企业,制度环境改善强化了引导性政策的作用,一方面提高了既有资源的使用效率,另一方面通过改善外部资源获取途径,扩张了后续资源的来源。管制性产业政策是在产业结构调整中对传统、落后产业限制淘汰或者转型升级的政策安排,其中比较典型的是环境规制政策对高能耗、高污染行业的管制。制度环境的改善有助于理顺管制性政策的作用机制,强化落后行业的淘汰效应;对于这里行业中的新企业来说,制度环境抑制了规模的成长。

2. 基于产业结构情况差异

制度环境通过资源配置效率和资源获取难易两个方面影响新企业的成长,而不同产业环境下行业的竞争强度、利润水平均存在差异,进而制度环境对新企业成长的作用存在异质性。不同产业结构情况的行业呈现出不同市场竞争态势,在竞争程度较高的市场中,制度环境对新企业成长的促进作用更为显著,制度环境改善有助于改善新企业既有资源的使用效率和外部资源的获取便利。垄断程度较高的行业中,垄断厂商容易操纵或控制市场价格,获得超额利润,从而持续地获取后续资源,又进一步巩固其垄断势力。同时,竞争强度较低的市场中,企业数量较少,容易出现合谋行为和寻租行为。这些行为都固化了市场资源的流向,不仅不利于新企业参与市场竞争,而且不利于资源的有效分配。而竞争强度高的市场,商业信息公开透明,提供了公平的竞争机会,参与者市场地位平等,只要新企业效率的提升就能赢得竞争优势,从而增加利润收入。因而,高强度的市场竞争有助于增加新企业获取资源的机会,制度环境改善在此情境下的作用更为显著。

2.5 新企业成长的"锁定"与"解锁":资源禀赋与制度环境

新企业的成长不仅依赖于内部资源的丰裕程度和外部制度环境的优劣情况,而且资源禀赋和制度环境两者之间在新企业成长的"锁定"与"解锁"过程中,还存在相互影响的作用关系。资源禀赋是既有的资源存量,而制度环境不仅影响既有资源的效率,还影响提供后续资源的外部环境。

2.5.1 资源禀赋和制度环境的交互关系

新企业的生存与成长取决于能否在初始资源耗尽之前获取和开发出新的资源(韩炜和薛红志,2008)。新企业资源使用效率和资源获取是影响成长的两个重要方面,同时连接资源禀赋和制度环境两者的相互关系。资源禀赋和制度环境之间的联结构成新企业成长路径的动态发展过程:资源禀赋是既有的资源存量,初始资源是新企业成长的基础;每一个时间段的初始资源是每期新企业成长的起点,制度环境影响新企业资源使用的效率和获取外部资源的难易程度,对企业资源实施的战略行为贯通前后两期的资源整合过程和新企业成长的内外条件。在此过程中,制度环境对微观企业资源效率的影响又体现在:制度环境提高企业内部资源使用效率,从而提高了企业生产率(Lin 等,2010);同时,制度环境影响了企业之间的资源配置效率(马光荣,2014)。因此,如果制度环境的作用更多地体现为提高新企业资源使用效率,那么资源禀赋和制度环境之间就会呈现互补的作用关系;如果制度环境的作用更多地体现为降低新企业后续资源获取难度,由于既有资源和后续资源是替代使用的,资源禀赋和制度环境之间就会呈现替代的作用关系。资源禀赋和制度环境对新企业成长的影响存在互补或者替代的作用关系(如图 2-4 所示)。

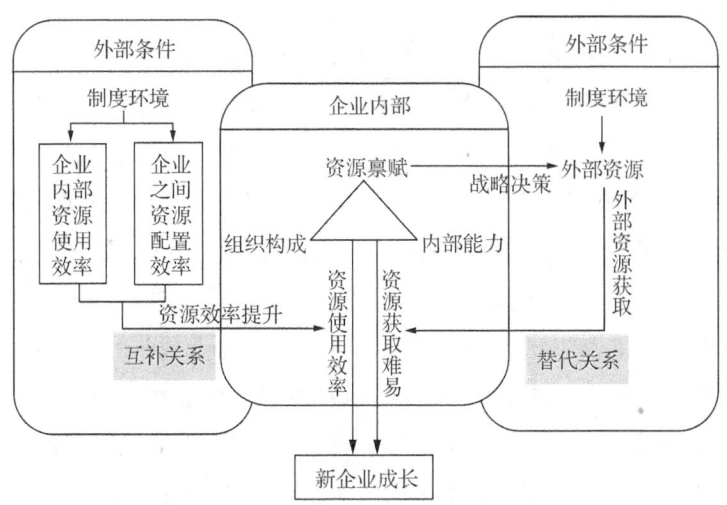

图 2-4 资源禀赋与制度环境的相互关系

进一步就制度环境的三个方面来说:首先,经济制度环境的变化主要是从计划经济模式向市场经济模式转变,主要是通过完善市场的方式改善资源配置过程,有助于新企业便捷、低成本、高效率地获取外部资源,那么,新企业既有资源和后续资源的选择使用过程,就体现为资源禀赋和经济制度环境的替代关系。其次,政府行政制度环境的变化重点是理顺政府和企业的关系,转变政府职能,减少对微观经济的过度干预,有助于释放企业经营活力,提升新企业既有资源的使用效率,那么在新企业成长的影响过程中,就体现为资源禀赋和政府行政制度环境的互补关系。最后,法律保护制度的变化主要是在改革过程中建立和完善依法治国的法律体系,对于生产者、产权(特别是知识产品)的法律保护,有助于提高企业积极性,改善企业经营效率,那么在新企业成长的影响过程中,也体现为资源禀赋和法律保护制度环境的互补关系。据此,本章提出以下假设:

假说 3a: 新企业成长过程中,资源禀赋与制度环境的交互作用表现为互补关系。

假说 3b: 新企业成长过程中,资源禀赋与制度环境的交互作用表现为替代关系。

2.5.2 新企业成长路径的"锁定"与"解锁"过程

新企业成长路径的"锁定"过程源于初始内外条件的"烙印"作用。相对于成熟企业而言,在新企业组织演化过程中成立条件的"烙印"作用更为显著(Boeker,1989)。由于"新进入缺陷"问题的存在,成立初期是新企业组织演化的首要敏感期。"烙印"作用的延续性在于战略决策的选择惯性和资源开发的路径依赖。新企业成长的组织"烙印"机制表现为:不同条件的资源禀赋塑造了企业独特的组织形式,新企业依据创立时刻资源禀赋的特质来选择初始战略,企业战略与资源禀赋、组织结构相互匹配;更重要的是通过企业战略的实施又可以进一步从外部环境中获得新的资源,后期资源往往继承了初始资源的特征(田莉,2010;Johnson,2007)。每一期的企业战略是"烙印"作用延续的重要桥梁:企业战略的定位依托于前一期资源禀赋、组织结构的特点,同时战略实施又是企业获取未来资源的重要手段。"烙印"机制还存在正向反馈过程:如果成立条件给新企业带来竞争优势,即使是微小或者偶然的优势,都会成为未来优势的源泉,从而形成强化"烙印"作用的动力;新的"烙印"会不断地叠加到旧的"烙印"上去(Eisenhardt & Schoonhoven,1990;Simsek 等,2015;Judge 等,2015)。

新企业成长路径的"解锁"过程不仅依赖于资源禀赋,更受到后续的特殊事件、外部变化和进一步战略行为等的影响。新企业的创建从无到有,其成长过程需要从零开始搭建组织架构和管理体系,需要寻找甚至是创造适合自身的经营模式;新企业成长过程是情境依赖非常明显的过程(张玉利等,2012),也是一个不断摸索、不断试错、不断创新的过程(陈闯等,2009)。丰富的资源禀赋可以偿付新企业的试错成本,有助于抓住更多的变革机会,进而降低失败的风险。同时,企业外部环境总是动态变化的,在中国情境下和改革过程中,制度环境就发生着具有深远影响的变迁。如果新企业初始内部条件不能适应外部环境的时候,为了维持生存和获得成长,新企业需要进行战略调整,进而脱离不利的发展轨迹;当然,无力进行路径跃迁的新企业可能会被市场淘汰。新企业发展是一个试错的过程,在不断的尝试中,抛弃错误和失败的模式,保留可行和适合的方案,其成长轨迹也会呈现出间歇性调整的轨迹。新企业成立之后的关键事件、外部变化会影响最初战略是保留、调整还是创新,即新企业成长路径的"解锁"过程往往取决于后续的关键事件和外部变化。

2.6 本章小结

根据本研究的需要,本章梳理了企业生命周期理论、资源观理论、新制度经济学理论、产业组织理论、演化经济学等理论的相关内容,这些成果为企业成长研究奠定了理论基础。既往不同流派的理论成果为本书指引了思考的方向;基于多种流派的理论基础,从新企业成长路径的"锁定"和"解锁"两方面可以构建一个分析框架,进而阐述资源禀赋和制度环境对新企业成长的影响机制。

本章从成长路径的"锁定"和"解锁"两个方面来解读新企业成长过程,进而阐述了资源禀赋和制度环境对新企业成长影响的内外作用机制。本章首先论述了资源禀赋对新企业成长的影响,并从"资源拼凑"行为的角度分析了资源类型的异质性作用;其次,论述了制度环境对新企业成长的影响,从制度环境不同层面分析了其异质性作用,并阐述增量制度对新企业成长的"扶持"作用;再次,基于产业特征的差异,分析不同产业情境下资源禀赋和制度环境对新企业成长影响的异质性作用;最后,阐述资源禀赋和制度环境的相互关系,并总结新企业成长路径的"锁定"和"解锁"过程。

资源禀赋对新企业成长的影响主要体现在三个方面:初始资源禀赋有助于强化组织"烙印"作用,将新企业锁定在易于成长的路径之上;丰裕的资源禀赋有利于实现新企业成长路径的"跃迁";资源禀赋有助于强化"资源拼凑"行为,缓解新企业的资源约束,改善"新进入缺陷"问题。同时,资源禀赋存在多种类型,人力资源和财务资源适应资源拼凑的需要,在新企业成长中发挥尤为重要的作用。

制度环境对新企业成长的影响主要体现在三个方面:制度环境的改善有助于新企业改善资源使用效率、获取后续资源,进而缓解新企业的资源不足,强化新企业成长路径的"锁定"过程;中国政治社会情境下制度环境的变迁有助于营造更加规范和公平的新企业成长环境,有利于触发新企业演化路径的"解锁"过程;制度环境的改善有助于新企业获得身份认同、获取合法性,突破"合法性门槛"。制度环境包含多个层面,经济制度环境、政府行政制度环境和法律保护制度环境从不同的方面对新企业成长具有促进作用。同时,以开发区为典型的增量制度安排积极地营造有利于企业成长的外部环境,对新企业成长具有"扶持"作用。

产业特征方面的差异会影响资源禀赋和制度环境对新企业成长的作用。不同产业呈现不同的演变规律,在产业生命周期、产业政策导向、市场结构特征、技术进步速度等方面存在不同程度的差异。这些产业差异构成了不同产业的竞争特点、成本收益水平、进入退出壁垒,进而资源使用效率和获取资源难易也不同,形成了不同产业企业不同的战略决策,表现为不同产业企业各异的成长和演化路径。就不同产业阶段和不同市场结构而言,资源禀赋和制度环境对新企业成长的作用存在差异。

新企业的发展轨迹往往同时受到历史因素"烙印"作用和后续事件"变革"作用的共同影响。创立初期的内外条件对新企业演化具有路径依赖的"锁定"作用,而后续的特殊事件、外部变化和进一步的战略行为具有路径变迁的"解锁"作用。新企业的成长不仅依赖于内部资源的丰裕程度和外部制度环境的优劣情况,而且资源禀赋和制度环境两者之间在新企业成长的"锁定"与"解锁"过程中,还存在相互影响的作用关系。新企业的生存与成长取决于能否在初始资源耗尽之前获取和开发出新的资源。资源禀赋是既有的资源存量,而制度环境不仅影响既有资源的效率,还影响提供后续资源的外部环境。新企业资源使用效率和资源获取是其成长的两个重要方面,同时连接资源禀赋和制度环境两者的相互关系。

第三章　中国新企业成长的特征分析

本章从"新企业的规模成长特征""新企业的资源禀赋特征""新企业的制度环境特征"和"新企业演化的行业特征"四个方面展开。通过使用规模变迁矩阵、时间趋势比较、地区差异比较等工具和方法,层层递进地分析中国工业企业规模的变化规律、新企业的规模变化特点和新企业成长率的变化特点;通过对人力资源、财务资源的测算和描述性统计,分析中国工业企业的资源禀赋特点、新企业与成熟企业的资源禀赋差异;从年际变化趋势和地区差异情况两个方面,分别考察制度环境总体质量和三个细分层面的变化情况;从企业规模和企业成长率两个方面,分别考察新企业演化的行业间差异。

3.1 新企业的规模成长特征

本节首先从一般性的角度,通过全样本的研究,分析中国工业企业规模变化的时间趋势和规律性特点;接着通过新企业和成熟企业的对比,分析新企业规模的变化特点;然后从年际之间的时间趋势和地区之间的差异情况两方面,分析新企业成长率的变化特点。

3.1.1 中国工业企业的规模变化特点

1. 中国工业企业规模变化的时间趋势

本节首先对中国工业企业(所有国有企业和规模以上非国有企业)规模变化的时间趋势进行简要的描述性分析。表3-1列示了样本期内以工业总产值测算的中国工业企业规模均值、根据企业规模排序的四分位数值以及平均规模的增长率。从中可以发现:(1)自2000年以来,除2008年外,中国工业企业工业总产值的均值总体上都呈现波动上升的趋势。仅在2008年,中国工业企业平均规模呈现短暂下降（即增长率为负），这可能是由于2008年金融危机造成的短期影响。(2) 自2000年以来，除2004年和2008年略有下降以外，中国工业企业工业总产值3个四分位数总体上都呈现上升趋势。(3) 自2000年以来，中国工业企业工业总产值的年均增长率约为11.06%，表明样本期内企业总体上保持了规模成长的趋势。当然，企业成长规模扩张的时间趋势变化可能来自存续企业的成长变化、失败企业的退出和死亡。下文将区分存续企业、退出和死亡企业，进行更细致的分析。

表3-1 中国工业企业的规模情况（单位：千元）

年份	均值	25%分位数	50%分位数	75%分位数	平均规模增长率
2000	52 589	5 866	12 860	31 692	—
2001	55 726	6 410	13 500	33 229	5.97%
2002	61 532	6 800	14 497	35 543	10.42%
2003	72 491	8 000	16 759	40 874	17.81%
2004	76 298	8 351	16 455	40 398	5.25%
2005	92 537	9 443	19 912	49 050	21.28%
2006	104 737	10 277	22 330	55 786	13.18%
2007	120 295	11 927	26 412	65 871	14.85%
2008	117 060	10 912	24 976	64 853	−2.69%
2009	127 453	12 145	29 318	76 177	8.88%
2010	147 683	13 754	31 750	83 316	15.87%
2011	162 354	14 161	34 006	86 539	9.93%

注：表中的数值均以工业品出厂价格指数进行了平减处理。数据来源：中国工业企业数据库。

2. 中国工业企业规模变化的规律性特点

本节借鉴盛斌和毛其淋（2015）的研究，采用变迁矩阵进一步考察中国工业企业规模变化的规律性特征。首先将2000—2011年的全样本企业逐年按照规模从小到大进行排序，将每年的企业都划分为5个规模档次（Q1~Q5）。接着计算2000年位于某一规模档次的企业到2011年时处于各个规模档次或者退出和死亡的比例，相关结果如表3-2中Panel A所示。然后逐年考察位于某一规模档次的企业到次年时处于哪一规模档次或者退出和死亡的比例，各个年份的相关结果比较类似，这里仅展示了2000—2001年两年之间的变化情况,如表 3-2 中 Panel B 所示。

表 3-2 中国工业企业规模的全样本变迁矩阵(单位:%)

样本期初的规模	样本期末的规模					
	Q1:0%~20%	Q2:20%~40%	Q3:40%~60%	Q4:60%~80%	Q5:80%~100%	退出和死亡
Panel A:2000—2011 年						
Q1:0%~20%	4.32(43.10)	2.14(21.35)	1.43(14.26)	1.22(12.21)	0.91(9.09)	89.97
Q2:20%~40%	6.59(23.37)	6.72(23.85)	6.37(22.58)	5.36(19.00)	3.16(11.19)	71.81
Q3:40%~60%	5.63(15.97)	6.37(18.09)	8.24(23.40)	8.61(24.44)	6.37(18.10)	64.78
Q4:60%~80%	4.31(10.86)	5.34(13.44)	6.16(15.51)	10.50(26.44)	13.41(33.76)	60.27
Q5:80%~100%	2.40(4.95)	2.87(5.92)	3.77(7.79)	6.97(14.38)	32.43(66.96)	51.57
Panel B:2000—2001 年						
Q1:0%~20%	52.38(88.02)	4.52(7.59)	1.45(2.44)	0.77(1.29)	0.39(0.65)	40.49
Q2:20%~40%	15.25(21.72)	39.35(56.03)	12.91(18.38)	2.28(3.24)	0.44(0.62)	29.77
Q3:40%~60%	4.10(5.24)	14.70(18.80)	44.47(56.89)	13.91(17.79)	1.00(1.28)	21.83
Q4:60%~80%	1.54(1.91)	2.89(3.60)	13.28(16.57)	52.46(65.42)	10.02(12.50)	19.81
Q5:80%~100%	0.52(0.63)	0.55(0.66)	1.07(1.29)	8.59(10.28)	72.85(87.15)	16.41

注:括号内数值为各个规模档次企业占相对应存续企业的百分比。数据来源:中国工业企业数据库。

根据表 3-2 中 Panel A 和 Panel B 的企业情况,可以发现企业规模演化的一些变化规律:

(1)中国工业企业失败率较高,其成长受到原有规模的影响。中国工业企业的规模演化过程中,有较大比例的企业退出市场或者是死亡。Panel A 显示五个档次的企业在 12 年间的退出和死亡率分别高达 89.97%、71.81%、64.78%、60.27% 和 51.57%,Panel B 显示五个档次的企业在 2000—2001 年间的退出和死亡率也分别达到了 40.49%、29.77%、21.83%、19.81% 和 16.41%。而对于存续企业来说,原有规模对其后续规模变化有较大的影响,即存在一定的成长惯性。Panel A 显示五个档次的企业 12 年间保持在原有规模档次的比例(占对应存续企业数量的百分比)较高,分别为 43.10%、23.85%、23.40%、26.44%、66.96%,均排在五个档次的第一位或者第二位。Panel B 显示 2000 年五个档次的企业到 2001 年保持在原有规模档次的比例(占对应存续企业数量的百分比)较高,分别为 88.02%、56.03%、56.89%、65.42%、87.15%,均排在五个档次的第一位。

(2) 从长期来看,企业更容易跃迁还是蜕变,依赖于期初的规模档次;从短期来看,企业更容易蜕变到更低一级的规模档次。从 Panel A 和 Panel B 中每行的数据可以看出,期初规模所在的档次和更高一级、更低一级三个档次是存续企业占比最高的三个档次,但企业向期初规模的更高一级还是更低一级变化的情况存在一定的差异;同时,这种异质性受到企业期初规模大小的影响。Panel A 显示 12 年间的变化情况,即从长期来看:当企业期初规模较小时,企业更容易蜕变到更低一级的规模档次,如期初规模为 Q2 的企业蜕变到 Q1 的比例是 23.37%,大于跃迁到 Q3 的比例 22.58%;当企业期初规模较大时,企业更容易跃迁到更高一级的规模档次,如期初规模为 Q4 的企业跃迁到 Q5 的比例是 33.76%,大于蜕变到 Q3 的比例 15.51%。Panel B 显示 2000 与 2001 年这 1 年间的变化情况,即从短期来看:不论企业期初规模的大小,企业都更容易蜕变到更低一级的规模档次,如期初规模为 Q2 的企业蜕变到 Q1 的比例是 21.72%,大于跃迁到 Q3 的比例 18.38%,期初规模为 Q4 的企业蜕变到 Q3 的比例是 16.57%,大于跃迁到 Q5 的比例 12.50%。

3.1.2 新企业的规模变化特点

由于本书重点关注的是存续企业中新企业相对于成熟企业的成长特点,下文将对这部分企业进行重点分析。本章根据年龄将存续企业分为新企业和成熟企业[①]。同时,进一步将表 3-2 中 Panel B 所示全样本企业逐年的规模变化情况,分解为表 3-3 中 Panel A 新企业样本的变化情况和 Panel B 成熟企业样本的变化情况。

表 3-3 中国工业企业规模的分样本变迁矩阵(单位:%)

样本期初的规模	样本期末的规模					退出和死亡
	Q1:0%~20%	Q2:20%~40%	Q3:40%~60%	Q4:60%~80%	Q5:80%~100%	
Panel A:2000—2001 年新企业样本(年龄≤8 年)						
Q1:0%~20%	40.17(78.26)	6.59(12.83)	2.58(5.04)	1.31(2.55)	0.68(1.32)	48.67
Q2:20%~40%	13.06(19.04)	37.49(54.67)	14.53(21.19)	2.93(4.27)	0.57(0.83)	31.42

---

① 本书将存活年龄小于、等于 8 年的企业视为新企业;将存活年龄大于 8 年的企业视为成熟企业。参见第一章 1.2.2 新企业。

续 表

样本期初的规模	样本期末的规模					退出和死亡
	Q1:0%~20%	Q2:20%~40%	Q3:40%~60%	Q4:60%~80%	Q5:80%~100%	
Q3:40%~60%	3.85(4.93)	14.33(18.34)	43.11(55.18)	15.47(19.80)	1.37(1.75)	21.88
Q4:60%~80%	1.39(1.73)	3.00(3.73)	13.29(16.53)	51.27(63.74)	11.48(14.28)	19.55
Q5:80%~100%	0.45(0.54)	0.57(0.67)	1.21(1.43)	8.99(10.65)	73.14(86.71)	15.65
Panel B：2000—2001年成熟企业样本（年龄>8年）						
Q1:0%~20%	58.04(91.86)	3.49(5.52)	0.92(1.45)	0.48(0.75)	0.26(0.41)	36.82
Q2:20%~40%	17.58(24.47)	41.37(57.59)	11.11(15.46)	1.50(2.09)	0.27(0.38)	28.17
Q3:40%~60%	4.34(5.54)	15.33(19.59)	46.12(58.91)	11.94(15.26)	0.55(0.70)	21.72
Q4:60%~80%	1.69(2.11)	2.81(3.52)	13.44(16.82)	53.66(67.17)	8.29(10.38)	20.11
Q5:80%~100%	0.49(0.60)	0.66(0.79)	1.00(1.20)	8.31(10.02)	72.43(87.39)	17.11

注：括号内数值为各个规模档次企业占相对应存续企业的百分比。数据来源：中国工业企业数据库。

通过对比表3-3中Panel A和Panel B的结果，可以看出新企业规模演化的一些特点：

（1）新企业存在"新进入缺陷"，新企业成长过程中存在较高的退出和死亡率。Panel B显示Q1规模档次的成熟企业退出和死亡率是36.82%，而Panel A显示Q1规模档次的新企业退出和死亡率高达48.68%，显著高于前者。同时，表3-2中Panel A和Panel B的数据也佐证了这个规律：Q1规模档次的企业在2000—2011年间的退出和死亡率是89.97%，在2000—2001年间的退出和死亡率是40.49%，后者虽然只是1年间的变化，但占了前者（12年间的变化）的近50%，说明退出和死亡主要发生在企业发展的前期。

（2）对于存续企业来说，新企业保留在原有规模档次的比例相对更低，而成熟企业保留在原有规模档次的比例相对更高。Panel B显示2000年五个档次的成熟企业到2001年保持在原有规模档次的比例（占对应存续企业数量的百分比）分别为91.86%、57.59%、58.91%、67.17%和87.39%；而Panel A显示2000年的新企业保持在原有规模档次的对应比例分别为78.26%、54.67%、55.18%、63.74%和86.71%，均不同程度地低于成熟企业。

（3）相对于成熟企业来说，新企业跃迁到更高级别规模档次的比例更高。期初规模为Q1的成熟企业跃迁到Q2、Q3、Q4、Q5的比例（占对应存续企业数量的百分比)分别为 5.52%、1.45%、0.75%、0.41%;而期初规模为 Q1 的新企业跃迁到 Q2、Q3、Q4、Q5 的对应比例分别为 12.83%、5.04%、2.55%、1.32%,均显著高于成熟企业。这种情况在期初规模为 Q2、Q3、Q4 和 Q5 的情况下依旧存在。同时,相对于成熟企业来说,新企业蜕变到更低级别规模档次的比例也较小。

上述描述性分析可以说明:中国工业企业总体上保持规模成长的趋势,对于存续企业来说,原有规模对其后续规模变化有较大的影响,即存在一定的成长惯性。但新企业和成熟企业演化之间存在明显的差异。新企业发展存在"新进入缺陷",新企业失败比例相对较高,实现快速成长是新企业避免失败、保持存活的重要手段。相对于成熟企业,存续的新企业跃迁到更高规模档次的比例较高,而保留在原有规模档次和更低规模档次的比例较低。

3.1.3 新企业的成长率变化特点

为了进一步定量地比较新企业规模成长的情况,本节使用存续企业的工业总产值,根据前后两期企业规模取对数后计算差值进而测算企业成长率[①]。本节通过比较新企业和成熟企业的成长率在年际之间的变化趋势和地区之间的差异情况,分析新企业成长率的变化特点。

1. 新企业成长率的年际之间变化趋势

表 3-4 分别统计新企业和成熟企业在各个时间段成长率的四分位数值和均值,图 3-1 绘制新企业和成熟企业成长率中位数和均值的趋势。根据相关图表,我们可以发现:新企业和成熟企业成长率的变化趋势比较类似,但新企业成长率水平高于成熟企业。从表 3-4 可以看出,不论是新企业还是成熟企业,成长率的四分位数值、均值在 2000—2007 年间都呈现波动上升的趋势,在 2006—2007 年间达到峰值,2007—2009 年间出现短暂下降,之后又恢复上升趋势;同时,不论是各个四分位还是均值,新企业的成长率都大于成熟企业。从图 3-1 也可以看出:新企业成长率均值的趋势线和成熟企业成长率均值的趋势线形态基本类似,但新企业成长率均值水平显著高于成熟企业。新企业成长率中位数的趋势线和成熟企业成长率中位数的趋势线形态也比较类似,但新企业成长率中位数水平显著高于成熟企业。

---

① 参见第一章 1.2.1 企业成长。

第三章 中国新企业成长的特征分析

表3-4 新企业和成熟企业各时间段的成长率(单位:%)

	新企业					成熟企业			
时间段	25%分位数	50%分位数	75%分位数	均值	时间段	25%分位数	50%分位数	75%分位数	均值
2000—2001	-15.90	6.97	29.72	5.77	2000—2001	-19.55	2.15	19.60	-9.40
2001—2002	-10.24	11.89	36.03	9.97	2001—2002	-13.79	5.68	24.15	-5.42
2002—2003	-5.06	16.80	43.12	22.33	2002—2003	-9.43	9.41	28.83	3.22
2003—2004	-5.21	19.13	47.07	23.95	2003—2004	-9.66	11.10	32.42	5.26
2004—2005	-2.20	21.84	52.90	27.17	2004—2005	-7.30	11.78	33.80	11.11
2005—2006	-1.39	20.25	47.12	25.61	2005—2006	-6.71	11.02	30.81	7.43
2006—2007	1.67	23.83	50.83	31.47	2006—2007	-2.67	14.60	33.85	14.41
2007—2008	-4.15	19.91	48.77	26.30	2007—2008	-9.65	9.81	31.43	9.54
2008—2009	-15.41	9.71	33.99	7.74	2008—2009	-46.91	-12.13	21.42	-10.46
2009—2010	-14.13	7.79	28.49	13.38	2009—2010	-21.13	2.33	23.32	-0.98
2010—2011	-5.06	11.80	38.12	17.33	2010—2011	-9.43	7.41	26.83	5.22

数据来源:中国工业企业数据库。

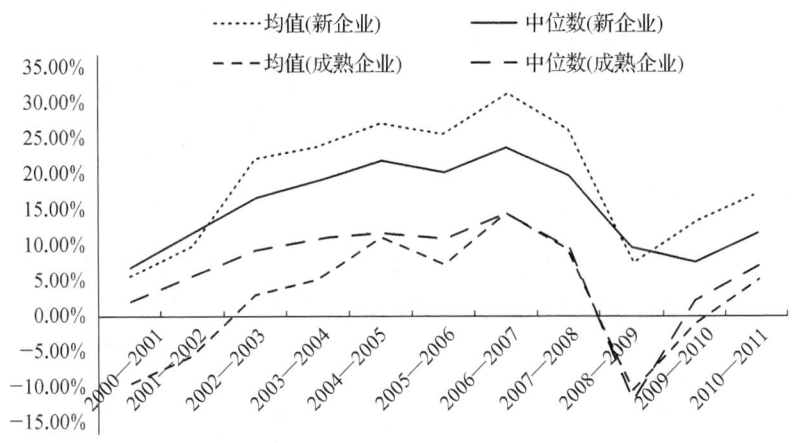

图3-1 新企业和成熟企业成长率的变化趋势(单位:%)

2. 新企业成长率的地区之间差异情况

通过统计新企业成长率各省区以及各地区的均值,本节绘制了表3-5和图3-2,进而比较新企业成长率在地区之间的差异情况。根据相关图表可以发现:东部、中部、西部地区和全国的新企业成长率趋势线形态比较类似,但中部地区新企业成长率水平高于东部和西部,东部地区新企业成长率水平高于西部地区。

表3-5 中国各省区的新企业成长率(单位:%)

地区	2000—2001	2002—2003	2004—2005	2006—2007	2008—2009	2010—2011
北京	0.22	0.18	0.15	0.13	0.02	0.14
天津	0.09	0.08	0.03	0.88	−0.58	0.10
河北	0.13	0.50	0.31	0.73	0.01	0.34
辽宁	0.11	0.17	0.25	0.43	0.26	0.24
上海	0.10	0.60	0.12	0.12	−0.17	0.17
江苏	0.01	0.09	0.27	0.18	0.07	0.15
浙江	0.02	0.15	0.22	0.19	−0.02	0.11
福建	0.16	0.22	0.20	0.22	0.12	0.20
山东	−0.03	0.20	0.50	0.42	0.21	0.28
广东	0.11	0.26	0.24	0.28	0.08	0.19
海南	−0.05	−0.06	−0.32	0.13	0.00	−0.04
东部地区	0.08	0.22	0.18	0.34	0.00	0.17
山西	0.24	0.63	0.27	0.38	−0.45	0.21
吉林	−0.16	0.07	0.33	0.56	0.25	0.21
黑龙江	0.36	0.30	0.26	0.33	0.15	0.28
安徽	0.16	0.38	0.21	0.33	0.09	0.23
江西	−0.04	0.13	0.34	0.56	0.21	0.24
河南	−0.26	0.06	0.46	0.21	0.13	0.12
湖北	0.21	0.43	0.27	0.32	0.18	0.28
湖南	0.34	0.38	0.47	0.47	0.23	0.38
中部地区	0.11	0.30	0.33	0.40	0.10	0.24
内蒙古	0.20	0.02	0.05	0.44	0.15	0.17
广西	0.02	0.12	0.29	0.28	0.01	0.18
重庆	0.17	0.18	0.15	0.25	−0.09	0.13
四川	0.12	0.28	0.34	0.45	0.19	0.28
贵州	−0.06	−0.06	0.09	0.24	−0.10	0.02
云南	0.00	0.23	0.18	0.23	0.00	0.13
陕西	−0.04	0.15	0.17	0.36	−0.17	0.09
甘肃	0.07	−0.67	0.16	0.14	0.08	−0.04

续　表

地区	2000—2001	2002—2003	2004—2005	2006—2007	2008—2009	2010—2011
青海	−0.39	0.17	0.22	0.06	−0.16	−0.03
宁夏	0.10	0.46	0.15	0.25	0.00	0.15
新疆	0.02	0.05	0.10	0.28	−0.15	0.06
西部地区	0.02	0.08	0.17	0.27	−0.02	0.10

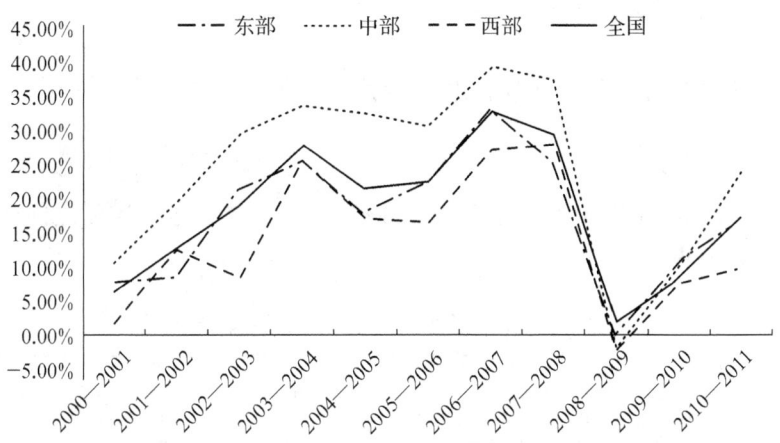

图 3-2　东部、中部、西部和全国的新企业成长率变化趋势(单位:%)

从表 3-5 可以发现：东部地区的各省区新企业除了天津、上海、浙江、山东、海南若干时间段内出现负增长和零增长以外,大部分省区新企业规模成长率保持为正;中部地区的各省区除了山西、吉林、江西、河南的少数几个时间段内出现负增长以外,大部分省区新企业规模成长率保持为正,且不少成长率数值还高于东部地区;西部地区的各省区除了内蒙古、广西、四川以外,大部分省区新企业规模成长率都出现了负增长或者零增长。从各时间段的成长率水平来说,中部地区高于东部地区,东部地区高于西部地区。从图 3-2 可以发现：东部、中部、西部地区和全国的新企业成长率趋势线都呈现波动上升的趋势,形态上略有差异。中部地区新企业成长率在 2000—2004 年间呈现稳定上升趋势,2004—2006 年间略有下降,2006—2007 年间攀升至峰值,2007—2009 年间出现短暂下降,此后又呈现上升趋势;东部、西部地区的趋势线比较类似。中部地区新企业成长率水平高于东部、西部地区,东部地区的新企业成长率略高于西部地区且有多处交叉。

3.2 新企业的资源禀赋特征

本节进行新企业资源禀赋方面的特征分析。财务资源和人力资源是新企业主要的资源禀赋类型[①]。这里使用企业实收资本和工资总额作为财务资源和人力资源的衡量指标[②]，以此对中国工业企业资源禀赋的特点、新企业和成熟企业资源禀赋的差异进行简要的描述性分析。

3.2.1 中国工业企业的资源禀赋特点

表3-6列示了样本期内中国工业企业的资源禀赋均值、中位数值以及标准差，图3-3绘制了中国工业企业资源禀赋均值、中位数的年际之间时间趋势，从中可以发现：

表3-6　中国工业企业的资源禀赋水平(单位:千元)

财务资源				人力资源			
年份	均值	中位数	标准差	年份	均值	中位数	标准差
2000	20 225	2 800	230 203	2000	3 136	850	20 941
2001	21 130	2 853	245 270	2001	3 345	883	27 184
2002	22 102	2 999	225 805	2002	3 525	940	46 398
2003	22 157	3 000	220 575	2003	3 697	1 006	26 087
2004	20 968	3 000	465 792	2004	3 541	1 011	27 867
2005	22 810	3 020	474 168	2005	4 256	1 190	34 165
2006	23 624	3 180	475 267	2006	4 724	1 280	39 826
2007	24 566	3 423	466 677	2007	5 463	1 449	46 967
2008	24 429	3 306	468 776	2008	5 467	1 456	47 008
2009	24 531	3 067	520 807	2009	5 660	1 498	48 112
2010	24 582	3 422	467 079	2010	5 701	1 511	50 216
2011	25 833	4 000	639 590	2011	5 855	1 584	55 234

数据来源:中国工业企业数据库。

---

① 参见第一章1.2.3企业资源禀赋。
② 参见第四章4.2.3变量说明和相关性分析。

第三章 中国新企业成长的特征分析

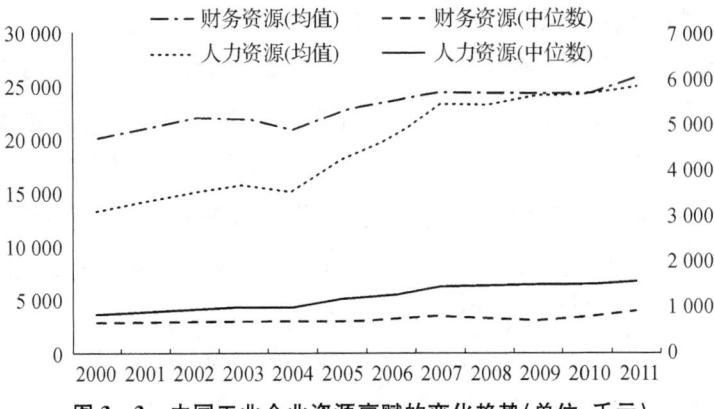

图 3-3 中国工业企业资源禀赋的变化趋势（单位：千元）

（1）企业财务资源年际变化基本呈现上升趋势。从均值来看，2000—2003年，中国工业企业财务资源呈现缓慢上升的趋势，2003—2004年略有下降，2004—2007年又呈现逐年上升，2007—2008年略有回落，2009年以后缓慢回升；从中位数来看，2000—2006年，中国工业企业财务资源呈现基本持平略有上升的趋势，2007—2009年出现短暂的回落，2010年以后呈现逐年上升的趋势。

（2）企业人力资源年际变化呈现上升趋势。从均值来看，2000—2003年间，中国工业企业财务资源呈现稳步上升的趋势，2003—2004年略有下降，2004—2007年又呈现逐年上升，2007—2008年基本持平，2009年以后又呈现上升趋势；从中位数来看，2000—2008年一直呈现上升趋势。

（3）不论是财务资源还是人力资源，都存在较大的分布差异。财务资源的均值和中位数存在较大的差异（前者大约是后者的7倍），同时标准差相对于均值来说也相当大。人力资源的均值和中位数存在较大的差异（前者大约是后者的4倍），同时标准差相对于均值来说也相当大。这说明资源禀赋（存量价值形式）可能存在有偏的分布，因此下文回归估计中采用了对数形式，有助于消除因为数据数量级相差过大导致的系统性误差。

3.2.2 新企业与成熟企业的资源禀赋差异

表3-7分别统计了新企业与成熟企业的资源禀赋存量。图3-4绘制了

各年份新企业与成熟企业资源禀赋均值的趋势图。从图表中可以发现:(1) 新企业和成熟企业在资源禀赋的时间趋势上存在差异。新企业人力资源先呈现基本持平略有下降的走势,在 2004 年达到最低点,2004 年后呈现缓慢上升的趋势;新企业财务资源走势也是类似先下降再上升的形态。成熟企业各年份人力资源走势在 2000—2001 年间略有下降,2002 年以后呈现稳步上升的趋势;成熟企业各年份财务资源走势也比较类似,2000—2001 年间略有下降,2002 年以后呈现波动上升的形态。(2) 新企业拥有的资源禀赋存量少于成熟企业。图 3-4 中,财务资源使用了左侧的坐标轴,人力资源使用了右侧的坐标轴,从中可以看出:不论是财务资源还是人力资源,新企业资源禀赋水平都低于成熟企业,同时新企业资源增长速度也相对较慢。这些特点说明,成熟企业更容易积累资源;新企业存在资源约束,不仅难以获取资源,而且需要耗用资源。

表 3-7 新企业与成熟企业的资源禀赋差异(单位:千元)

	新企业					成熟企业			
	财务资源		人力资源			财务资源		人力资源	
年份	均值	中位数	均值	中位数	年份	均值	中位数	均值	中位数
2000	17 831	3 420	2 456	896	2000	24 658	3 053	4 426	1 066
2001	18 470	2 831	2 282	820	2001	24 432	3 009	4 349	1 014
2002	17 730	2 600	2 362	844	2002	26 521	3 260	4 553	1 098
2003	15 734	2 863	2 392	902	2003	29 052	3 800	5 004	1 240
2004	15 421	2 500	2 321	901	2004	30 136	4 000	5 440	1 380
2005	15 887	2 800	2 664	1 008	2005	32 083	4 150	6 374	1 524
2006	17 065	3 000	2 971	1 091	2006	32 939	4 309	7 167	1 660
2007	17 245	3 000	3 384	1 216	2007	34 607	4 601	8 313	1 863
2008	17 504	3 150	3 520	1 239	2008	34 971	4 810	8 560	1 907
2009	17 890	3 220	3 950	1 356	2009	36 414	4 899	8 724	2 010
2010	19 557	3 310	4 488	1 640	2010	37 236	5 000	9 568	2 244
2011	22 514	3 300	4 560	1 780	2011	37 280	5 225	9 880	2 360

数据来源:中国工业企业数据库。

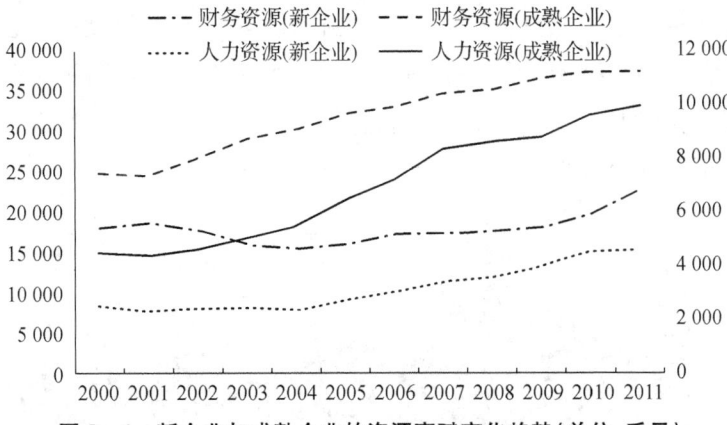

图 3-4 新企业与成熟企业的资源禀赋变化趋势（单位：千元）

3.3 新企业的制度环境特征

本节通过简单的描述性统计，考察制度环境总体质量和细分层面的发展进程。中国市场化进程是一场大规模的制度变迁，樊纲等（2011）构建了"市场化指数"来考察各省区相对的制度环境质量差异，为中国情境下制度环境研究提供了一个非常值得借鉴的方向。近年来大量的研究（邓路等，2014；陈志勇和陈思霞，2014；廖开容和陈爽英，2011；缑倩雯和蔡宁，2015；甄红线等，2015；魏婧恬等，2017）是借鉴该指数进行的。本书参考了上述研究：使用市场化指数来衡量各省区制度环境的总体质量；使用分项指标来衡量各省区制度环境细分层面的质量情况，具体来说，分别使用市场化指数的分项指数"市场分配经济资源的比重""减少政府对企业的干预""对生产者合法权益的保护"作为经济制度环境、政府行政制度环境、法律保护制度环境的测度指标[①]。

3.3.1 制度环境总体质量的发展进程

本节根据"中国市场化指数"绘制了中国各省区制度环境总体质量水平的直方图，如图 3-5 所示。同时，分别将每年中国各省区的市场化指数进行了排序，相关结果如表 3-8 所示。此外，将中国大陆 31 个省区划分为东部、中部、

---

① 参见第四章 4.2.3 变量说明和相关性分析。考虑数据完整性，描述性统计只选择了中国内陆省份，同时剔除了西藏。

西部三个地区样本①,测算了各年份三个地区样本和全国的制度环境总体质量水平的均值,如表3-8所示;并绘制了东部、中部、西部和全国制度环境总体质量的趋势图,如图3-6所示。进而分析中国制度环境总体质量水平年际之间的变化趋势和地区之间的差异情况。

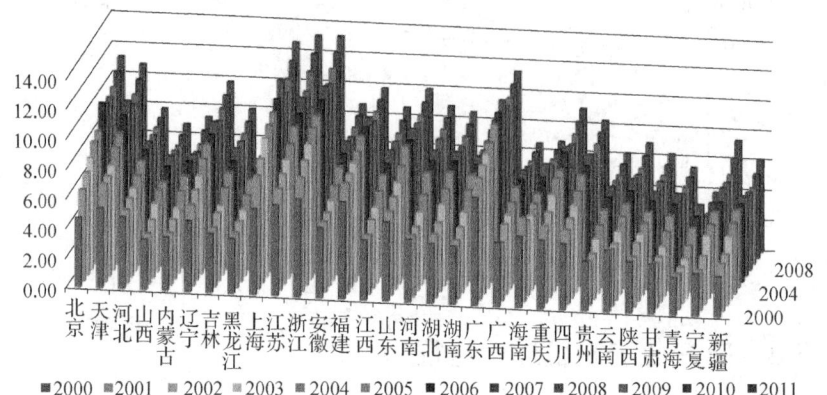

图3-5 中国各省区的制度环境总体质量(清晰版请扫码查看)

表3-8 中国各省区的制度环境总体质量排序和均值

地区	2000年	2002年	2004年	2006年	2008年	2010年
北京	12	6	6	4	5	5
天津	6	7	7	6	6	6
河北	8	12	14	16	17	18
辽宁	9	9	9	9	9	9
上海	5	3	1	2	3	3
江苏	4	5	4	5	2	2
浙江	2	2	2	1	1	1
福建	3	4	5	7	7	7
山东	7	8	8	8	8	8
广东	1	1	3	3	4	4
海南	10	13	20	19	19	21
东部(均值)	5.62	6.97	8.03	9.10	9.15	10.02

---

① 东部地区包括北京、天津、河北、辽宁、上海、江苏、浙江、福建、山东、广东、海南12个省区;中部地区包括山西、吉林、黑龙江、安徽、江西、河南、湖北、湖南8个省区;西部地区包括内蒙古、广西、重庆、四川、贵州、云南、陕西、甘肃、青海、宁夏、新疆11个省区。

续 表

地区	2000年	2002年	2004年	2006年	2008年	2010年
山西	25	23	21	23	21	24
吉林	20	18	18	18	18	17
黑龙江	22	21	23	22	23	22
安徽	11	14	15	11	12	12
江西	18	17	16	17	13	13
河南	16	20	17	14	11	11
湖北	19	16	12	13	14	14
湖南	21	19	12	15	16	16
中部(均值)	3.99	4.44	5.66	6.68	7.08	7.64
内蒙古	23	22	22	20	22	19
广西	15	15	19	21	20	25
重庆	13	10	10	10	10	10
四川	14	11	11	12	15	15
贵州	26	29	28	26	27	27
云南	17	25	24	24	24	23
陕西	24	24	27	28	26	26
甘肃	26	28	29	29	29	29
青海	30	30	30	30	30	30
宁夏	28	27	26	25	25	20
新疆	29	26	25	27	28	28
西部(均值)	3.54	3.88	4.90	5.77	5.82	6.28

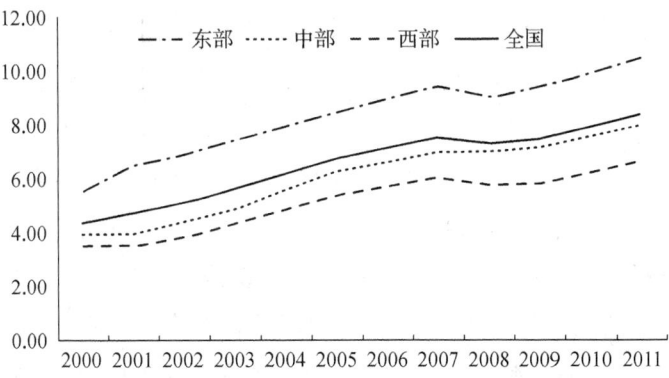

图 3-6 东部、中部、西部和全国的制度环境总体质量变化趋势

1. 制度环境总体质量的年际之间变化趋势

根据相关图表可以发现：从年际之间的时间趋势来看，2000—2011年各省区层面、各地区层面和全国的制度环境总体质量都呈现上升趋势，说明制度环境总体质量得到改善。从图3-5来看，每个省区的制度环境总体质量水平存在较大的差异，波动情况也略有差异，但就每个省区在2000—2011年的整体变化趋势来说，大部分省都呈现出波动上升的趋势。这说明，对于每个省区来说，制度环境总体质量在这12年间得到了一定的改善。从图3-6来看，东部、中部、西部地区和全国的制度环境总体质量趋势线的形态非常相似。东部地区的制度环境总体质量在2000—2001年间陡然上升，2001—2007年虽然增速较之前下降但仍然保持稳定向上的趋势，2007—2008年显著下降，然后2008—2011年间又稳定地攀升。全国的制度环境总体质量在2000—2007年间呈现稳定的上升趋势，在2007—2008年间有一个短暂的下降，2008—2009年缓慢恢复，然后2009—2011年又呈现显著上升趋势。中部地区、西部地区的制度环境也都呈现波动上升趋势，且基本与全国的情况类似。

2. 制度环境总体质量的地区之间差异情况

根据相关图表，可以发现：从各个地区的水平差异来看，东部地区制度环境总体质量水平最高，中部地区次之，而西部地区最低，说明东部地区制度环境总体质量最优，西部地区最劣。

从图3-5中可以发现不同省区的制度环境总体质量水平存在较大的差异，波动情况也略有差异。从图3-6中可以发现，东部、中部、西部和全国制度环境总体质量的趋势线比较类似，而且没有交叉。进一步分析东部、中部、西部的地区差异可以发现：东部地区的制度环境总体质量趋势线较大幅度地高于中部、西部地区制度环境总体质量趋势线，也高于全国的制度环境总体质量趋势线。中部地区的制度环境总体质量低于东部地区的制度环境总体质量趋势线和全国的制度环境总体质量，但高于西部地区的制度环境总体质量。而西部地区的制度环境总体质量趋势线位置最低。从表3-8中也可以发现制度环境总体质量上的地区差异：东部地区的省区除了河北、海南排名10位以外，大部分省份都排在前10位；中部地区的省区除了山西、黑龙江排名20位以外，大部分省份都排在10～20位之间；西部地区的省区除了重庆、四川排名 20 位以内,大部分省份都排在 20 位以后。同时,从地区均值来看,也是东部地区制度环境水平高于中部地区,中部地区高于西部地区。

3.3.2 制度环境细分层面的发展进程

本节根据"中国市场化指数"的分项指数"市场分配经济资源的比重"、"减少政府对企业的干预"、"对生产者合法权益的保护",进一步考察制度环境三个细分层面(经济制度环境、政府行政制度环境和法律保护制度环境)的变化情况。本节分别绘制了中国各省区各年份三个制度环境细分层面的直方图,如图 3-7、图 3-9、图 3-11 所示;同时,还将各省区分为东部、中部、西部三个地区样本,测算了各年份三个地区样本和全国制度环境三个细分层面的均值,绘制了对应的趋势图,如图 3-8、图 3-10、图 3-12 所示;进而分析中国制度环境总体质量水平年际之间的变化趋势和地区之间的差异情况。

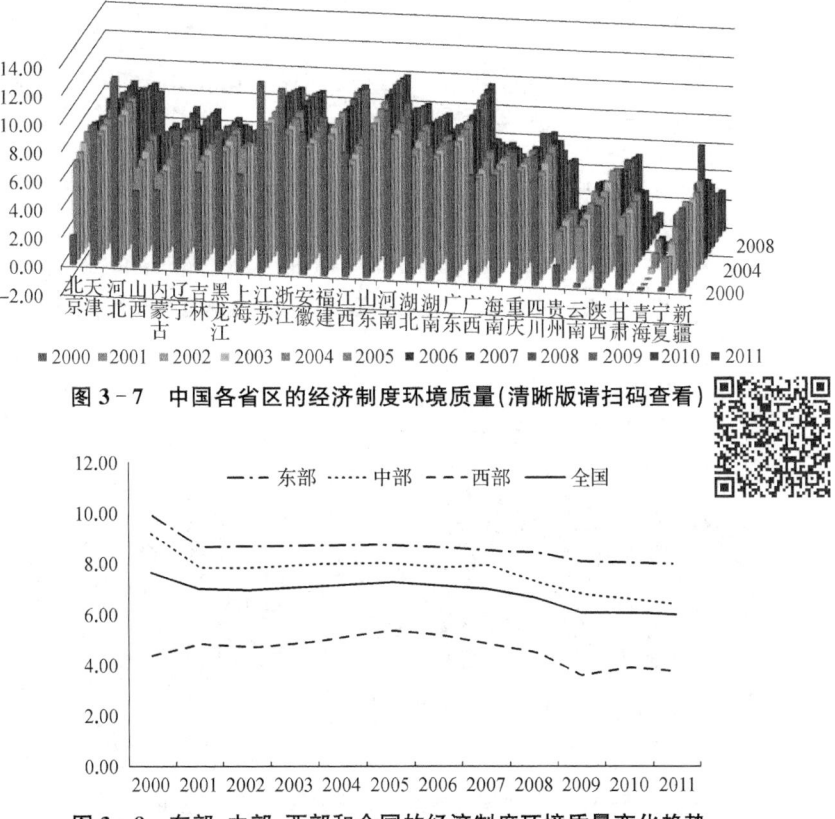

图 3-7 中国各省区的经济制度环境质量(清晰版请扫码查看)

图 3-8 东部、中部、西部和全国的经济制度环境质量变化趋势

资源禀赋、制度环境与新企业成长

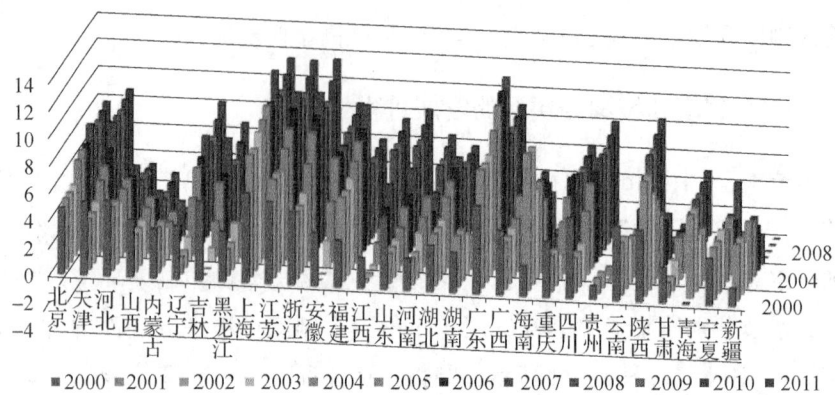

图3-9 中国各省区的政府行政制度环境质量（图3-9、3-11清晰版请扫码查看）

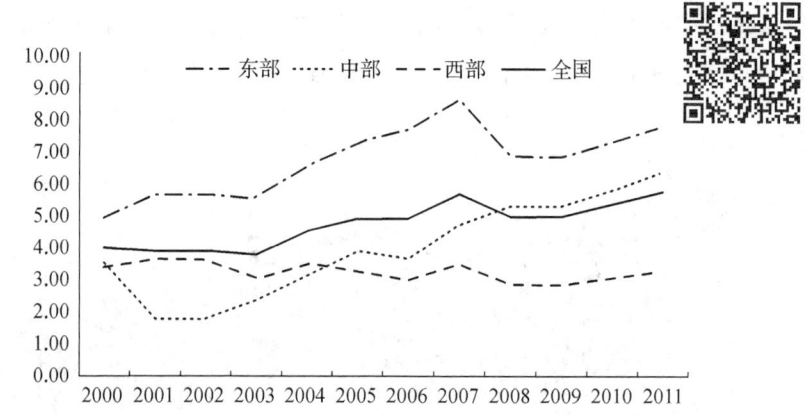

图3-10 东部、中部、西部和全国的政府行政制度环境质量变化趋势

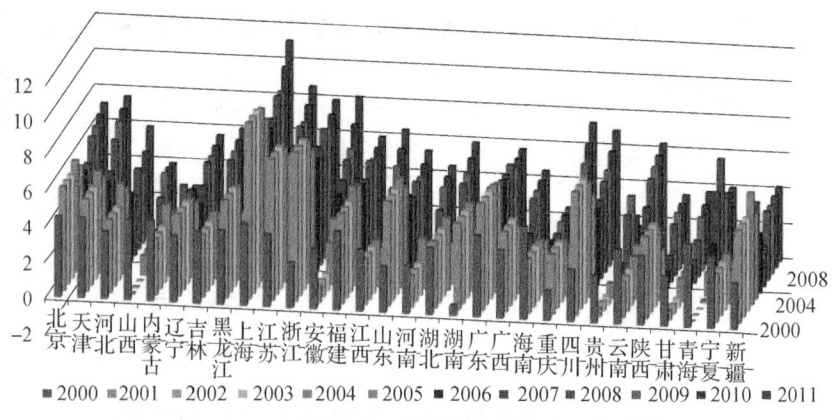

图3-11 中国各省区的法律保护制度环境质量

· 080 ·

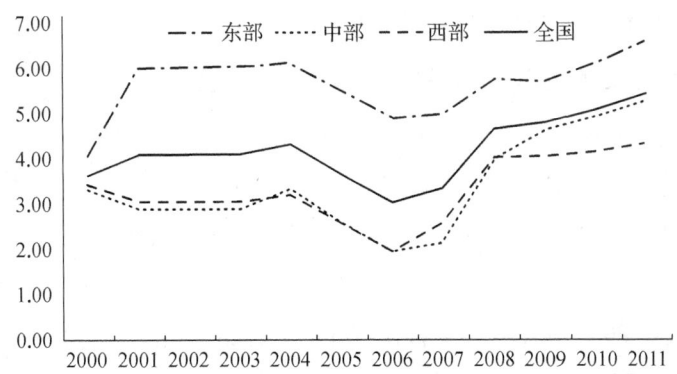

图 3-12　东部、中部、西部和全国的法律保护制度环境质量变化趋势

1. 经济制度环境质量的时间趋势和地区差异

根据相关图表可以发现：从年际之间的时间趋势来看，2000—2011 年各省区层面、各地区层面和全国的经济制度环境质量基本呈现缓慢下降趋势，说明经济制度环境质量有所恶化。从图 3-7 来看，每个省区的经济制度环境质量水平存在较大的差异，波动情况也略有差异，但就每个省区在 2000—2011 年整体变化趋势来说，大部分省份都呈现出波动下降的趋势。从图 3-8 来看，全国的经济制度环境质量在 2000—2001 年间出现一个陡然下降，2001—2007 年间保持平缓，2007 年后又开始下降。东部的经济制度环境在 2000—2001 年间出现陡然下降，2001 年以后保持一个缓慢下降的趋势。中部地区和全国的变化趋势比较类似。西部地区的经济制度环境质量在 2000—2001 年间出现短暂上升，2001—2005 年间略有下降后又缓慢攀升，2005—2009 年呈现显著下降趋势，2009—2011 年间略有回升。

同时，进一步比较图表数据可以发现：从各个地区的水平差异来看，东部地区经济制度环境质量水平最高，中部地区次之，而西部地区最低，说明东部地区经济制度环境最优，西部地区最劣。从图 3-8 中可以发现，东部、中部、西部和全国经济制度环境质量的趋势线基本类似，而且没有交叉。进一步分析东部、中部、西部的地区差异发现：东部地区的经济制度环境质量较大幅度地高于全国、西部地区经济制度环境质量，也高于中部的经济制度环境质量。中部地区的经济制度环境质量趋势线高于全国地区的经济制度环境质量趋势线和西部的经济制度环境质量趋势线,但低于东部地区的经济制度环境质量趋势线。而西部地区的经济制度环境质量趋势线位置最低。

2. 政府行政制度环境质量的时间趋势和地区差异

根据相关图表可以发现:从年际之间的时间趋势来看,2000—2011年各省区层面、各地区层面和全国的政府行政制度环境质量大部分呈现波动上升趋势,说明政府行政制度环境质量出现一定程度改善。从图3-9来看,每个省区的政府行政制度环境质量水平存在较大的差异,年际间也出现较大波动,但就每个省区在2000—2011年的整体变化趋势来说,大部分省份都呈现波动上升的趋势。从图3-10来看,全国的政府行政制度环境质量在2000—2003年间基本保持水平,2003—2007年间呈现显著攀升,2007—2008年出现陡然下降,2008年以后呈现上升趋势。东部地区的政府行政制度环境质量在2000—2001年间出现短暂上升,2001—2003年间保持水平,2003—2007年间呈现显著攀升,2007—2008年出现陡然下降,2008年以后又呈现上升趋势。中部地区的政府行政制度环境在2000—2001年间出现陡然下降,2001—2002年保持水平,2002年以后呈现比较稳定的波动上升趋势,而且上升幅度较大。西部的政府行政制度环境在2000—2011年间出现多次小波动,但基本保持水平。

同时,进一步比较图表数据可以发现:从各个地区的水平差异来看,东部地区的政府行政制度环境质量水平最高;从变化趋势来看,中部地区先低于西部地区,又超越了西部地区和全国水平。从图3-9中可以发现不同省区的政府行政制度水平存在较大的差异,同时,波动情况也出现显著的差异。从图3-10中可以发现,东部、中部、西部和全国政府行政制度环境质量的趋势线差异很大,而且全国、中部、西部地区的趋势线之间还存在交叉。东部地区的政府行政制度环境质量趋势线较大幅度高于全国、中部、西部地区政府行政制度环境质量趋势线。全国的政府行政制度环境质量趋势线和东部地区的趋势线走势类似,但低于东部地区。2000—2004年,中部地区的政府行政制度环境质量水平低于西部地区;2004—2008年,中部地区的政府行政制度环境质量水平超越了西部地区;2008年以后,中部地区的政府行政制度环境质量水平进一步超越全国水平。

3. 法律保护制度环境质量的时间趋势和地区差异

根据相关图表可以发现：从年际之间的时间趋势来看，2000—2011年各省区层面、各地区层面和全国的法律保护制度环境质量基本呈现先下降后上升趋势，总体来说，法律保护制度环境质量略有改善。从图3-11来看，每个省区的法律保护制度环境质量水平存在较大差异，年际间也出现较大波动，但就每个省区在2000—2011年的整体变化趋势来说，大部分省份略有上升。从图3-12来看，全国的法律保护制度环境质量在2000—2004年间呈现缓慢上升，2004—2006年间出现陡然下降，2006—2008年出现快速上升，2008年以后上升趋势略有减缓。东部地区的法律保护制度环境质量在2000—2001年间呈现快速上升，2001—2004年保持水平，2004—2006年间出现陡然下降，2006—2008年出现快速上升，2008年以后上升趋势略有减缓。中部、西部地区与全国的法律保护制度环境质量趋势线比较类似，2000—2004年略有下降又缓慢回升，2004—2006年间出现陡然下降，2006—2008年快速上升，2008年以后上升趋势略有减缓。

同时，进一步比较图表数据可以发现：从各个地区的水平差异来看，东部地区的法律保护制度环境质量水平最高；中部地区和西部地区的法律保护制度环境质量水平非常接近，但2008年以后，中部地区略高于西部地区。从图3-11中可以发现，不同省区的法律保护制度环境水平存在较大差异，同时，波动情况也出现显著差异。从图3-12中可以发现，东部、中部、西部和全国法律保护制度环境质量的趋势线形态比较类似，都呈现先下降后上升。东部地区的法律保护制度环境质量趋势线较大幅度地高于全国、中部、西部地区法律保护制度环境质量趋势线。全国的法律保护制度环境质量趋势线和东部地区的趋势线走势类型，但低于东部地区。中部地区和西部地区的法律保护制度环境质量趋势线形态比较类似，水平也比较接近，2006—2008年中部地区的法律保护制度环境质量水平略低，2008年以后中部地区的法律保护制度环境水平超越了西部地区。

3.4 新企业演化的行业特征

本节进一步考察新企业规模变化、成长率变化过程中行业之间的差异。

首先,分别使用中国工业企业全样本数据和新企业样本数据,统计根据行业细分的企业规模情况,并分析新企业规模分布的行业差异;然后,分别使用中国工业企业全样本数据和新企业样本数据,统计根据行业细分的企业成长率情况,并分析新企业成长率分布的行业差异。

3.4.1 新企业规模的行业差异

上文以工业总产值测算了中国工业企业规模的整体情况,本节进一步根据两位行业代码将全样本所有企业分为 39 个行业样本,统计了每个行业的企业规模均值,并从大到小排序,结果如表 3-9 所示。同时,这里又根据 39 个行业分类统计了新企业样本数据中每个行业的企业规模均值,并从大到小排序,结果如表 3-10 所示。

表 3-9 中国工业企业各行业的规模情况(单位:千元)

\multicolumn{3}{c	}{企业规模最大的 10 个行业}	\multicolumn{3}{c}{企业规模最小的 10 个行业}
代码	行业名称	均值	排名	代码	行业名称	均值	排名
7	石油和天然气开采业	4 232 699	1	46	水的生产和供应业	29 047	39
16	烟草制品业	1 445 329	2	23	印刷业和记录媒介复制	35 163	38
25	石油加工、核燃料加工	783 253	3	10	非金属矿采选业	41 317	37
32	黑色金属冶炼及加工业	433 533	4	11	其他采矿业	41 690	36
44	电力、热力生产和供应	356 105	5	20	木材加工及制品业	44 525	35
40	电子设备制造业	300 083	6	24	文教体育用品制造业	48 937	34
28	化学纤维制造业	230 727	7	18	纺织服装、鞋帽制造业	49 545	33
33	有色金属冶炼及加工业	224 045	8	43	废弃资源和废旧材料回	49 631	32
37	交通运输设备制造业	180 760	9	30	塑料制品业	50 097	31
45	燃气生产和供应业	149 631	10	42	工艺品及其他制造业	50 813	30

数据来源:中国工业企业数据库。

表 3-10 新企业各行业的规模情况(单位:千元)

\multicolumn{3}{c	}{企业规模最大的 10 个行业}	\multicolumn{3}{c}{企业规模最小的 10 个行业}
代码	行业名称	均值	排名	代码	行业名称	均值	排名
7	石油和天然气开采业	2 164 710	1	23	印刷业和记录媒介复制	30 983	39
16	烟草制品业	1 075 389	2	11	其他采矿业	31 440	38

续 表

	企业规模最大的10个行业				企业规模最小的10个行业		
25	石油加工、核燃料加工	377 594	3	10	非金属矿采选业	33 768	37
40	电子设备制造业	240 151	4	18	纺织服装、鞋帽制造业	37 105	36
44	电力、热力生产和供应	238 220	5	24	文教体育用品制造业	37 652	35
32	黑色金属冶炼及加工业	211 112	6	20	木材加工及制品业	37 683	34
33	有色金属冶炼及加工业	152 065	7	42	工艺品及其他制造业	39 878	33
45	燃气生产和供应	150 186	8	30	塑料制品业	41 011	32
28	化学纤维制造业	133 633	9	21	家具制造业	45 887	31
37	交通运输设备制造业	119 597	10	17	纺织业	46 599	30

数据来源：中国工业企业数据库。

相关结果显示：(1) 不同行业之间企业规模存在较大的差异。表3-9的结果表明，就全样本企业来说，企业平均规模最大的行业是石油和天然气开采业，企业平均规模最小的行业是水的生产和供应业，两者差距极大，前者约是后者的146倍；排名靠前的行业之间差异也较大，企业平均规模最大的行业是石油和天然气开采业，排名第二的行业是烟草制品业，排名第三的行业是石油加工、核燃料加工业，前者分别约是后两者的2.9倍和5.4倍；而排名靠后的行业之间差异则相对较小。表3-10的结果表明，就新企业来说，企业平均规模最大的行业也是石油和天然气开采业，企业平均规模最小的行业是印刷业和记录媒介复制业，两者差距极大，前者约是后者的70倍；排名靠前的行业之间差异也较大，企业平均规模前三的行业也是石油和天然气开采业、烟草制品业和石油加工、核燃料加工业，前者分别约是后两者的2.0倍和5.7倍；而排名靠后的行业之间差异相对较小。

(2) 从企业规模来看，不论是全样本数据还是新企业数据，行业之间异质性普遍存在。对比表3-9和表3-10中的行业代码和名称可以发现，根据新企业样本数据测算的企业规模最大的10个行业和根据全样本数据测算的企业规模最大的10个行业完全一致，差异仅仅是具体排名顺序上略有变化；同时，还可以发现新企业规模最小的10个行业中，有8个行业也出现在全样本情境下企业规模最小的10个行业中。因此，企业规模的行业差异普遍存在，对新企业成长的研究需要重视行业特征的影响。

3.4.2 新企业成长率的行业差异

上文比较新企业和成熟企业的成长率在年际之间的变化趋势和地区之间的差异情况,使用了存续企业的工业总产值,根据前后两期企业规模取对数后计算差值进而测算了企业成长率①。本节进一步根据两位行业代码将全样本所有企业分为 39 个行业样本,统计每个行业的企业成长率均值,并从大到小排序,结果如表 3-11 所示。同时,这里又根据 39 个行业分类,统计新企业样本数据中每个行业的企业成长率均值,并从大到小排序,结果如表 3-12 所示。

表 3-11 中国工业企业各行业的成长率(单位:%)

\multicolumn{4}{c	}{企业成长率最大的 10 个行业}	\multicolumn{4}{c}{企业成长率最小的 10 个行业}
代码	行业名称	均值	排名	代码	行业名称	均值	排名
8	黑色金属矿采选业	23.59%	1	16	烟草制品业	−5.03%	39
7	石油和天然气开采业	21.10%	2	11	其他采矿业	2.31%	38
25	石油、核燃料加工业	19.20%	3	23	印刷业和记录媒介复制	4.40%	37
45	燃气生产和供应业	18.19%	4	43	废弃资源和废旧材料	5.52%	36
6	煤炭开采和洗选业	16.03%	5	15	饮料制造业	6.47%	35
35	通用设备制造业	15.32%	6	14	食品制造业	7.42%	34
32	黑色金属冶炼及加工业	14.80%	7	40	电子设备制造业	7.48%	33
33	有色金属冶炼及加工业	13.99%	8	22	造纸及纸制品业	7.48%	32
20	木材加工及制品业	13.85%	9	13	农副食品加工业	8.04%	31
39	电气机械及器材制造业	12.87%	10	9	有色金属矿采选业	8.11%	30

数据来源:中国工业企业数据库。

表 3-12 新企业各行业的成长率(单位:%)

\multicolumn{4}{c	}{企业成长率最大的 10 个行业}	\multicolumn{4}{c}{企业成长率最小的 10 个行业}
代码	行业名称	均值	排名	代码	行业名称	均值	排名
7	石油和天然气开采业	30.44%	1	43	废弃资源和废旧材料	12.12%	39
45	燃气生产和供应业	29.59%	2	18	纺织服装、鞋帽制造业	14.58%	38
8	黑色金属矿采选业	28.80%	3	23	印刷业和记录媒介复制	15.09%	37

---

① 参见第一章 1.2.1 企业成长。

续 表

	企业成长率最大的 10 个行业				企业成长率最小的 10 个行业		
25	石油、核燃料加工业	28.74%	4	41	仪器仪表等机械制造业	15.17%	36
6	煤炭开采和洗选业	23.90%	5	11	其他采矿业	15.53%	35
35	通用设备制造业	21.52%	6	42	工艺品及其他制造业	15.62%	34
44	电力、热力生产和供应	20.90%	7	22	造纸及纸制品业	15.65%	33
32	黑色金属冶炼及加工业	20.26%	8	40	电子设备制造业	15.77%	32
27	医药制造业	20.10%	9	15	饮料制造业	16.15%	31
36	专用设备制造业	20.08%	10	28	化学纤维制造业	16.32%	30

数据来源：中国工业企业数据库。

相关结果显示：(1)不同行业之间企业成长率存在较大的差异。表 3-11 的结果表明，就全样本企业来说，企业平均成长率最大的行业是黑色金属矿采选业，其成长率为 23.59%，而企业平均成长率最小的行业是烟草制品业，其成长率为-5.03%，两者差距较大；成长最快的 3 个行业成长率都在 19% 以上，而成长最慢的 3 个行业成长率都小于 5%。表 3-12 的结果表明，就新企业来说，企业平均成长率最大的行业是石油和天然气开采业，企业平均成长率最小的行业是废弃资源和废旧材料回收业，两者差距较大，前者约是后者的 2.5 倍；成长最快的 3 个行业成长率在 30% 左右，而成长最慢的 3 个行业成长率都小于 16%。

(2)从企业成长率来看，不论是全样本数据还是新企业数据，行业之间异质性是普遍存在。对比表 3-11 和表 3-12 中的行业代码和名称可以发现，根据新企业样本数据测算和根据全样本数据测算的企业成长率最大的 10 个行业中，有 7 个行业是完全一致的(两位行业代码为 6、7、8、25、32、35 和 45)，差异仅仅是具体排名顺序上略有变化；同时，两种数据测算情况下成长率最小的 10 个行业中，也有 5 个行业是完全一致的(两位行业代码为 11、22、23、40 和 43)。因此，企业成长率的行业差异普通存在，对新企业成长的研究需要重视行业特征的影响。

3.5 本章小结

本章从"新企业的规模成长特征""新企业的资源禀赋特征""新企业的

制度环境特征"和"新企业演化的行业特征"四个部分展开。使用规模变迁矩阵、时间趋势比较、地区差异比较等工具和方法，层层递进地分析中国工业企业的规模变化规律、新企业的规模变化特点和新企业的成长率变化特点；通过对人力资源、财务资源的测算和描述性统计，分析中国工业企业的资源禀赋特点、新企业与成熟企业的资源禀赋差异；从年际变化趋势和地区差异情况两个方面，分别考察制度环境总体质量和三个细分层面的变化情况；从企业规模和企业成长率两个方面，分别考察新企业演化的行业间差异。主要结论如下：

（1）中国工业企业总体上保持了规模成长的趋势，但企业退出市场或者死亡的比例较高。对于存续企业来说，原有规模对其后续规模变化有较大的影响，即存在一定的成长惯性。从长期来看，企业更容易跃迁还是蜕变依赖于期初的规模档次；从短期来看，企业更容易蜕变到更低一级的规模档次。企业成长是一个规模变化累积的结果。

（2）和成熟企业相比，新企业规模演化存在不同特点：新企业存在"新进入缺陷"，新企业成长过程中存在较高的退出和死亡率。实现快速成长是新企业避免失败、保持存活的重要手段。新企业跃迁到更高级别规模档次的比例更高，而成熟企业保留在原有规模档次的比例相对更高。存续企业中，新企业的成长率水平高于成熟企业；同时，中部地区新企业成长率高于东部和西部，东部地区新企业成长率高于西部地区。

（3）和成熟企业相比，新企业成长受到资源约束。中国工业企业资源禀赋的年际变化上呈现波动上升的趋势，但不论是财务资源还是人力资源都存在较大的分布差异。相对于成熟企业，新企业资源禀赋的时间趋势形态不同。新企业资源禀赋水平较低，同时新企业资源增长速度也相对较慢。这些特点说明，成熟企业更容易积累资源，新企业存在资源约束，不仅难以获取资源，而且需要耗用资源。

（4）中国制度环境总体质量有所改善，但各地区存在水平差异，东部地区制度环境总体质量最优，中部地区次之，西部地区最劣。制度环境三个细分层面的变化情况存在较大的差异：经济制度环境质量有所恶化，同时从地区来看，东部地区经济制度环境质量最优，西部地区最劣。政府行政制度环境质量有所改善，同时地区差异情况比较复杂，东部地区的政府行政制度环境质量水平最优,中部地区先低于西部地区,然后又超越了西部地区和全国水平。法律保护制度环境质量水平呈现先下降后上升趋势,同时从地区来看,东部地区的法律保护制度环境质量水平最高,中部地区和西部地区相对较低。

(5) 不同产业具有其特定的演化规律,新企业演化过程中不同行业之间存在较大的差异。从企业规模来说,不同行业之间企业规模均值相差较大,这种产业差异在全样本和新企业样本两种情况下都存在。从企业成长率来说,不同行业之间企业成长率均值相差较大,这种产业差异在全样本和新企业样本两种情况下也均存在。

第四章 资源禀赋、制度环境对新企业成长影响的实证研究

在前文机制分析和现状特征的基础上,本章通过构建计量模型,实证研究资源禀赋和制度环境对新企业成长的影响。本章不仅进行了基准模型的回归估计和稳健性检验,还进一步考察制度环境细分层面和企业股权结构的异质性,并对资源禀赋和制度环境之间交互作用的影响机制进行检验,进而从内部条件和外部环境两个方面,为助力新企业成长提供较为充分的经验证据。

4.1 研究问题的提出

在中国改革开放后经济的高速增长中,一直不缺乏富有创新精神的企业家和开拓进取的新企业,但新企业初创期存活率低、成长困难是一个不争的事实(王书斌和徐盈之,2016)。近五成的中国内资企业存活年龄在 5 年以下[①],80%的新企业在成立后的头 18 个月里宣告失败[②]。为什么有的新企业能够茁壮成长,而有的新企业则举步维艰,甚至死亡?哪些因素是影响新企业成长的决定因素?企业成长理论将内部因素看成企业成长与竞争优势的源泉(Penrose,1959),既有的研究往往重视企业发展轨迹对资源禀赋的路径依赖作用(朱晓红等,2014)。但实际上,企业成长不仅依赖内在因素,还受外部环境条件的影响。对处于转轨阶段的中国经济而言,影响企业成长的因素更为复杂,特别是各种体制性因素对企业成长的影响尤为明显(杜传忠和郭树龙,2012)。在推动新企业成长演化过程中,到底应该依赖于资源禀赋从内部条件入手,还是应该重视制度环境而改善外部条件,这是值得我们深入探讨且具有现实意义的问题。

资源约束是造成"新进入缺陷"的原因之一。资源基础理论认为企业是由

[①] 数据来源:国家工商总局 2013 年发布的《全国内资企业生存时间分析报告》。
[②] 数据来源:彭博通讯社。

各种生产资源组成的集合(Penrose,1959),将资源视为新企业应对"新进入缺陷"的重要工具,关注新企业所拥有的资源存量对成长的作用。然而,由于新企业数据不易获取、对资源禀赋的度量存在难度,中国情境下资源禀赋与新企业成长的实证研究尚不充分(田莉,2010)。同时,既往的研究虽然注意到制度环境对经济发展的影响,但关于外部制度环境和内部资源禀赋对微观企业影响的相互关系有待深入考察,对于制度环境细分层面和微观企业股权结构的异质性影响尚缺乏细致的分析。本章实证分析资源禀赋和制度环境对新企业成长的影响:在基准回归结果的基础上,进一步考察不同制度环境细分层面、不同企业股权结构下的异质性,并对资源禀赋和制度环境交互作用的影响机制进行检验。

4.2 研究设计

本章实证研究的主要目标是考察资源禀赋、制度环境对新企业成长的影响,并检验两者在影响新企业成长过程中的作用机制。

4.2.1 数据来源与样本选择

本章使用2000—2011年间的"中国工业企业数据库"企业数据和对应的"中国市场化指数"各省区数据。其中"中国工业企业数据库"涵盖了全部国有工业企业和规模以上非国有工业企业,包含了丰富的微观企业信息(许家云和毛其淋,2016)。为了提高数据可靠性,借鉴 Brandt 等(2012)、余淼杰(2011)的处理方法,将2000—2011年共12年的横截面数据合并成面板数据集,对行业代码进行调整,对财务数据进行平减处理,并排除地址文本和财务信息存在异常或者缺失的样本。同时,参考李坤望等(2014)的"三年判断标准",筛选出持续经营的企业样本。

对于新企业的界定目前尚无统一的方法,也未达成一致的标准。GEM(The Global Entrepreneurship Monitor,全球创业观察组织)将成立时间42个月以内的企业界定为新企业;吴晓晖和叶瑛(2009)则将成立后5年内的企业作为样本企业;Zahra 等(2000)认为前6年发展情况对新企业存活极为关键;彭学兵和胡剑锋(2011)的研究则以成立年限10年为界限。新企业是处于生命周期最前端的企业。本书通过梳理相关文献①,借鉴企业成长阶段理论的思想,通过企业成立年限的设定来确定新企业样本。界定的通常做法是以成立年限为标准做区分,但对于具体年限尚没有形成一致的看法(张玉利等,2008)。考虑到国内研究主要采用的界定标准跨度为 5~10 年,本书借鉴折衷观点同时参考 McDougall 等(1994)的研究,将新企业界定为成立时间少于或等于 8 年的企业。虽然成立年限并不是完美的筛选标准,但新企业区别于成熟企业的本质是其企业的阶段性特点,至少能保证以 8 年为限的企业是处于成立初期的。同时,此判定标准也与李新春等(2010)的研究保持一致。此外,本章稳健性检验还从其他年限时间进行了新企业界定,以保证结果的合理性。

4.2.2 模型构建

本章以企业规模成长为被解释变量,企业资源禀赋(以人力资源和财务资源衡量)、制度环境(由市场化总指数和分项指数衡量)为核心解释变量,验证企业资源禀赋、外部制度环境对新企业成长的影响。构建的回归模型如公式(4-1)所示:

$$GS_{it} = \alpha_0 + \alpha_1 R_{it-1} + \alpha_2 IE_{it-1} + \beta X_{it} + \nu_j + \nu_k + \nu_g + \varepsilon_{it} \quad (4-1)$$

其中,GS_{it} 代表 i 企业在 t-1 至 t 年间的规模成长,是本章关注的被解释变量。R_{it-1} 为 i 企业在 t-1 年末的资源禀赋(具体来说,分别使用人力资源和财务资源来考察资源禀赋的情况),IE_{it-1} 为 i 企业所处地区在 t-1 年末的制度环境(具体来说,分别使用市场化总指数和分项指数来衡量制度环境的总体情况和细分层面情况),这两者是本章关注的核心解释变量。α_1 为资源禀赋的估计系数,若为正,则说明企业前一期末的资源禀赋正向影响了两期之间企业的规模成长;反之,则存在负向影响。α_2 为地区制度环境的估计系数,若为正,则说明前一期末的地区制度环境质量正向影响了两期之间该地企业的规模成长;反之,则存在负向影响。X_{it} 为企业层面的控制变量,包括企业年龄(Age 及其二次项 Age×Age)、上一期的企业规模(Scale)、企业杠杆率(Leverage)、企业融资约束(Finance)、企业资本密集度(Clr)、国有控股虚拟变量(SO)等。ν_j 是不受地区因素影响的年份固定效应,ν_k 是不受时间因素影响的地区固定效应,ν_g 是行业固定效应,ε_{it} 为残差项。

---

① 参见第一章 1.2.2 新企业。

4.2.3 变量说明和相关性分析

1. 变量说明

(1) 被解释变量

企业成长(GS),一般使用企业规模(Scale)的变化来衡量(李洪亚,2016)。主要存在衡量指标和测算方法两个方面的选择:① 衡量指标上,既往的研究往往选用企业的销售收入、工业产值、营业总收入、资产总额、就业人数等指标来衡量企业规模(Delmar,2006)。这是因为,相对来说,销售收入(也包括工业产值和营业总收入)容易获得且争议较少。故本章正文使用企业的工业总产值作为企业规模(Scale)的度量指标,同时在稳健性检验中使用企业的工业销售产值作为替代指标。② 从测算方法来看,企业成长描述企业在两个时间点之间的差异,或视为一种绝对的改变,或视为相对的改变(Delmar,2006)。既往的文献主要使用三种不同的测算方法,第一种测算方法是直接用前后两期企业规模的差值来衡量,即 $GS_{it} = Scale_{it} - Scale_{it-1}$;第二种测算方法是前后两期企业规模取对数后计算差值,即 $GS_{it} = \log(Scale_{it}) - \log(Scale_{it-1})$;第三种测算方法是前后两期企业规模的差值除以前一期企业规模,即 $GS_{it} = (Scale_{it} - Scale_{it-1})/Scale_{it-1}$。由于后两者没有实质性的差异,同时考虑到对数形式有助于消除因为数据数量级相差过大导致的系统性误差,故本章正文选择第二个公式,在稳健性检验中使用第一个公式作为替代方法。

(2) 解释变量

资源禀赋方面,新企业的资源禀赋往往不会囊括全部资源类型,而只是掌握其中一种或几种(韩炜等,2013)。从新企业特征、资源拼凑过程、资源类型特点来看,资源禀赋主要体现为人力资源(HR)和财务资源(FR)[①]。考虑到资源拼凑过程中资源禀赋类型的相互作用,本章正文选择前一期的人力资源作为代表资源禀赋的解释变量。同时在稳健性检验中,使用企业前一期的财务资源作为替代变量。

人力资源(HR)是由个人能力与素养、教育背景、工作经验等构成的

---

① 参见第一章 1.2.3 企业资源禀赋。

(Becker,2009),体现为企业在公开市场上以正式、协议的方式所聘用的雇员及其才能和提供的服务。应付工资是企业雇佣员工所偿付的报酬,也是对员工人力资本的支付,是企业人力资源的价值反映。较高的工资水平意味着企业员工受到较好教育和培训,拥有较高的技术水平,从而应付工资较高的企业拥有较丰富的人力资源。

现有的研究也从不同角度证实了人力资源与工资总额之间的相关关系:Taylor(1987)使用墨西哥移民数据,发现人力资源增加能促进劳动力收入增加。钱文荣和卢海阳(2012)、刘林平和张春泥(2007)使用中国数据发现,农民工的人力资本与其工资水平显著相关。张车伟和薛欣欣(2008)则比较了中国国有部门与非国有部门的工资差异,发现国有部门的工资优势中有80%以上来自人力资源的优势,说明人力资源在国有部门的工资水平决定中发挥了决定性作用。张原和陈建奇(2008)的研究发现中国行业间工资回报差异主要原因不是行业差异,而主要源于人力资源的差异。胡浩志和卢现祥(2011)也发现企业专用性人力资源与工资呈显著正相关。因此,借鉴现有的文献,本章选择应付工资总额作为人力资源的衡量指标,为了消除可能存在的系统性误差,选择应付工资总额取对数的形式。

财务资源(FR)是指企业所拥有或控制的与企业获取财务收益有关的各种资源,包括企业资本以及企业在筹资和投资过程中形成的特有的财务管理模式(郭小金,2011)。传统的财务学中,财务资源通常指资本(李心合,2000);而现代企业财务资源可以泛指企业获取现金的各种渠道和能力,财务资源可以由各种来源的钱财构成(Abdulsaleh & Worthington,2013)。虽然企业资本不能完全体现财务资源,但资本是财务资源中最原始、最基本的一种形态,其他财务资源的形成建立在资本基础之上。注册资本是企业获取后续收益的主要财务资源:注册资本是企业依法完成注册的必要条件,是企业开展正常经营活动、获取现金流的原始积累;注册资本直接影响企业借贷获取现金的能力;注册资本可以衡量企业发行股票或者其他股权形式获取现金的能力。借鉴既有的研究(张娟,2006;佟爱琴等,2014),本章选择实收资本作为财务资源(FR)的测度指标,同上选择了实收资本取对数的形式。

制度环境(IE)方面,采用了樊纲等(2011)编制的"中国市场化指数"中提供的总指数和分项指数数据。在中国情境下,制度环境在空间分布和时间演化两个方面都存在较大的差异。同时,中国市场化进程是一场大规模的制度变迁,樊纲等(2011)构建了市场化指数来测度各省区相对的制度环境差异,提供了一个非常值得借鉴的方法和思路。既有文献对中国情境下各地区制度环境状况的衡量,绝大多数采用了该指数(刘伟等,2014;戴魁早,2015;李诗田和邱伟年,2015)。

本章参考了上述研究,使用市场化指数来衡量各省区制度环境的总体质量(IE),使用分项指标来衡量各省区制度环境多个细分层面的情况。从新企业特征、制度变迁的速度、制度作用层次来看,正式的制度环境变迁主要体现为经济制度环境、政府行政制度环境和法律保护制度环境三个细分层面[①]。借鉴此分类,在实证研究中,分别使用市场化指数的分项指数"市场分配经济资源的比重""减少政府对企业的干预""对生产者合法权益的保护"作为经济制度环境(EIE)、政府行政制度环境(GAS)、法律保护制度环境(LPS)的测度指标。此外,由于市场化指数的连续数据仅更新到2009年,为了与本章的企业数据相匹配,借鉴(甄红线等,2015)的方法,分别根据上述指数的历史平均增长率补全了2010年、2011年的指数数据。

(3) 控制变量

借鉴盛斌和毛其淋(2015)、于娇等(2015)等的研究,本章选择了以下体现企业特征的控制变量:① 企业年龄(Age 以及其二次项 Age×Age)。一般来说,随着年龄的增长,企业成长率会呈现下降的趋势(王永进等,2017),在实证过程中体现在企业年龄的一次项系数上;同时,如果企业成长率和企业年龄存在 U 型或者倒 U 型关系,则在实证结果中会体现在企业年龄的二次项系数上。使用当年年份减去企业开业年份再加1来计算企业年龄(Age)。② 企业规模(Scale)。前一期企业规模往往对后续一段时间企业成长有影响,企业规模越大,后续的成长率越低。本节正文使用企业的工业销售产值为企业规模的度量指标。③企业杠杆率(Leverage)。企业杠杆率越高,则企业可以获取更多的外部资源,有助于扩大生产。本节采用企业负债总额与资产总额的比值来衡量企业杠杆率。④企业融资约束(Finance)。采用利息支出与固定资产的比值来测算企业融资约束。⑤企业的所有制结构(SO)。企业的所有制

---

① 参见第一章 1.2.4 制度和制度环境。

结构不同,实际控股人不同,获取资源的来源也可能存在差异,其成长规律也有所不同。本节用国有控股虚拟变量来度量企业的所有制结构特征。

2. 相关性分析

表4-1报告了各变量的相关性系数。从表中可知,人力资源和制度环境的核心解释变量、企业层面的控制变量之间的相关性系数均小于0.7,说明各变量之间不存在过高的相关性。在回归之前,本章还进行了共线性检验,所有模型中的方差膨胀因子(VIF)值均在1~5的范围以内,而且核心解释变量的系数较为稳定,说明未存在严重的多重共线性。另外,在机制检验的回归分析中,模型中包含人力资源和制度环境的交互项,将相关变量进行了中心化处理,即用各个变量分别减去各自指标的均值。

表4-1 各变量之间的相关性系数

变量	HR	IE	EIE	GAS	LPS	Age	Scale	Leverage	Finance	Clr	SO
HR	1.00										
IE	−0.09	1.00									
EIE	0.10	0.35	1.00								
GAS	−0.16	0.01	−0.13	1.00							
LPS	−0.30	0.36	0.01	0.00	1.00						
Age	0.01	0.15	−0.02	0.01	0.07	1.00					
Scale	0.42	0.08	0.02	−0.01	−0.02	0.13	1.00				
Leverage	0.04	0.06	−0.09	0.01	0.03	0.05	0.02	1.00			
Finance	−0.02	0.01	−0.00	0.00	0.01	0.00	0.01	0.01	1.00		
Clr	0.02	−0.01	−0.02	−0.00	−0.01	−0.00	0.03	0.00	−0.00	1.00	
SO	0.08	−0.16	−0.13	−0.00	−0.04	0.03	0.05	0.01	−0.00	0.05	1.00

4.3 估计结果与分析

4.3.1 基准回归结果与分析

根据公式(4-1)的基准模型,可以进行全样本的回归估计。表4-2报告了全样本的基准模型估计结果。模型(1)列至(3)列只检验了核心解释变量中企业人力资源对新企业成长的影响,模型(1)列中核心解释变量之外只加入了企业层面的控制变量,模型(2)列在(1)列的基础上控制年份固定效应和地区固定效应,模型(3)列则进一步控制了行业固定效应。模型(4)至(6)列同时检验了核心解释变量中人力资源和制度环境对新企业成长的影响,模型(4)列中核心解释变量之外只加入了企业层面的控制变量,模型(5)列在(4)列的基础上控制年份固定效应和地区固定效应,模型(6)列则进一步控制了行业固定效应。

表4-2 基准模型的估计结果

变量	(1)	(2)	(3)	(4)	(5)	(6)
HR	0.054*** (30.52)	0.059*** (32.07)	0.072*** (36.15)	0.050*** (27.88)	0.060*** (32.43)	0.072*** (36.46)
IE				0.015*** (30.43)	0.092*** (29.68)	0.091*** (30.29)
Age	−0.289*** (−80.57)	−0.281*** (−79.54)	−0.278*** (−79.00)	−0.294*** (−81.92)	−0.280*** (−79.37)	−0.277*** (−78.82)
Age×Age	0.022*** (69.52)	0.022*** (69.40)	0.022*** (68.98)	0.022*** (70.36)	0.022*** (69.12)	0.022*** (68.69)
Scale	−0.233*** (−78.22)	−0.245*** (−81.10)	−0.261*** (−82.29)	−0.232*** (−77.80)	−0.245*** (−81.02)	−0.260*** (−82.19)
Leverage	0.004*** (5.67)	0.005*** (4.64)	0.004*** (4.60)	0.003*** (5.69)	0.009*** (4.58)	0.009*** (4.58)
Finance	0.001*** (3.71)	0.001*** (3.78)	0.001*** (3.90)	0.001*** (3.68)	0.001*** (3.76)	0.001*** (3.88)
Clr	0.000** (2.01)	0.000** (2.48)	0.000** (2.53)	0.000** (2.10)	0.000** (2.55)	0.000** (2.51)
SO	−0.037*** (−6.57)	−0.017*** (−2.98)	−0.033*** (−5.77)	−0.015*** (−2.67)	−0.020*** (−3.53)	−0.036*** (−6.28)
年份效应	No	Yes	Yes	No	Yes	Yes
地区效应	No	Yes	Yes	No	Yes	Yes
行业效应	No	No	Yes	No	No	Yes
Constant	2.623*** (118.31)	2.416*** (104.28)	2.540*** (100.16)	2.537*** (113.03)	1.083*** (27.59)	1.216*** (30.37)
Observations	908 777	908 777	908 777	908 777	908 777	908 777
R^2	0.124	0.149	0.154	0.125	0.150	0.156

注:括号内数值是控制了聚类标准误的 t 值;*、**、*** 分别表示10%、5%、1%的显著性水平。

从模型(1)至(3)列中可以发现,企业人力资源的估计系数符号和显著性水平没有发生实质性变化。接下来具体以模型(3)列的完整估计结果为基础进行分析。模型(3)列的结果显示:在控制了其他影响因素后,变量 HR 系数为正且通过显著性检验(系数为 0.072,t 值为 36.15,在 1% 水平上显著)。这说明总体而言,企业人力资源对新企业成长率具有正向影响,即丰裕的企业人力资源能够促进新企业的成长;验证了假说 1 新企业成长依赖于资源禀赋。从模型(4)至(6)列中,可以发现人力资源、制度环境的估计系数符号和显著性水平都没有发生实质性改变。接下来具体以模型(6)列的完整估计结果为基础进行分析。模型(6)列的结果显示:在控制了其他影响因素后,变量 HR 系数为正且通过显著性检验(系数为 0.072,t 值为 36.46,在 1% 水平上显著),同时,变量 IE 系数为正且通过显著性检验(系数为 0.091,t 值为 30.29,在 1% 水平上显著)。这说明总体而言,人力资源和制度环境对新企业成长率均具有正向影响,即丰裕的企业人力资源和制度环境总体改善均能够促进新企业的成长;验证了新企业成长不仅依赖于企业资源禀赋,还受到良好制度环境的促进作用,假说 2 得到验证。

同时,控制变量的估计结果也提供了有价值的信息。比如,Age 的系数为负且通过显著性检验,而其二次项 Age×Age 系数为正且通过显著性检验,说明随着年龄的增长,新企业成长率先下降,再上升,呈 U 形曲线。企业规模(Scale)系数为负且通过显著性检验,说明前期的规模越大,后一段时间的新企业成长率越小。企业杠杆率(Leverage)系数为正且通过显著性检验,说明使用杠杆有促进新企业成长的作用。企业的所有制结构(SO)系数为负且通过显著性检验,说明非国有控股新企业成长更快。从模型(1)列至(6)列中,可以发现各控制变量的估计系数符号和显著性水平没有发生实质性变化,说明回归结果具有较好的稳健性。

4.3.2 异质性分析

为了更深入剖析资源禀赋和制度环境对新企业成长的影响,本章在基准模型的基础上进一步进行更细致的考察:先分析制度环境细分层面的异质性,再考察企业股权结构的异质性,表 4-3、表 4-4 分别报告了相关的估计结果。

表 4-3 制度环境异质性的估计结果

变量	(1)	(2)	(3)	(4)
HR	0.053*** (29.41)	0.049*** (27.27)	0.059*** (32.17)	0.072*** (36.26)
EIE	0.004*** (6.26)	0.007*** (9.00)	0.016*** (8.97)	0.015*** (8.32)
GAS	0.002*** (45.30)	0.002*** (28.12)	0.003*** (36.88)	0.003*** (37.53)
LPS	0.006*** (40.84)	0.008*** (43.15)	0.017*** (65.77)	0.017*** (67.54)
Age	−0.292*** (−81.45)	−0.296*** (−82.96)	−0.281*** (−79.65)	−0.278*** (−79.10)
Age×Age	0.022*** (69.93)	0.023*** (71.83)	0.022*** (69.47)	0.022*** (69.04)
Scale	−0.231*** (−77.31)	−0.235*** (−78.17)	−0.245*** (−80.88)	−0.260*** (−82.08)
Leverage	0.004*** (5.55)	0.008*** (4.85)	0.011*** (4.50)	0.011*** (4.49)
Finance	0.001*** (3.70)	0.001*** (3.72)	0.001*** (3.76)	0.001*** (3.88)
Clr	0.000** (2.24)	0.000** (2.07)	0.000*** (2.71)	0.000* (1.78)
SO	−0.022*** (−3.95)	−0.012*** (−2.46)	−0.019*** (−3.35)	−0.035*** (−6.11)
年份效应	No	Yes	Yes	Yes
地区效应	No	No	Yes	Yes
行业效应	No	No	No	Yes
Constant	2.958*** (107.30)	2.927*** (104.36)	2.704*** (89.96)	2.839*** (88.22)
Observations	908 777	908 777	908 777	908 777
R^2	0.126	0.134	0.153	0.159

注：括号内数值是控制了聚类标准误的 t 值；*、**、*** 分别表示 10%、5%、1% 的显著性水平。

表 4-4　企业股权异质性的估计结果

变量	非国有控股企业 (1)	非国有控股企业 (2)	国有控股企业 (3)	国有控股企业 (4)
HR	0.055*** (32.45)	0.069*** (37.38)	0.109*** (11.00)	0.112*** (10.63)
IE	0.111*** (33.79)	0.110*** (34.56)	−0.037*** (−3.02)	−0.038*** (−3.11)
Age	−0.267*** (−76.58)	−0.264*** (−76.10)	−0.433*** (−20.67)	−0.422*** (−20.33)
Age×Age	0.021*** (66.83)	0.021*** (66.46)	0.033*** (18.09)	0.033*** (17.78)
Scale	−0.251*** (−81.74)	−0.267*** (−83.31)	−0.243*** (−21.97)	−0.258*** (−21.89)
Leverage	0.010*** (4.34)	0.010*** (4.35)	0.004* (1.76)	0.004* (1.74)
Finance	0.001*** (3.74)	0.001*** (3.86)	0.004** (2.09)	0.004** (2.07)
Clr	−0.000 (−0.30)	−0.000 (−0.38)	0.000*** (2.58)	0.000* (1.81)
年份效应	Yes	Yes	Yes	Yes
地区效应	Yes	Yes	Yes	Yes
行业效应	No	Yes	No	Yes
Constant	2.238*** (65.63)	2.367*** (65.70)	3.111*** (22.25)	3.228*** (22.59)
Observations	848 670	848 670	60 107	60 107
R^2	0.159	0.164	0.122	0.131

注:括号内数值是控制了聚类标准误的 t 值;*、**、*** 分别表示 10%、5%、1% 的显著性水平。

1. 制度环境的异质性

上文使用市场化总指数检验了制度环境的总体影响,这里进一步考察制度环境细分层面的异质性作用。根据制度环境的概念与内涵,其包括三个细分层面:经济制度环境、政府行政制度环境和法律保护制度环境。因此,基于制度环境异质性的考察就把公式(4-1)中的制度环境总指标(IE)

市场化指数,替换为三个层面的细分指标。其中,经济制度环境(Economic Institutional Environment,EIE)来自市场化指数的分项指标"市场分配经济资源的比重";政府行政制度环境(Government Administration System,GAS)使用了市场化指数的分项指标"减少政府对企业的干预";法律保护制度环境(Legal Protection System,LPS)源自市场化指数的分项指标"对生产者合法权益的保护"。

考察制度环境细分层面异质性的回归估计结果如表4-3所示。制度并不是以单一形式存在的,而是多个层面多种制度相互依存而共同构成了整体的制度环境(周建等,2010)。根据相关性分析的结果,制度环境的细分指标之间不存在严重的共线性问题,所以,这里同时用制度环境的三个细分指标,经济制度环境(EIE)、政府行政制度环境(GAS)和法律保护制度环境(LPS)一起替代公式(4-1)中的制度环境总指标(IE)。模型(1)列中仅加入了企业层面的控制变量,模型(2)列则在此基础上控制了年份固定效应,模型(3)列进一步控制了地区固定效应,模型(4)列则不仅加入了企业层面的控制变量还同时控制了年份固定效应、地区固定效应和行业固定效应。相关回归结果显示:在作用方向上,制度环境的三个细分层面(经济制度环境、政府行政制度环境和法律保护制度环境)的影响方向和制度环境的总体影响结果保持一致,即制度环境的改善对新企业成长具有促进作用;在作用强度上,制度环境三个细分层面的影响存在差异,就每提高一个指标单位而言,经济制度环境和法律保护制度环境的作用强度大于政府行政制度环境的作用强度。

从模型(1)列至(4)列中可以发现,人力资源(HR)、经济制度环境(EIE)、政府行政制度环境(GAS)和法律保护制度环境(LPS)的估计系数符号和显著性水平没有发生实质性变化。接下来,具体以模型(4)列的完整估计结果为基础进行分析。模型(4)列的结果显示:在控制了其他影响因素后,变量HR系数为正且通过显著性检验,变量EIE系数为正且通过显著性检验,变量GAS系数为正且通过显著性检验,变量LPS系数为正且通过显著性检验。这说明不仅企业人力资源的作用依旧显著,同时,制度环境分项指标的回归结果方向与其总体指标相一致,经济制度环境、政府行政制度环境、法律保护制度环境对新企业成长率均具有正向影响,即丰裕的企业资源禀赋和良好的经济制度环境、政府行政制度环境、法律保护制度环境均能够促进新企业的成长。

此外,从作用强度上来说,三个细分层面的制度环境的影响存在差异。在模型(1)列中,变量 EIE 系数为 0.004,变量 LPS 系数为 0.006,变量 GAS 系数为 0.002,前两者是后者的 2~3 倍;在模型(2)列中,变量 EIE 系数为 0.007,变量 LPS 系数为 0.008,变量 GAS 系数为 0.002,前两者是后者的 3.5~4 倍;在模型(3)列中,变量 EIE 系数为 0.016,变量 LPS 系数为 0.017,变量 GAS 系数为 0.003,前两者是后者的 5.33~5.67 倍;在模型(4)列中,变量 EIE 系数为 0.015,变量 LPS 系数为 0.017,变量 GAS 系数为 0.003,前两者是后者的 5~5.67 倍。从模型(1)列至(4)列每列的回归系数可以看出,虽然对于制度环境的指标构建可能存在一定不可比的因素,但就每提高一个指标单位而言,经济制度环境和法律保护制度环境的作用强度显著大于政府行政制度环境的作用强度。

综上所述,制度环境三个细分层面(经济制度环境、政府行政制度环境、法律保护制度环境)的改善,对新企业成长具有促进作用,但在作用强度上存在差异。

2. 股权结构的异质性

本节进一步从不同的企业股权结构方面,考察人力资源和制度环境对新企业成长的异质性影响。这里借鉴刘慧龙和吴联生(2014)的研究,根据企业控股情况将企业分为国有控股企业和非国有控股企业,对公式(4-1)进行分样本的回归估计。

考察企业不同控股类型的回归估计结果如表 4-4 所示。模型(1)列至(2)列检验了在非国有控股企业样本中,人力资源和制度环境对新企业成长的影响,模型(1)列中加入了企业层面的控制变量,同时控制年份固定效应和地区固定效应,模型(2)列则进一步控制了行业固定效应。模型(3)列至(4)列检验了在国有控股企业样本中,人力资源和制度环境总体改善对新企业成长的影响,模型(3)列中加入了企业层面的控制变量,同时控制年份固定效应和地区固定效应,模型(4)列则进一步控制了行业固定效应。

相关结果显示:非国有控股企业样本的回归结果与全样本保持一致,但国有控股企业样本的回归结果出现了显著差异。从模型(1)列至(2)列中可以发现,人力资源、制度环境的估计系数符号和显著性水平都未发生实质变化。接下来具体以模型(2)列的完整估计结果为基础进行分析。模型(2)列的结果显示:在控制其他影响因素后,变量 HR 系数为正且通过显著性检验(系数为 0.069,t 值为 37.38,在 1% 水平上显著),同时,变量 IE 系数为正且通过显著性检验(系数为 0.110,t 值为 34.56,在 1% 水平上显著)。这说明在非国有控股企业的情形下,人力资源和制度环境总体改善对新企业成长率均具有正向影响。

从模型(3)列至(4)列中可以发现,人力资源、制度环境的估计系数符号和显著性水平都未发生实质变化。接下来,具体以模型(4)列的完整估计结果为基础进行分析。模型(4)列的结果显示:在控制了其他影响因素后,变量 HR 系数为正且通过显著性检验(系数为 0.112,t 值为 10.63,在 1% 水平上显著),但变量 IE 系数为负且通过显著性检验(系数为 −0.038,t 值为 −3.11,在 1% 水平上显著)。这说明在国有控股企业的情形下,出现了与全样本存在差异的结果:人力资源对新企业成长率仍然具有正向影响,但制度环境总体改善则对新企业成长率具有负向影响,同时,人力资源的估计系数又存在一定程度的扩大。这意味着,与全样本和非国有控股企业情形相比而言,在国有控股企业情形下,新企业的成长更依赖于资源禀赋,制度环境的总体改善反而抑制了其成长。

出现这一结果主要因为:国有企业与政府存在天然的联系,在其成长的过程中除了市场交易的方式,还可以通过非市场的渠道低成本地获取资源。而非国有企业更多地依赖于市场交易来获取外部资源。制度环境的改善,调整了扭曲的资源配置:一方面,降低了非国有企业的资源获取成本;另一方面,提高了国有企业的资源获取成本。所以,相对来说,制度环境的总体改善有助于非国有新企业的成长,对国有新企业反而有抑制作用。股权结构的异质性结果一定程度上证明了制度环境改善对企业成长的影响机制,特别是对于非国有企业成长的促进作用。

综上所述,根据不同控股情况的企业分样本回归结果表明,资源禀赋、制度环境对国有新企业成长的作用与非国有新企业、全样本情况呈现异质性。资源禀赋的作用仍然普遍,异质性主要体现在制度环境总体改善更有利于非国有新企业的成长,对国有新企业反而有抑制作用。

4.4 稳健性检验

上文回归过程中将新企业界定为成立时间 8 年及以下的企业,所使用的核心解释变量是前一期末的人力资源和制度环境,被解释变量是两期之间(前一期末至当期末)的企业成长率。所使用的核心解释变量发生于被解释变量之前,符合因果逻辑的时间顺序,有助于缓解内生性问题并尽可能获取更可靠的估计结果。为了保证回归结果的稳健性,还进行了以下稳健性检验:

(1) 新企业界定的其他年限标准。前文基准回归中的新企业以成立时间 8 年及以下作为界定标准。这里改变年限标准,分别使用 5 年和 6 年作为界限来判断新企业样本。回归结果如表 4-5 的模型(1)列至(4)列所示,结果显示:在控制了其他影响因素后,变量 HR 仍然系数为正且通过显著性检验,同时变量 IE 仍然系数为正且通过显著性检验。这表明,以 8 年为年限标准界定新企业和以 5 年或者 6 年界定并没有发生实质变化,新企业的界定是基本稳健的。

(2) 使用被解释变量的其他测算方法。在前文的回归估计中,使用前后两期企业规模取对数后计算差值,即 $GS_{it} = \log(Scale_{it}) - \log(Scale_{it-1})$,通过相对的改变来度量企业成长。这里改变测算方法,直接使用前后两期企业规模的差值衡量,即 $GS_{it} = Scale_{it} - Scale_{it-1}$,通过绝对的改变来度量企业成长。回归结果如表 4-5 的模型(5)列和(6)列所示,结果显示:在控制了其他影响因素后,变量 HR 仍然系数为正且通过显著性检验,同时变量 IE 仍然系数为正且通过显著性检验。这表明,资源禀赋、制度环境对新企业成长具有正向影响。核心结论在使用被解释变量其他测算方法的情形下,没有发生实质变化。

(3) 使用被解释变量的其他衡量指标。既往的研究往往选用企业的销售收入、工业产值、营业总收入、资产总额、就业人数等指标来衡量企业规模,相对来说,销售收入(包括工业产值和营业总收入)容易获得且争议较少(Delmar,2006)。在前文的回归估计中,使用了企业的工业总产值作为企业规模(Scale)的度量指标,这里进一步将度量指标分别替换为工业销售产值。回归结果如表 4-5 的模型(7)列和(8)列所示,结果显示:在控制了其他影响因素后,变量 HR 仍然系数为正且通过显著性检验,同时变量 IE 仍然系数为正且通过显著性检验。这表明,丰裕的资源禀赋、良好的制度环境能促进新企业的成长。回归结果与上文保持一致。

表 4-5 稳健性检验结果

变量	以 5 年界定新企业		以 6 年界定新企业		改变被解释变量的测算方法	
	(1)	(2)	(3)	(4)	(5)	(6)
HR	0.065*** (24.42)	0.080*** (28.15)	0.063*** (27.78)	0.077*** (31.82)	7 504.4*** (8.01)	8 506.7*** (8.72)
IE	0.070*** (12.93)	0.069*** (13.21)	0.079*** (19.02)	0.078*** (19.52)	10 631.8*** (7.52)	10 660.0*** (7.48)
控制变量	Yes	Yes	Yes	Yes	Yes	Yes
年份效应	Yes	Yes	Yes	Yes	Yes	Yes
地区效应	Yes	Yes	Yes	Yes	Yes	Yes
行业效应	No	Yes	No	Yes	No	Yes
Constant	3.482*** (46.01)	3.633*** (48.52)	2.850*** (48.22)	2.986*** (50.48)	−270 474*** (−18.20)	−252560*** (−17.16)
Observations	449 688	449 688	612 770	612 770	824 250	824 250
R^2	0.219	0.227	0.186	0.192	0.018	0.020

变量	改变被解释变量的衡量指标		改变解释变量的衡量指标		使用控制变量的滞后一期形式	
	(7)	(8)	(9)	(10)	(11)	(12)
HR	0.055*** (27.50)	0.067*** (31.26)			0.077*** (38.52)	0.090*** (41.32)
FR			0.109*** (55.72)	0.111*** (54.41)		
IE	0.025*** (3.25)	0.025*** (3.22)	0.082*** (32.88)	0.082*** (33.33)	0.080*** (35.54)	0.080*** (35.62)
控制变量	Yes	Yes	Yes	Yes	Yes	Yes
年份效应	Yes	Yes	Yes	Yes	Yes	Yes
地区效应	Yes	Yes	Yes	Yes	Yes	Yes
行业效应	No	Yes	No	Yes	No	Yes
Constant	2.735*** (49.38)	2.879*** (51.95)	1.671*** (45.35)	1.823*** (47.39)	1.548*** (57.54)	1.620*** (55.10)
Observations	824 254	824 254	971 014	971 014	828 965	828 965
R^2	0.224	0.229	0.195	0.199	0.094	0.098

注：括号内数值是控制了聚类标准误的 t 值；*、**、*** 分别表示 10%、5%、1% 的显著性水平。

资源禀赋、制度环境与新企业成长

(4) 使用解释变量的其他衡量指标。人力资源和财务资源是企业资源禀赋的主要类型,前文的回归估计中使用了人力资源作为衡量资源禀赋的解释变量,这里使用财务资源(FR)来替代人力资源。回归结果如表4-5的模型(9)列和(10)列所示,可以发现:在控制了其他影响因素后,变量 IE 仍然系数为正且通过显著性检验,资源禀赋的衡量变量 FR 系数为正且通过显著性检验。这表明,资源禀赋、制度环境对新企业成长具有正向影响。核心结论在使用解释变量的其他衡量指标的情形下,没有发生实质变化。

(5) 使用控制变量的滞后一期形式。在前文的回归估计中,控制变量中只有企业规模采用了滞后一期的形式,这里进一步将其他企业层面的控制变量,例如企业杠杆率(Leverage)、企业融资约束(Finance)、企业资本密集度(Clr)、国有控股虚拟变量(SO)等都滞后一期,以缓解可能存在的内生性问题。回归结果如表4-5的模型(11)列和(12)列所示,结果显示核心解释变量系数和显著性并没有出现实质变化:在控制了其他影响因素后,变量 HR 仍然系数为正且通过显著性检验,同时变量 IE 仍然系数为正且通过显著性检验。这表明,核心结论是稳健的,即资源禀赋、制度环境对新企业成长具有正向影响。

4.5 进一步研究:资源禀赋与制度环境的交互作用

根据第二章的理论机制分析,本章通过在公式(4-1)中引入两个核心解释变量的交互项,对人力资源、制度环境在新企业成长过程中的影响机制进行检验。拓展后的模型如公式(4-2)所示:

$$GS_{it} = \alpha_0 + \alpha_1 R_{it-1} + \alpha_2 IE_{it-1} + \alpha_3 R_{it-1} \times IE_{it-1} + \beta X_{it} + \nu_j + \nu_k + \nu_g + \varepsilon_{it}$$

(4-2)

1. 总体情况

首先考察影响机制的总体情况,根据公式(4-2)在核心解释变量 HR 和 IE 以外,将交互项 HR×IE 引入回归模型。相关机制检验的回归估计结果如表4-6的模型(1)列至(4)列所示。从模型(1)列至(4)列中,可以发现人力资源 HR、市场化指数 IE 和两者交互项 HR×IE 的估计系数符号和显著性水平没有发生实质性变化。

表4-6 机制检验的总体估计结果

变量	(1)	(2)	(3)	(4)
HR	0.063*** (33.29)	0.064*** (33.91)	0.073*** (37.74)	0.087*** (41.56)
IE	0.018*** (32.99)	0.020*** (13.89)	0.085*** (24.96)	0.084*** (25.46)
HR×IE	0.020*** (23.06)	0.021*** (24.42)	0.022*** (25.97)	0.023*** (26.86)
控制变量	Yes	Yes	Yes	Yes
年份效应	No	Yes	Yes	Yes
地区效应	No	No	Yes	Yes
行业效应	No	No	No	Yes
Constant	2.921*** (107.64)	2.899*** (104.40)	2.302*** (67.65)	2.459*** (68.54)
Observations	824 250	824 250	824 250	824 250
R^2	0.135	0.142	0.163	0.169

注:括号内数值是控制了聚类标准误的 t 值;*、**、***分别表示10%、5%、1%的显著性水平。

接下来具体以模型(4)列的完整估计结果为基础进行分析。模型(4)列的结果显示:在控制了其他影响因素后,变量HR和变量IE系数仍然保持为正且通过显著性检验,而这里重点关注的是交互项,交互项HR×IE系数为正且通过显著性检验(系数为0.023,t值为26.86,在1%水平上显著)。这说明,总体上,制度环境和人力资源对新企业成长的影响上,存在互补的作用关系,即资源禀赋越丰富,制度环境总体情况越良好,越有助于促进新企业的成长。出现该结果主要因为:资源禀赋提供了新企业进一步实施战略决策的资源基础,制度环境的总体改善主要体现为促进了新企业提高既有资源的使用效率,两者之间存在相辅相成的互补关系。假说3a得到验证。

2. 异质性情况

进一步可以分析制度环境的三个细分层面和人力资源在影响新企业成长机制上的差异。根据前文的相关性分析和制度环境的异质性分析结果,这里使用制度环境的三个分项指标:经济制度环境(EIE)、政府行政制度环境(GAS)和法律保护制度环境(LPS)一起替代制度环境的总指标(IE),并引入对应的交互项 HR×EIE、HR×GAS 和 HR×LPS。相关机制检验的回归估计结果如表 4-7 的模型(1)列至(4)列所示。从模型(1)列至(4)列中可以发现，人力资源、制度环境的细分指标和它们各自交互项的估计系数符号和显著性水平没有发生实质性变化。

表 4-7 机制检验的异质性估计结果

变量	(1)	(2)	(3)	(4)
HR	0.088*** (44.55)	0.083*** (42.02)	0.095*** (46.58)	0.109*** (49.60)
EIE	0.005*** (6.71)	0.008*** (9.45)	0.017*** (8.94)	0.015*** (8.31)
GAS	0.003*** (53.86)	0.002*** (35.72)	0.004*** (35.27)	0.004*** (35.92)
LPS	0.005*** (36.71)	0.008*** (40.32)	0.016*** (57.03)	0.016*** (58.42)
HR×EIE	−0.005** (−3.77)	−0.005*** (−4.23)	−0.004*** (−3.27)	−0.003*** (−2.72)
HR×GAS	0.002** (26.28)	0.002*** (23.96)	0.002*** (27.30)	0.002*** (27.56)
HR×LPS	0.007*** (24.88)	0.008*** (27.01)	0.008*** (27.34)	0.008*** (28.22)
控制变量	Yes	Yes	Yes	Yes
年份效应	No	Yes	Yes	Yes
地区效应	No	No	Yes	Yes
行业效应	No	No	No	Yes
Constant	2.804*** (105.33)	2.658*** (98.23)	2.438*** (78.99)	2.587*** (78.37)
Observations	824 250	824 250	824 250	824 250
R^2	0.134	0.143	0.164	0.170

注：括号内数值是控制了聚类标准误的 t 值；*、**、*** 分别表示 10%、5%、1% 的显著性水平。

接下来具体以模型(4)列的完整估计结果为基础进行分析。模型(4)列的结果显示：在控制了其他影响因素后，变量 HR 系数仍然为正且通过显著性检验，变量 EIE、变量 GAS 系数和变量 LPS 仍然系数为正且通过显著性检验，和上文保持一致，这里进一步考察交互项的结果。比较各交互项系数大小和显著性水平,发现存在异质性的情况:交互项 HR×EIE 系数为负且通过显著性检验(系数为 -0.003,t 值为 -2.72,在 1% 水平上显著),而交互项 HR×GAS 系数为正且通过显著性检验(系数为 0.002,t 值为 27.56,在 1% 水平上显著),交互项 HR×LPS 系数为正且通过显著性检验(系数为 0.008,t 值为 28.22,在 1% 水平上显著)。

这说明制度环境的三个细分层面和人力资源的交互作用关系可能存在差异:经济制度环境和人力资源的影响存在替代关系,而政府行政制度环境、法律保护制度环境和人力资源的影响则存在互补关系。出现该结果主要因为:对新企业来说,既有资源和后续资源之间是相互替代的选择,而既有资源和提升资源使用效率的途径之间是相互补充的关系。经济制度环境主要影响后续资源的获取,而政府行政制度环境、法律保护制度环境主要影响既有资源的使用效率,因而三个细分层面的制度环境和资源禀赋对新企业成长的影响存在不同的作用关系。

4.6 本章小结

本章的主要目标是实证研究资源禀赋、制度环境对新企业成长的影响,并检验两者在影响新企业成长过程中的作用机制。本章在前文的基础上,从内部条件和外部环境两个方面构建计量模型,实证检验资源禀赋和制度环境对新企业成长的影响。实证分析中,在基准回归结果的基础上,进一步考察制度环境细分层面和企业股权结构的异质性,并对资源禀赋和制度环境交互作用的影响机制进行检验。

主要研究结论包括:

(1) 总体而言,资源禀赋和制度环境对新企业成长率均具有正向影响,即丰裕的企业资源禀赋和制度环境总体改善均能促进新企业的成长;验证了新企业成长不仅依赖于企业资源禀赋,还受到良好制度环境的促进。经过一系列稳健性检验,上述核心结论没有发生实质变化。

(2) 就制度环境异质性来说,在作用方向上,制度环境的三个细分层面(经济制度环境、政府行政制度环境和法律保护制度环境)的影响方向和制度环境的总体影响结果保持一致,即制度环境三个细分层面的改善对新企业成长具有促进作用;在作用强度上,制度环境三个细分层面的影响存在差异,就单提高一个指标单位而言,经济制度环境和法律保护制度环境的作用强度大于政府行政制度环境的作用强度。

(3) 就企业股权异质性来说,资源禀赋、制度环境对国有控股新企业成长的作用与对非国有控股新企业的作用呈现差异。与全样本和非国有控股企业情形相比较而言,在国有控股企业情形下,新企业的成长更依赖于资源禀赋,制度环境的总体改善反而抑制了其成长。股权结构的异质性结果一定程度上证明了制度环境改善对企业成长的影响机制,特别是对于非国有企业成长的促进作用。

(4) 本章通过机制检验还发现,总体而言,制度环境和资源禀赋对新企业成长存在互补的作用关系,即资源禀赋越丰富,制度环境总体情况越良好,越有助于促进新企业的成长;但制度环境的三个细分层面和资源禀赋的相互作用关系可能存在差异,经济制度环境和人力资源的作用存在替代关系,而政府行政制度环境、法律保护制度环境和资源禀赋的作用则存在互补关系。

第五章 基于产业特征的新企业成长差异分析

本章在资源禀赋、制度环境对新企业成长影响的实证研究中,进一步引入对产业特征异质性的考察。从产业政策导向、产业竞争强度和产业规模壁垒三个角度考察产业特征情况,根据产业政策导向选择了受引导行业和受管制行业,使用赫芬达尔-赫希曼指数(HHI)测算了产业竞争强度,根据行业最小有效规模衡量了产业规模壁垒;根据不同的产业分类,估计不同产业特征下的回归结果,进而实证研究不同产业特征下资源禀赋和制度环境在新企业成长过程中的差异化作用,为助力新企业成长提供更为细致充分的经验证据。

5.1 研究问题的提出

新企业的生存与成长取决于能否在初始资源耗尽之前获取和开发出新的资源(韩炜和薛红志,2008)。资源禀赋、制度环境是新企业成长的首要因素。同时,产业经济学的学术研究和现代产业发展的实践表明,不同产业存在不同的演变过程,在产业政策导向、市场结构特征、产业生命周期、技术进步速度等方面存在不同程度的差异(孙早和肖利平,2015)。这些产业差异构成了不同产业的竞争特点、成本收益水平、进入退出壁垒,形成了不同产业企业不同的战略决策,进而表现为不同产业企业各异的成长和演化路径。新企业成长演化规律的研究中,在考察内部条件和外部环境影响的同时,进一步分析产业特征不同而带来的资源禀赋和制度环境的影响差异,有助于更细致地分析新企业快速成长的实现条件,进而采取切实可行的政策措施。

有相当数量的既有研究强调产业特征在企业成长中的差异化影响,但涉及中国情境下产业特征对新企业成长的实证研究十分少见,既有研究往往仅将产业类型作为企业创新等战略研究主题下异质性讨论的某一个方面。但实际上,新企业成长过程需要遵循产业演化的运行规律,产业特征差异也带来不同产业中新企业成长过程的变化。产业政策导向直接影响行业的发展前景和成长性:受到促进和引导的行业能够享受政策倾斜,而受到环境管制的行业面临升级改造的压力和限制淘汰的可能。市场竞争程度反映产业内企业之间的竞争和垄断能力的对比,不同的竞争情况可能影响新企业成长的速度:在竞争程度高的产业内,每个企业以趋于最低的成本进行销售;而垄断程度高的产业内,企业则可以通过垄断定价获得超额的利润。规模经济是企业扩张的重要动机,同时构成产业规模壁垒,最小有效规模在不同产业之间存在差异:最小有效规模较大的行业内,新企业不易获得规模经济,扩张的需求更为迫切。

因此,本章在第四章的基础上,在资源禀赋和制度环境对新企业成长影响的框架下,引入对产业特征的考察。具体来说,从产业政策导向、产业集中强度、产业规模壁垒三个角度,分别进行三种不同的产业分类;分别通过分样本回归估计和引入交互项的方式,实证研究不同产业类型下资源禀赋和制度环境在新企业成长过程中的异质性作用。本章的数据来源、样本选择、变量选择等情况与第四章基本保持一致,就不再一一赘述。

5.2 产业政策导向对新企业成长的影响

产业政策是中国政府重要的经济调控手段,不仅会影响宏观经济的可持续增长,还对微观企业的资源配置具有极大的导向作用(金宇超等,2018)。本章首先分析了不同产业政策导向下资源禀赋和制度环境在新企业成长过程中的异质性作用。

5.2.1 影响机制

产业政策是国家或者政府为了实现特定的经济和社会目标而对产业的形成和发展进行干预的各种规划、政策等的总和(黄茂钦,2016)。从本质上看,产业政策是一种政府行为,是一种非市场的经济手段。实施产业政策的理论依据是国家干预理论,产业政策的功能主要是通过直接或者间接地干预社会再生产过程,来弥补市场失灵,改善资源配置;促进创新发展,熨平经济震荡,保护幼小产业,助力后发经济实现赶超(杨治,1985;Harrison 和 Rodríguez-

Clare,2009)。

　　产业政策有多种分类：Lall(1994)根据是否有明确的产业指向，将产业政策区分为选择性产业政策和功能性产业政策；Rothwell 和 Zegveld(1985)根据作用路径不同，将产业政策分为供给型、需求型和环境型政策；依据环境政策的调整机制和手段，还可以分为命令控制政策、市场导向政策、信息工具政策等(Potoski 和 Prakash,2004;Jordan 等,2013)。对产业政策内涵的理解、分类的标准存在多种观点和看法，尚无定论(王君,2016)。产业政策是国家或政府干预产业经济发展的实践，不仅涉及对未来主导产业的预判和培育，对战略新兴产业的促进和引导，还涉及对不符合产业发展趋势的落后低效产能进行管控和转型。本节依据政府是引导并促进产业快速发展还是管理并限制产业无序扩张，从产业政策导向的视角关注产业引导政策和产业管制政策。

　　引导性产业政策是发展中国家在工业化过程中为了实现"后发优势"而广泛采用的措施。中国政府在改革开放后实现经济高速增长的过程中，广泛并且持续地实施各种产业促进与引导政策(陈钊和熊瑞祥,2015；钱雪松等,2018)。促进引导的产业政策，通过向目标产业倾斜的资源配置(Chen 等,2017)，促进企业(特别是新企业)的成长。受到政策支持的行业将获得较大的增长空间，同时，政府相对于企业具有信息优势，有助于正确识别行业未来的发展趋势。市场力量推动逐利的资本更多地流向产业政策引导的成长性行业(金宇超等,2018)。这些行业企业获得更多的融资机会，能够持续获得银行的信贷资源(张纯和潘亮,2012)，有助于缓解企业资源约束。同时，对于目标行业中的幼小企业，政府补贴是比较重要且直接的配置资源的手段(韩超等,2017)。政府补贴是政府对企业的无偿资金转移，直接增加企业资金拥有量，不仅成为企业总利润的来源，还能缓解其融资约束，增加再投资活动，具有促进新企业成长的作用(毛其淋和许家云,2016)。

　　管制性产业政策是在产业结构调整中对传统、落后产业限制淘汰或者转型升级的政策安排，其中比较典型是环境规制政策对高能耗、高污染行业的管制。环境管制政策对于企业效率的影响，长期以来存在新古典经济学和"波特假说"两种截然相反的观点(陈诗一,2010)。但对于新企业来说，环境管制政策会抑制受管控行业的新企业成长。中国经济从粗放型向集约型的战略转型，以及经济增长过程中对于绿色增长和可持续增长的日益重视，都导致对高能耗、高污染行业进行产业管制。一方面,通过制定环境污染标准和加强管理调控,对环境污染和能源消耗不达标的企业实施停产整改,对无力升级改造的落后企业进行关闭淘汰;另一方面,促进相关行业企业的技术升级和质量提升,通过目标行业中优质企业的做大做强,发挥污染治理的规模优势,通过规模经济降低能耗、提供效率。而对于受管控行业中的新企业来说,一方面可能面临技术升级改造的管制压力,另一方面可能面临行业中在位大企业的竞争压力,相对来说不易获得成长机会。

5.2.2 模型构建

引入异质性的实证模型主要有两种方法:一种是进行分样本的回归估计;一种是使用虚拟变量,通过加入虚拟变量的交互项来构建拓展模型。本节采用分样本的回归估计方法,主要原因是:限于本书的研究视野,尚无可供参考的测算指标可以对产业政策导向进行全面衡量;同时,鉴于产业政策是经济调控的实践,不同产业政策之间往往存在相互交叉、重叠,甚至是冲突的实际情况。因此,本节选择受政策影响比较明显的典型行业作为分析目标,选择战略新兴产业代表受产业政策引导的行业,选择高耗能、高污染产业作为受产业政策管制的行业,根据公式(4-1)对这两部分行业进行分样本回归估计。

战略新兴产业是典型的受产业政策引导的产业类型。虽然目前在学理研究方面,对于战略新兴产业还没有明确的统计分类标准,但已有研究提供了丰富的借鉴。宋凌云和王贤彬(2013)通过搜集中国内地30个省份的"九五""十五""十一五"规划,整理了其中的重点产业政策及相关行业分类,研究发现各省份倾向于按照国家五年规划的产业规划方向选择各省份的重点产业。周晶和何锦义(2011)根据《高技术产业统计分类目录》(2006),结合《国务院关于加快培育和发展战略性新兴产业的决定》和《国民经济和社会发展第十二个五年规划纲要》,对中国战略性新兴产业分类进行了整理,获得4个大类行业、23个种类行业和16个小类行业。刘艳等(2013)、黄海霞和张治河(2015)的研究也采用类似思路,整理了战略新兴产业依托产业(19类)和细分行业(48类)。本节参考了上述分类,选择其中战略新兴产业的大类行业作为受引导行业。

高耗能、高污染行业是典型的受产业政策管控的产业类型。既有的研究往往通过测算每个产业的能源消耗强度或者污染排放强度来进行分类（Becker 和 Henderson,2000）。聂普焱和黄利(2014)采用能源消耗量和工业增加值的比值测算能源消耗强度,根据各行业多年的能耗强度均值进行排序,将 33 个行业划分为高、中、低度能耗行业(各 11 个)。韩晶等(2014)采用改进的标准差标准化法和 AHP 法测算制造业各行业的污染物排放强度,根据各行业历年的污染物排放综合指数,将 28 个行业分为重度污染行业(10 个)、中度污染行业(9 个)、轻度污染行业(9 个)。本节参考了上述分类,选择其中主要的高能耗行业和重度污染行业作为受管制行业。同时,由于不同产业政策之间往往存在相互交叉、重叠,甚至是冲突的实际情况,这里进一步剔除受引导行业和受管制行业中出现重叠的行业。最终的行业分类如表 5-1 所示。

表 5-1　根据产业政策导向的行业分类

受引导行业		受管制行业	
代码	名称	代码	名称
27	医药制造业	6	煤炭开采和洗选业
35	通用设备制造业	7	石油和天然气开采业
36	专用设备制造业	8	黑色金属矿采选业
37	交通运输设备制造业	9	有色金属矿采选业
39	电气机械及器材制造业	10	非金属矿采选业
40	通信设备、计算机及其他电子设备制造业	11	其他采矿业
41	仪器仪表及文化、办公用机械制造业	25	石油加工、炼焦及核燃料加工业
43	废弃资源和废旧材料回收加工业	28	化学纤维制造业
46	水的生产和供应业	44	电力、热力的生产和供应业

5.2.3　实证结果与分析

本节根据表 5-1 的受引导行业和受管制行业,对公式(4-1)进行分样本的回归估计,以考察资源禀赋、制度环境对新企业成长影响中产业政策导向的行业异质性,回归结果如表 5-2 所示。模型(1)列和(2)列检验了在受引导行业样本中,人力资源和制度环境对新企业成长的影响,模型(1)列中加入了企业层面的控制变量,同时控制年份固定效应和地区固定效应,模型(2)列则进一步控制行业固定效应。模型(3)列和(4)列检验了在受管制行业样本中,人力资源和制度环境对新企业成长的影响,模型(3)列中加入企业层面的控制变量,同时控制年份固定效应和地区固定效应,模型(4)列则进一步控制行业固定效应。

表5-2 基于产业政策导向的异质性估计结果

变量	受引导行业 (1)	受引导行业 (2)	受管制行业 (3)	受管制行业 (4)
HR	0.082*** (20.53)	0.082*** (20.24)	0.055*** (6.79)	0.064*** (7.49)
IE	0.122*** (25.16)	0.121*** (25.09)	−0.033** (−2.62)	−0.032** (−2.52)
Age	−0.264*** (−37.39)	−0.264*** (−37.38)	−0.277*** (−17.40)	−0.276*** (−17.40)
Age×Age	0.020*** (32.20)	0.020*** (32.17)	0.023*** (15.68)	0.023*** (15.67)
Scale	−0.246*** (−40.76)	−0.248*** (−40.82)	−0.294*** (−25.28)	−0.310*** (−25.25)
Leverage	0.007*** (7.48)	0.007*** (7.31)	0.018*** (7.75)	0.017*** (7.77)
Finance	0.002* (1.71)	0.002* (1.73)	0.008* (1.86)	0.008* (1.90)
Clr	−0.000 (−1.27)	−0.000 (−1.13)	0.000*** (2.92)	0.000*** (2.98)
SO	−0.041*** (−4.37)	−0.034*** (−3.50)	0.121*** (7.40)	0.132*** (7.79)
年份效应	Yes	Yes	Yes	Yes
地区效应	Yes	Yes	Yes	Yes
行业效应	No	Yes	No	Yes
Constant	1.999*** (56.85)	1.892*** (58.08)	3.474*** (18.57)	3.515*** (19.40)
Observations	242 348	242 348	58 196	58 196
R^2	0.152	0.153	0.188	0.194

注:括号内数值是控制了聚类标准误的 t 值;*、**、*** 分别表示10%、5%、1%的显著性水平。

相关结果显示:受引导行业样本的回归结果与全样本基本一致,但受管制行业的回归结果出现了显著差异。从模型(1)列和(2)列中可以发现,人力资源、制度环境的估计系数符号和显著性水平都未发生实质改变。接下来具体以模型(2)列的完整估计结果为基础进行分析。模型(2)列的结果显示:在控制了其他影响因素后,变量 HR 系数为正且通过显著性检验(系数为 0.082,t 值为 20.24,在 1%水平上显著),变量 IE 系数为正且通过显著性检验(系数为 0.121,t 值为 25.09,在 1%水平上显著);同时,变量 HR 和 IE 的估计系数又存在一定程度的增大。这说明在受引导行业中,人力资源和制度环境总体改善对新企业成长率均具有正向影响;同时,两者的作用强度比全样本有所提高。

从模型(3)列和(4)列中可以发现,人力资源、制度环境的估计系数符号和显著性水平都未发生实质改变。接下来具体以模型(4)列的完整估计结果为基础进行分析。模型(4)列的结果显示:在控制了其他影响因素后,变量 HR 系数为正且通过显著性检验(系数为 0.064,t 值为 7.49,在 1%水平上显著),但变量 IE 系数为负且通过显著性检验(系数为-0.032,t 值为 2.52,在 1%水平上显著)。这说明在受管制行业中出现了与全样本存在差异的结果:人力资源对新企业成长率仍然具有正向影响,但制度环境总体改善则对新企业成长率具有负向影响。这意味着,与全样本和受引导行业相比而言,在受管制行业中,制度环境的总体改善反而抑制了新企业的成长。

出现这一结果的主要原因是:资源禀赋对新企业的作用是既有资源的耗用,制度环境对新企业的影响主要在既有资源的使用效率和后续资源的获取难易,而产业政策导向影响对新企业的资源配置,其差异主要通过制度环境来体现。引导性政策为目标行业企业提供资源倾斜,管制性政策降低了目标行业企业的资源可得性。制度环境的改善有助于发挥政策的实施效果,从而强化了两种不同政策倾向的作用效果。对于受引导行业来说,特别是战略新兴产业,促进产业政策在有效的制度环境下,提供了优惠政策待遇,降低了资源获取成本,有助于推动这些产业企业快速发展,从而促进这些产业新企业的成长。而对于受管制行业而言,特别是高耗能高污染行业,环境管制政策在有效的制度环境下,增加了这些行业企业的经营成本,从而抑制了这些行业新企业的规模扩张。

综上所述,根据产业政策导向的行业分样本回归结果表明,资源禀赋、制度环境对受引导行业新企业成长的作用与对受管制行业新企业成长的作用呈现异质性。产业政策导向的异质性作用主要体现在制度环境总体改善更有利于受引导行业新企业的成长,对受管制行业新企业反而有抑制作用;同时,资源禀赋的作用仍然显著。

5.3 产业竞争强度对新企业成长的影响

产业结构决定了市场的价格形成方式,反映了市场中企业主体之间的交易关系、竞争关系、合作关系。这种力量对比态势,对于新企业成长尤为重要。产业经济学将产业竞争强度作为影响市场结构的首要因素,本节分析不同产业竞争强度下资源禀赋和制度环境在新企业成长过程中的异质性作用。

5.3.1 影响机制

本节所研究的产业竞争主要指卖方市场竞争,强调在新企业进入市场后产业竞争强度对其的影响。竞争是市场经济的基本特征。在市场经济条件下,经济利益是企业行为的根本动力。企业为了获得更低成本的生产资源、更优越的产销条件、更广阔的市场机会,而相互竞争。同时,通过市场竞争实现企业的优胜劣汰,进而优化生产资源的配置。

高强度的市场竞争会降低新企业既有资源的收益率。当市场存在大量卖者、每个产商的产品异质性较低、资源流动性较强、市场信息比较透明的时候,市场竞争强度较强。在这种情况下,任何一个企业没有足够的力量左右整个市场的供给和需求,必须通过实施各种战略安排与其他竞争者争夺市场份额、保留客户。进行价格竞争、实施低成本的战略,企业产品价格就会趋于生产成本,利润降低;实施差异化的战略,则需要准确区分顾客口味、有效进行差异化的产品设计,就会增加产品设计、生产、管理、销售的费用;实施细分市场的战略,则增加了市场调研、产品定位、精准营销的难度和费用。同时,广告投放和研发创新等非价格竞争的手段,会挤占企业日常经营的费用,过度包装甚至被视为资源浪费。而对于新企业来说,本身受到资源不足的困扰,高强度的市场竞争对其成长不利。

高强度的市场竞争能够提高新企业获取资源的机会。当市场仅有少数卖者、每个产商的产品差异化较大、其他厂商不易进入的时候,市场竞争强度较低而垄断性较高。垄断性较高的行业,垄断厂商容易操纵或控制市场价格,获得超额利润,从而持续地获取后续资源,进一步巩固其垄断势力。同时,竞争强度较低的市场中,企业数量较少,容易出现合谋行为和寻租行为。这些行为都固化了市场资源的流向,如此循环的话,垄断行业的市场资源容易被垄断厂商所把持,不仅不利于新企业参与市场竞争,更不利于资源的有效分配。而竞争强度高的市场,商业信息公开透明,提供了公平的竞争机会,参与者市场地位平等,如果新企业效率的提升就能赢得竞争优势,从而获得利润来源,因而高强度的市场竞争有助于增加新企业获取资源的机会。

5.3.2 模型构建

本节使用产业集中度来衡量产业竞争强度。对于集中度的测算,需要确定市场范围的选择、具体的规模变量、测算集中度的统计方法(杨公仆和夏大慰,2005)。因而,产业集中度的测算存在多种衡量指标。绝对集中度指标通常使用在规模上处于前几位企业的生产、销售、资产或员工的累积数额占整个市场总量的比值来表示。该方法测定方法简单容易,但难以反映产业内全部企业的整理规模分布情况。相对集中指标中常用的是洛伦茨曲线和基尼系数,但基尼系数的数值并不能唯一代表市场中企业的规模分布情况。鉴于本书研究领域,赫芬达尔-赫希曼指数(HHI)是反映市场集中度的综合指标且被广泛使用。

本章借鉴 Haushalter 等(2007)、韩忠雪和周婷婷(2011)的研究,测算赫芬达尔-赫希曼指数(HHI)来衡量行业间的竞争强度。HHI_{ij}指数由企业i在行业j中所占市场比例的平方和计算而来。HHI 指数越大,表明该产业市场竞争程度越低,垄断程度越高。具体计算公式如下:

$$HHI_{ij} = \sum (S_{ij} / \sum S_j)^2 \qquad (5-1)$$

其中,S_{ij}为行业j中企业i的销售收入,$\sum S_j$为行业j中全部国有及规模以上非国有企业的销售收入。

根据行业两位代码,本章使用 HHI 指数测算了 39 个行业的竞争强度。在此基础上,根据二分位数,进一步将这些行业分成两个类型:第一类代表高竞争强度的行业;第二类代表低竞争强度的行业。具体行业分类如表 5-3 所示。

表 5-3　根据产业竞争强度的行业分类

高竞争强度行业				低竞争强度行业			
代码	名称	代码	名称	代码	名称	代码	名称
10	非金属矿采选业	24	文教体育用品制造业	6	煤炭开采和洗选业	32	黑色金属冶炼及加工业
13	农副食品加工业	26	化学原料及其制品制造业	7	石油和天然气开采业	33	有色金属冶炼及加工业
14	食品制造业	27	医药制造业	8	黑色金属矿采选业	37	交通运输设备制造业
17	纺织业	30	塑料制品业	9	有色金属矿采选业	39	电气机械及器材制造业
18	纺织服装、鞋、帽制造业	31	非金属矿物制品业	11	其他采矿业	41	仪器仪表等机械制造业
19	皮革、羽毛（绒）制品业	34	金属制品业	15	饮料制造业	42	工艺品及其他制造业
20	木材加工及制品业	35	通用设备制造业	16	烟草制品业	44	电力、热力生产和供应
21	家具制造业	36	专用设备制造业	25	石油加工、核燃料加工业	45	燃气生产和供应业
22	造纸及纸制品业	40	电子设备制造业	28	化学纤维制造业	46	水的生产和供应业
23	印刷业和记录媒介复制	43	废弃资源和废旧材料回收	29	橡胶制品业		

引入异质性的实证模型主要有两种方法：一种是进行分样本的回归估计；一种是使用虚拟变量，通过加入虚拟变量的交互项来构建拓展模型。两者的差异在于：分样本回归可以说明解释变量在不同的样本组之间存在差异，但不能比较作用强度的大小；而引入虚拟变量交互项的拓展模型后，在同一个模型里面符合比较的前提，可以分析异质性影响的作用强度。因此，本节选择使用加入虚拟变量交互项的方法拓展模型。在第四章公式(4-1)的基础上，根据表 5-3 的行业分类，可以设定两个虚拟变量 I_{HHI}^{rank-1} 和 I_{HHI}^{rank-2}，代表高竞争强度的行业和低竞争强度的行业；使用这两个虚拟变量，分别与资源禀赋和制度环境的变量构成交互项，从而可以分别考察资源禀赋和制度环境在产业异质性下的作用差异。相关模型如公式(5-2)所示：

$$GS_{it} = \alpha_0 + \sum \lambda_k R_{it-1} \times I_{HHI}^{rank-k} + \sum \gamma_k IE_{it-1} \times I_{HHI}^{rank-k} + \beta X_{it} + \nu_j + \nu_k + \nu_g + \varepsilon_{it}$$

(5-2)

5.3.3 实证结果与分析

根据公式(5-2),考察不同产业竞争情况下资源禀赋和制度环境对新企业成长影响的回归结果如表5-4所示。从模型(1)列至(4)列中,可以发现人力资源和产业类型(基于产业竞争强度)的交互项 $HR \times I_{HHI}^{rank-k}$、市场化指数和产业类型(基于产业竞争强度)的交互项 $IE \times I_{HHI}^{rank-k}$ 的估计系数符号和显著性水平没有发生实质性变化,说明估计结果是稳健的;同时,交互项 $HR \times I_{HHI}^{rank-k}$ 系数均为正且通过显著性检验,交互项 $IE \times I_{HHI}^{rank-k}$ 均为正且通过显著性检验,说明丰裕的企业资源禀赋和制度环境的总体改善均能促进新企业的成长,与上文结论保持一致。

表5-4 基于产业竞争强度的异质性估计结果

变量	(1)	(2)	(3)	(4)
$HR \times I_{HHI}^{rank-1}$	0.045*** (24.70)	0.054*** (29.40)	0.056*** (30.14)	0.069*** (34.27)
$HR \times I_{HHI}^{rank-2}$	0.065*** (29.44)	0.071*** (31.32)	0.072*** (31.72)	0.080*** (30.70)
$IE \times I_{HHI}^{rank-1}$	0.012*** (30.68)	0.054*** (67.08)	0.093*** (30.30)	0.092*** (30.51)
$IE \times I_{HHI}^{rank-2}$	0.010*** (8.82)	0.048*** (37.13)	0.087*** (27.13)	0.088*** (27.37)
Age	−0.292*** (−81.69)	−0.279*** (−78.87)	−0.279*** (−79.13)	−0.277*** (−78.81)
Age×Age	0.022*** (70.21)	0.021*** (67.83)	0.022*** (68.96)	0.022*** (68.69)
Scale	−0.234*** (−78.31)	−0.248*** (−81.63)	−0.247*** (−81.44)	−0.261*** (−82.23)
Leverage	0.002*** (5.58)	0.001*** (2.74)	0.009*** (4.61)	0.009*** (4.59)
Finance	0.001*** (3.71)	0.001*** (3.75)	0.001*** (3.79)	0.001*** (3.89)

续 表

变量	(1)	(2)	(3)	(4)
Clr	0.000** (2.46)	0.000* (1.88)	0.000** (2.02)	0.000** (2.36)
SO	−0.029*** (−5.10)	−0.030*** (−5.25)	−0.031*** (−5.51)	−0.037*** (−6.51)
地区效应	No	Yes	Yes	Yes
年份效应	No	No	Yes	Yes
行业效应	No	No	No	Yes
Constant	2.963*** (108.05)	2.586*** (97.28)	2.078*** (46.63)	2.161*** (47.13)
Observations	908 777	908 777	908 777	908 777
R^2	0.127	0.148	0.152	0.156

注:括号内数值是控制了聚类标准误的 t 值;*、**、*** 分别表示 10%、5%、1% 的显著性水平。

1. 不同产业竞争情况下资源禀赋的作用差异

这里我们着重比较交互项 $HR \times I_{HHI}^{rank-k}$ 的系数 λ,来考察不同产业竞争情况下资源禀赋对新企业成长影响的作用差异。在模型(1)列中,变量 $HR \times I_{HHI}^{rank-1}$ 系数为 0.045,变量 $HR \times I_{HHI}^{rank-2}$ 系数为 0.065,后者是前者的 1.44 倍;在模型(2)列中,变量 $HR \times I_{HHI}^{rank-1}$ 系数为 0.054,变量 $HR \times I_{HHI}^{rank-2}$ 系数为0.071,后者是前者的1.31倍;在模型(3)列中,变量 $HR \times I_{HHI}^{rank-1}$ 系数为0.056,变量 $HR \times I_{HHI}^{rank-2}$ 系数为 0.072,后者是前者的 1.29 倍;在模型(4)列中,变量 $HR \times I_{HHI}^{rank-1}$ 系数为 0.069,变量 $HR \times I_{HHI}^{rank-2}$ 系数为 0.080,后者是前者的 1.16 倍。从模型(1)至(4)列每列两个交互项的系数比较中可以看出,和高竞争强度行业相比,在低竞争强度行业中,人力资源对新企业成长的影响强度高 16%~44%。这说明行业竞争强度越低,资源禀赋对新企业成长的促进作用越强。

出现这一结果的主要原因是:本节分析的基础是以进入市场为前提,而不是考虑竞争强弱造成的进入壁垒。资源禀赋对新企业的作用体现在新企业成长过程中对既有资源的耗用,而在竞争强度低的行业中,垄断势力相对影响较大,可以进行垄断定价,新企业进入这类行业后可以获得较高的投资回报,促进其后续扩张。如果从两个极端情况来看：在完全竞争市场中，众多企业的激烈竞争和每个企业的利润最大化目标，使得生产以最优的效率进行，即以最低的成本获得最大的产量；在垄断市场中，独家企业控制了生产某种产品的全部资源或基本资源的供给，因为排他性进而能够控制和操纵市场价格，使得产品价格高于边际成本。因此，高竞争强度的市场内，企业的产品价格趋于生产的最低价格，利润较薄，资源的回报率较低；而竞争强度低的市场内，企业可以进行一定程度的垄断定价，进而获得超额利润，资源的回报率较高。新企业受到资源约束的困扰，迫切需要内外资源进行规模扩张，如果能够顺利进入竞争强度低的垄断行业的话，后续可以获得超额的利润和较高的资源回报，有助于其快速成长。

2. 不同产业竞争情况下制度环境的作用差异

这里我们着重比较交互项 $IE \times I_{HHI}^{rank-k}$ 的系数 γ，来考察不同产业竞争情况下制度环境对新企业成长影响的作用差异。在模型(1)列中，变量 $IE \times I_{HHI}^{rank-1}$ 系数为 0.012，变量 $IE \times I_{HHI}^{rank-2}$ 系数为 0.010，前者是后者的 1.20 倍；在模型(2)列中，变量 $IE \times I_{HHI}^{rank-1}$ 系数为 0.054，变量 $IE \times I_{HHI}^{rank-2}$ 系数为 0.048，前者是后者的 1.13 倍；在模型(3)列中，变量 $IE \times I_{HHI}^{rank-1}$ 系数为 0.093，变量 $IE \times I_{HHI}^{rank-2}$ 系数为 0.087，前者略大于后者；在模型(4)列中，变量 $IE \times I_{HHI}^{rank-1}$ 系数为 0.092，变量 $IE \times I_{HHI}^{rank-2}$ 系数为 0.088，两者比较接近，前者略大于后者。从模型(1)至(4)列每列两个交互项的系数比较中可以看出，和低竞争强度行业相比，在高竞争强度行业中，制度环境对新企业成长的影响强度略有增强。虽然差异不大，但这能够说明行业竞争强度越高，制度环境对新企业成长的促进作用越强。

出现这一结果的主要原因是：制度环境对新企业的外部作用是后续资源的获取，而在竞争强度较高的行业中，制度环境资源配置效率更高，能够更显著地改善新企业获取后续资源的机会。产业竞争情况体现了企业与市场的互动关系：在完全竞争市场中，企业众多，竞争激烈，单个企业对于市场没有影响力，是市场价格的接受者；而在垄断市场中，独家企业享受垄断势力，从而可能存在寻租活动，信息透明度也可能比较低。因此，产业竞争程度不同，企业与市场关系之间就存在差异，进而影响市场机制的作用，也对制度环境的作用产生差异。高竞争强度的行业内，市场机制更为完善，市场力量相对较强，信息透明度高,信息传播、扩散更顺畅,良好的制度环境更有助于改善企业经营状态,发挥对新企业成长的促进作用。

综上所述,引入产业竞争强度回归结果表明,资源禀赋、制度环境对高竞争强度行业新企业成长的作用与对低竞争强度新企业成长的作用呈现异质性。行业竞争强度越低,资源禀赋对新企业成长的促进作用越强;同时,行业竞争强度越高,制度环境对新企业成长的促进作用越强。

5.4 产业规模壁垒对新企业成长的影响

进入壁垒是市场结构中与市场集中度并列的一个主要因素(杨公仆和夏大慰,2005)。获取规模经济是企业扩张的动力,产业规模经济的情况也是形成进入壁垒的重要原因。本节从最小有效规模的角度,分析不同产业规模壁垒下资源禀赋和制度环境在新企业成长过程中的异质性作用。

5.4.1 影响机制

本节侧重于不同产业之间最小有效规模的差异所引起的不同产业企业实现规模经济的难易不同,进而对市场内企业(特别是新企业)成长的影响。成长是新企业避免失败的主要途径,不同产业的最小有效规模不同,企业降低成本的难易不同,进而对于规模扩张的资源依赖和资源需求不同。

规模经济是指通过扩大生产规模而引起成本降低、利润上升的现象,表现出:随着产量的增加,长期平均总成本下降的特性。但这不是说生产规模越大越好,规模经济追求的是能获取最佳经济效益的最低生产规模,即最小有效规模(MES)。最小有效规模指企业在最小成本基础上经营企业的规模。任何企业正常经营都存在一个固定的运营成本,只有通过产量的扩张,才能把这部分固定成本分摊到每个单位产品上。如图5-1所示,随着产量的增加(AB段),企业平均成本下降($OE<OD$);当产量到达最小有效规模时候(B点),企业平均成本最低(OD),并在一定区间保持最佳经济效益(BC段);但随着产量进一步增长,当产量超过一定的规模(C点),边际成本上升,引发规模不经济现象。企业规模扩张的目的是尽快达到最小有效规模,并尽量保持在这个水平上。最小有效规模的大小,影响到企业获取规模经济的难易程度。

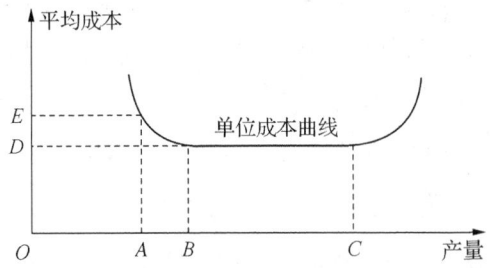

图 5-1 产业长期成本曲线
资料来源：作者参考杨公朴和夏大慰（2005）绘制。

高规模壁垒的行业中，新企业成长对资源禀赋的依赖更显著。相对于新企业来说，市场在位企业往往已经经历过了规模调整，在规模经济适宜范围内经营；而新企业初入市场，一方面要进行各种初始投资，摸索经营管理模式，另一方面要争夺市场份额，尽快获取规模经济效益。在低规模壁垒的行业中，企业获得最低成本的最小有效规模相对较小，新企业可能通过较短的时间，就能达到最低生产成本的规模区间。而在高规模壁垒的行业中，最小有效规模相对较大，新企业规模扩张的需求更迫切。新企业资源不足的现实和规模扩张的迫切需求，促使其想方设法提高资源的使用效率。资源禀赋是新企业既有的资源存量，也是其规模扩张的基础，同时，资源拼凑是新企业凑合使用手头资源来把握新机遇、解决新问题、突破资源约束的创新性行为（Desa 和 Basu，2013）。因而，在高规模壁垒行业中，规模经济对于新企业意义重大，新企业成长过程可能更依赖于资源禀赋。

5.4.2 模型构建

产业规模壁垒是由于厂商经营过程中规模经济性带来的进入壁垒。规模经济壁垒的高低取决于：最小有效规模、市场容量、成本曲线斜率（产量小于最小有效规模的区间）。既有研究主要使用最小有效规模来考察产业规模壁垒的情况。对于最小有效规模的测算存在多种方法："适者生存"方法、会计方法、工程方法等。植草益（1995）认为当行业内持续经营企业都已达到或接近最优规模时，可以将平均规模作为最小有效规模的估计值。

本节借鉴 Stigler（1958）的"适者生存"方法，根据行业两位代码，测算了 39

个行业间的最小有效规模。具体步骤如下:首先,将各产业划分为若干个规模档次(本节分成20个规模档次);然后,计算各年份各产业各规模档次中企业工业总产值占全产业的比重,V_{ijt}表示第t年产业i中第j个规模档次中的企业工业总产值占产业i中所有企业工业总产值总数的比重;最后,计算各产业各规模档次的上述比重在不同年份之间的增长率,即$RV_{ij}=V_{ijt}/V_{ij0}$,其中V_{ij0}代表产业i中第j个规模档次企业的基期比重。增长率最高的规模档次就对应了这个产业的最小有效规模。在此基础上,根据二分位数,进一步将这些行业分成两个类型:第一类为高壁垒行业,选择企业最小有效规模较大的行业;第二类为低壁垒行业,选择企业最小有效规模较小的行业。具体行业分类如表5-5所示。

表5-5 根据产业规模经济的行业分类

\multicolumn{4}{c	}{高壁垒行业}	\multicolumn{4}{c}{低壁垒行业}
代码	名称	代码	名称	代码	名称	代码	名称
6	煤炭开采和洗选业	28	化学纤维制造业	13	农副食品加工业	24	文教体育用品制造业
7	石油和天然气开采业	32	黑色金属冶炼及加工业	14	食品制造业	29	橡胶制品业
8	黑色金属矿采选业	33	有色金属冶炼及加工业	15	饮料制造业	30	塑料制品业
9	有色金属矿采选业	36	专用设备制造业	17	纺织业	31	非金属矿物制品业
10	非金属矿采选业	37	交通运输设备制造业	18	纺织服装、鞋、帽制造业	34	金属制品业
11	其他采矿业	39	电气机械及器材制造业	19	皮革、羽毛(绒)制品业	35	通用设备制造业
16	烟草制品业	40	电子设备制造业	20	木材加工及制品业	42	工艺品及其他制造业
25	石油加工、核燃料加工业	41	仪器仪表等机械制造业	21	家具制造业	43	废弃资源和废旧材料回收
26	化学原料及化学制品制造业	44	电力、热力生产和供应	22	造纸及纸制品业	46	水的生产和供应业
27	医药制造业	45	燃气生产和供应业	23	印刷业和记录媒介复制		

本节采用类似上一节的模型构建方式,选择使用加入虚拟变量交互项的

方法拓展模型。在第四章公式(4-1)的基础上,根据表5-5的行业分类,可以设定两个虚拟变量 I_{MES}^{rank-1} 和 I_{MES}^{rank-2},代表高规模壁垒的行业和低规模壁垒的行业;使用这两个虚拟变量,分别与资源禀赋和制度环境的变量构成交互项,从而可以分别考察资源禀赋和制度环境在产业异质性下的作用差异。相关模型如公式(5-3)所示:

$$GS_{it} = \alpha_0 + \sum \lambda_k R_{it-1} \times I_{MES}^{rank-k} + \sum \gamma_k IE_{it-1} \times I_{MES}^{rank-k} + \beta X_{it} + \nu_j + \nu_k + \nu_g + \varepsilon_{it}$$
(5-3)

5.4.3 实证结果与分析

根据公式(5-3),考察不同产业规模壁垒下资源禀赋和制度环境对新企业成长影响的回归结果如表5-6所示。从模型(1)至(4)列中可以发现,人力资源和产业类型(基于规模壁垒情况)的交互项 $HR \times I_{MES}^{rank-k}$、市场化指数和产业类型(基于规模壁垒情况)的交互项 $IE \times I_{MES}^{rank-k}$ 的估计系数符号和显著性水平没有发生实质性变化,说明估计结果是稳健的;同时,交互项 $HR \times I_{MES}^{rank-k}$ 系数均为正且通过显著性检验,交互项 $IE \times I_{MES}^{rank-k}$ 均为正且通过显著性检验,说明丰裕的企业资源禀赋和制度环境的总体改善均能促进新企业的成长,与上文结论保持一致。

表5-6 基于产业规模壁垒的异质性估计结果

变量	(1)	(2)	(3)	(4)
$HR \times I_{MES}^{rank-1}$	0.064*** (31.13)	0.073*** (34.64)	0.074*** (35.09)	0.079*** (34.24)
$HR \times I_{MES}^{rank-2}$	0.047*** (25.24)	0.054*** (28.72)	0.056*** (29.47)	0.066*** (31.21)
$IE \times I_{MES}^{rank-1}$	0.016*** (19.46)	0.051*** (46.65)	0.089*** (27.91)	0.088*** (28.32)
$IE \times I_{MES}^{rank-2}$	0.019*** (28.14)	0.056*** (64.70)	0.093*** (30.14)	0.093*** (30.61)
Age	−0.292*** (−81.66)	−0.278*** (−78.84)	−0.279*** (−79.12)	−0.277*** (−78.76)
Age×Age	0.022*** (70.06)	0.021*** (67.69)	0.022*** (68.83)	0.022*** (68.66)

续　表

变量	(1)	(2)	(3)	(4)
Scale	−0.240*** (−78.99)	−0.253*** (−82.24)	−0.252*** (−82.03)	−0.261*** (−82.33)
Leverage	0.002*** (5.21)	0.001*** (2.69)	0.001*** (4.55)	0.001*** (4.57)
Finance	0.001*** (3.76)	0.001*** (3.81)	0.001*** (3.84)	0.001*** (3.88)
Clr	0.000 (1.46)	0.000 (1.62)	0.000** (2.01)	0.000* (1.87)
SO	−0.033*** (−5.81)	−0.034*** (−5.96)	−0.035*** (−6.20)	−0.038*** (−6.61)
地区效应	No	Yes	Yes	Yes
年份效应	No	No	Yes	Yes
行业效应	No	No	No	Yes
Constant	2.554*** (113.26)	2.394*** (108.48)	1.108*** (28.29)	1.203*** (30.10)
Observations	908 746	908 746	908 746	908 746
R^2	0.128	0.150	0.153	0.156

注:括号内数值是控制了聚类标准误的 t 值;*、**、***分别表示10%、5%、1%的显著性水平。

1. 不同产业规模壁垒下资源禀赋的作用差异

这里我们着重比较交互项 $HR \times I_{MES}^{rank-k}$ 的系数 λ,来考察不同产业规模壁垒情况下资源禀赋对新企业成长影响的作用差异。在模型(1)列中,变量 $HR \times I_{MES}^{rank-1}$ 系数为0.064,变量 $HR \times I_{MES}^{rank-2}$ 系数为0.047,前者是后者的1.36倍;在模型(2)列中,变量 $HR \times I_{MES}^{rank-1}$ 系数为0.073,变量 $HR \times I_{MES}^{rank-2}$ 系数为0.054,前者是后者的1.35倍;在模型(3)列中,变量 $HR \times I_{MES}^{rank-1}$ 系数为0.074,变量 $HR \times I_{MES}^{rank-2}$ 系数为0.056,前者是后者的1.32倍;在模型(4)列中,变量 $HR \times I_{MES}^{rank-1}$ 系数为0.079,变量 $HR \times I_{MES}^{rank-2}$ 系数为0.066,前者是后者的1.20倍。从模型(1)至(4)列每列两个交互项的系数比较中可以看出,与低壁垒的产业相比,在高壁垒的产业中,人力资源对新企业成长的影响强度高20%~36%。这说明在高壁垒(最小有效规模较大)产业中,新企业成长对资源禀赋的依赖程度更为显著。

出现这一结果的主要原因是：企业扩张的一个重要目的是获得规模经济，企业的成长过程迫切需要获取内外资源，尽可能将其规模提高到最小有效规模以上，以此降低生产成本、提高资源使用效率。最小有效规模是企业获得最低生产成本的最小生产规模，反映了实现规模经济的难易程度。新企业深受资源约束的困难，实现规模经济的难易程度进而影响新企业对资源禀赋的依赖程度和使用方式。在低壁垒的行业中，最小有效规模比较小，新企业规模扩张到最低成本所需产量相对容易；而在高壁垒的行业中，最小有效规模比较大，实现规模经济存在难度，新企业需要想方设法发挥既有资源的价值，通过资源拼凑等形式挖掘资源禀赋的内在潜力和创新用途，因而在实现成本节约过程中对资源禀赋依赖作用相对较强。

2. 不同产业规模壁垒下制度环境的作用差异

这里我们着重比较交互项 $IE \times I_{MES}^{rank-k}$ 的系数 γ，来考察不同产业规模壁垒情况下制度环境对新企业成长影响的作用差异。在模型（1）列中，变量 $IE \times I_{MES}^{rank-1}$ 系数为 0.016，变量 $IE \times I_{MES}^{rank-2}$ 系数为 0.019，后者是前者的 1.19 倍，但绝对值上相差不大；在模型（2）列中，变量 $IE \times I_{MES}^{rank-1}$ 系数为 0.051，变量 $IE \times I_{MES}^{rank-2}$ 系数为 0.056，后者是前者的 1.10 倍，后者略大于前者；在模型（3）列中，变量 $IE \times I_{MES}^{rank-1}$ 系数为 0.056，变量 $IE \times I_{MES}^{rank-2}$ 系数为 0.089，后者是前者的1.57倍；在模型（4）列中，变量 $IE \times I_{MES}^{rank-1}$ 系数为 0.088，变量 $IE \times I_{MES}^{rank-2}$ 系数为 0.093，两者比较接近，后者略大于前者。从模型（1）至（4）列每列两个交互项的系数比较中可以看出，与高规模壁垒行业相比，在低规模壁垒行业中，制度环境对新企业成长的影响强度略有增强。这说明低规模壁垒行业中，制度环境对新企业成长的促进作用更为显著。

出现这一结果的主要原因是：制度环境对新企业的外部作用是后续资源的获取，进入壁垒较低的行业中，制度环境资源配置效率更高，能够更显著地改善新企业获取后续资源的机会。进入壁垒是影响产业结构的一个重要方面：高壁垒的行业内企业数量相对较少，可能存在寻租活动，信息透明度也可能比较低；而低壁垒的行业，企业进入相对容易，竞争也较激烈，信息较为透明。因此，进入壁垒的高低可能影响市场机制的作用，也对制度环境的作用产生差异。低壁垒的行业内，市场力量相对较强，信息传播、扩散更顺畅，良好的制度环境更有助于改善企业经营状态,发挥对新企业成长的促进作用。

综上所述,引入产业规模壁垒回归结果表明,资源禀赋、制度环境对高规模壁垒行业新企业成长的作用与对低规模壁垒行业新企业成长的作用呈现异质性。行业规模壁垒越高,新企业成长对资源禀赋的依赖性越强;同时,行业规模壁垒越低,制度环境对新企业成长的促进作用越强。

5.5 本章小结

本章在资源禀赋、制度环境对新企业成长影响的实证研究中,进一步引入对产业特征异质性的考察。从产业政策导向、产业竞争强度和产业规模壁垒三个角度考察产业特征情况,根据产业政策导向选择了受引导行业和受管制行业,使用赫芬达尔-赫希曼指数(HHI)测算了产业竞争强度,根据行业最小有效规模衡量了产业规模壁垒;根据不同的产业分类,估计不同产业特征下的回归结果,进而实证分析不同产业特征下资源禀赋和制度环境在新企业成长过程中的差异化作用,为助力新企业成长提供更为细致充分的现实依据。

主要研究结论包括:

(1)考虑产业政策导向的情况下,资源禀赋、制度环境对受引导行业新企业成长的作用与对受管制行业新企业成长的作用呈现异质性。产业政策导向的异质性作用主要体现在制度环境总体改善更有利于受引导行业新企业的成长,对受管制行业新企业反而有抑制作用;同时,资源禀赋的作用仍然显著。这说明,产业政策导向影响对新企业的资源配置,其差异主要通过制度环境来体现。引导性政策为目标行业企业提供资源倾斜,管制性政策降低了目标行业企业的资源可得性。

(2)考虑产业竞争强度的情况下,资源禀赋、制度环境对高竞争强度行业新企业成长的作用与对低竞争强度新企业成长的作用呈现异质性。行业竞争强度越低,资源禀赋对新企业成长的促进作用越强;同时,行业竞争强度越高,制度环境对新企业成长的促进作用越强。这说明,资源禀赋对新企业的作用体现在新企业成长过程中对既有资源的耗用,而在竞争强度低的行业中可以进行垄断定价,新企业进入这类行业后可以获得较高的资源回报,促进其后续扩张;制度环境对新企业的外部作用是后续资源的获取,而在竞争强度较高的行业中,制度环境资源配置效率更高,能够更显著地改善新企业获取后续资源的机会。

(3)考虑产业规模壁垒的情况下,资源禀赋、制度环境对高规模壁垒行业新企业成长的作用与对低规模壁垒行业新企业成长的作用呈现异质性。行业规模壁垒越高,新企业成长对资源禀赋的依赖性越强;同时,行业规模壁垒越低,制度环境对新企业成长的促进作用越强。这说明,实现规模经济的难易程度影响新企业对资源禀赋的依赖程度和使用方式,在高壁垒的行业中,规模经济的实现存在难度,新企业因而对资源禀赋依赖作用相对较强;制度环境对新企业的外部作用是后续资源的获取,进入壁垒较低的行业中,制度环境资源配置效率更高,能够更显著地改善新企业获取后续资源的机会。

第六章 增量制度对新企业成长影响的实证研究

增量制度建设是当改革阻力较大时,在"存量"暂时不变的情况下,"增量"部分实现的制度创新。本章主要从中国渐进式改革过程中增量制度的视角,进一步补充制度环境对新企业成长的影响研究。本章借助开发区设立这一准自然实验,对增量制度与新企业成长的关系进行因果识别。实证分析中,在基准回归结果的基础上,又考察了开发区级别和要素密集度两个方面的异质性,并使用中介效应模型对影响机制进行检验,进而从增量制度的角度,丰富和补充新企业成长外部环境的研究成果。

6.1 研究问题的提出

改革开放后,随着中国经济的高速增长和工业化的不断深入,各类开发区纷纷兴起,遍及全国。开发区是中国渐进式改革实践中重要的增量制度安排,设立开发区成为各级政府拉动地方经济增长、促进要素区域集聚的重要战略举措。开发区的优惠政策和制度安排吸引了大量的商业投资,创造了大量的劳动就业;循环累积的集聚效应提高了区域经济的生产效率,增加了地区创新活动的产出(Lu等,2015)。然而,一个至关重要的问题却语焉不详:开发区设立是否对微观企业特别是新企业,也产生了重要影响?开发区的设立是否促进了中国企业做大做强?企业进入开发区仅仅是为了获取"政策租金",还是通过集聚效应促进了成长?鲜有研究从微观企业层面对开发区与新企业成长的因果关系进行识别,并对其作用机制进行直接检验。

开发区设立的经济效果日益受到学理研究领域和政策实践领域的重视,大量文献从不同角度、不同层面进行分析和评估(郑江淮等,2008;韩亚欣等,2015;刘瑞明和赵仁杰,2015;李力行和申广军,2015),倾向于认为开发区设立具有正向的经济效果(Wang,2013;Alder 等,2016)。但既有的研究更多地使用宏观数据、基于区域影响的视角,企业层面的微观影响和机制研究尚不够充分。同时,企业成长理论将内部因素看成企业成长与竞争优势的源泉(Penrose,1959),相关研究往往考察企业战略选择、治理结构、管理者特征等因素(Heirman 和 Clarysse,2004;Delmar 和 Shane,2006)。实际上,企业成长不仅依赖于内在因素,还受外部环境条件的影响。对处于转轨阶段的中国经济而言,影响企业成长的因素更为复杂,特别是各种体制性因素对企业成长的影响尤为明显(杜传忠和郭树龙,2012)。以开发区设立为典型的区域制度增量安排既是经济发展的一般现象,也是中国特色的制度表现。研究开发区对新企业成长的作用机制,是对制度环境与新企业成长关系的有益补充。

本章在上述的研究基础上,尝试在以下方面做出贡献:第一,在研究视角上,基于中国"渐进式"改革的实践,从增量制度建设的视角深化制度环境对新企业成长的影响研究;基于中国开发区设立的同时相当数量的企业成为开发区企业这一典型事实,系统评估开发区设立对新企业成长的微观效果。第二,在实证方法上,产业集聚与企业成长存在明显的双向因果联系,本章尝试将开发区设立作为准自然实验,更严谨地分析开发区对新企业成长影响的传导机制;为了缓解样本选择性问题给实证分析可能带来的影响,首先使用倾向得分匹配(Propensity Score Matching,PSM)方法为开发区内企业寻找合适的对照组,在匹配之后使用"渐进式"双重差分(Difference-in-Differences,DID)方法,尽可能获得更可靠的估计结果。第三,本章不仅分析了开发区设立对新企业规模变化的平均影响效应,而且更细致地考察了开发区等级和行业要素密集度的异质性影响,并通过引入中介效应模型对影响机制进行检验,从而深化对开发区设立在新企业成长影响方面的解读。

6.2 增量制度建设和开发区发展的经验事实

6.2.1 中国改革过程的增量制度建设

中国改革开放的成绩斐然,关键在于结合时代背景和特殊国情,在实践中走出了一条与其他经济转型国家截然不同的改革开放道路。中国改革是以渐进式为主的改革道路;在实践顺序上体现为先易后难的特点,从改革阻力和成本最小的领域入手;在改革步骤上表现为由点到面、从局部到整体的循序渐进过程;在改革措施推进上表现为先试点后推广,在不断探索中确立改革目标。中国改革通过体制外改革和体制内改革相互结合,以体制外创新"倒逼"体制内改革,最终实现体制内改革与体制外改革共同推进。中国改革平衡了速度和稳定之间的关系;先增量改革后存量改革,增量改革与存量改革相互结合,通过增量改革带动存量改革(辜胜阻等,2008)。

中国改革的独到之处和成果所在是采取先"增量改革"后"存量改革"的顺序。增量制度建设是当改革面临来自旧的制度较大阻力的时候,通过外围建立新的制度安排,在制度"存量"暂时不变的情况下在"增量"部分实现制度创新(胡军,2005)。改革初期,在市场机制不健全、要素市场不发达、法律体系不完善的条件下,巨大的制度转换成本对进行存量改革造成严重的约束,而增量改革资源投入少,不仅可以避免过高的调整成本,而且与市场机制存在天然一致性,能通过改革的即时收益赢得对改革的支持(何文君,2005)。中国改革的方向是不断培育、扶持和壮大增量,以市场经济"增量"来加速推动市场主体的形成和市场机制的发育,随着体制增量部分在总量中占比不断提高,逐步带动存量改革。

中国改革在多个方面都引入了增量制度建设。改革开放初期,在保证计划经济主体地位和国有经济主导地位的前提下,允许私有经济发展的同时引入部分市场机制,典型实践包括:保持土地集体所有制前提下,恢复家庭自主经营;在保证公共财政与企业财务合一的前提下,实行"分灶吃饭"的财政体制;保持物资的计划调拨和行政定价的"计划轨"之外,开辟出物资买卖和协商定价的"市场轨";在国内市场的"大气候"尚未形成的情况下,构建对外开放基地的"小气候"等(李妍妍,2015)。随着改革过程的不断深入,开发区设立也成为增量制度建设的一个重要战略措施,对提振经济发展、促进企业成长发挥着重要作用。

6.2.2 开发区设立与开发区企业变化

实施特殊政策和管理体制的开发区是区域制度变迁的重要载体,以开发区为典型的增量制度建设是制度环境变化的具体体现。中国开发区的设立是经济特区政策的重要延续,始于1984年设立的大连经济技术开发区。经过三十多年的发展,开发区现在已经遍及全国各地。截至2017年5月,经国务院批准设立的国家级开发区共有627家,其中,经济技术开发区219家,高新技术产业开发区156家,保税区31家,出口加工区63家,以及其他国家级开发区177家。此外,经各直辖市政府、省政府和自治区政府批准,还设立了省级开发区1000余家①。

中国开发区的设立整体上是一个渐进的过程,国家级开发区和省级开发区数量呈现不断上升的趋势,期间经历了两次高峰期:第一次在1992年,批准增设了国家级开发区70家和省级开发区144家;第二次在2006年,批准新设了省级开发区661家,增设数量占1984—2005年已有省级开发区数量的95%以上(如图6-1所示)。

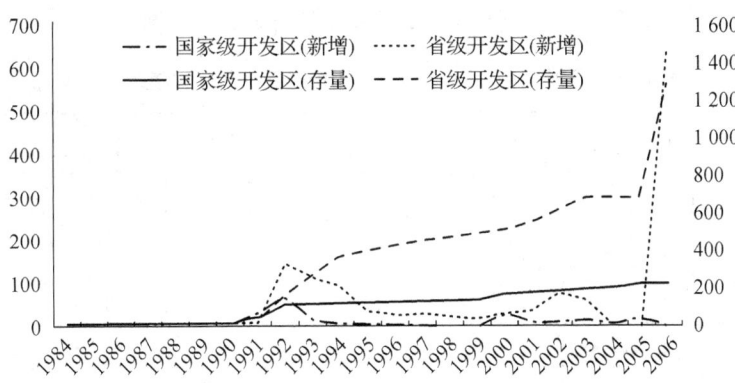

图6-1 1984—2006年中国开发区数量

数据来源:作者根据《中国开发区审核公告目录》(2006年版)整理而得。

在开发区的政策实践中,国家级开发区的设立往往能有效体现国家层面的区域发展战略,但省级以下开发区的建设更多受地方政府政策意图和土地资源分布差异的影响(向宽虎和陆铭,2015)。在"锦标赛"式的晋升机制下,地方政府出于追求政绩的目的,往往通过过度运用公共政策手段、税费优惠措施争相吸引生产资源流入本地区以求形成地区产业集聚。从而在市级及以下开发区的设立中,出现了"遍地开花"的怪象和以地方政府为主体的区域竞争格局。2003年12月30日,国土资源部发布了《关于清理整顿现有各类开发区的具体标准和政策界限的通知》,对全国范围内的开发区进行清理整顿,

---

① 数据来源:中国开发区网,网址为:http://www.cadz.org.cn/。

整个清理整顿过程持续了3年。所以,2003—2006年不仅是国家级、省级开发区快速发展的年份,也是市级及以下开发区建设规范化的年份。

在开发区政策实施的过程中,也伴随着微观企业进入开发区的动态变化。本章使用2001—2011年"中国工业企业数据库"数据,来识别地址信息完整且持续经营企业样本中的开发区内企业和非开发区企业[①]。表6-1显示了历年开发区内企业和非开发区企业的数量和比例的变化情况,从中可以发现:随着时间的推移,开发区企业数量、开发区企业占总企业的比重基本上呈现逐年上升的趋势,且2003—2006年这四年间与之前年份在开发区企业数量和占比上存在较大幅度的增加。这说明一个基本经济现象:随着越来越多开发区的设立和开发区政策的进一步实施,越来越多的企业成为开发区企业。同时暗示了,2003—2006年前后开发区的设立可能对微观企业的发展产生了政策影响。

表6-1 开发区内企业与非开发区企业数量、比例的变化情况

		2001年	2002年	2003年	2004年	2005年
开发区内企业	数量(家)	13 372	13 655	21 119	40 618	43 275
	比例(%)	8.230 7	8.871 0	11.519 6	16.133 5	16.144 2
非开发区企业	数量(家)	149 092	140 274	162 212	211 144	224 777
	比例(%)	91.769 3	91.129 0	88.480 4	83.866 5	83.855 8
总企业	数量(家)	162 464	153 929	183 331	251 762	268 052
		2006年	2007年	2008年	2009年	2010年
开发区内企业	数量(家)	51 576	61 455	60 620	39 527	61 408
	比例(%)	17.331 9	18.277 3	19.755 9	19.795 6	18.294 3
非开发区企业	数量(家)	246 002	274 781	246 225	160 148	274 259
	比例(%)	82.668 1	81.722 7	80.244 1	80.204 4	81.715 7
总企业	数量(家)	297 578	336 236	306 845	199 675	335 667

数据来源:作者根据中国工业企业数据库整理而得。

6.3 研究设计

本章实证研究的主要目标是以开发区为例来考察转轨过程的增量制度

---

① 识别方法参见:6.3.1数据来源与样本选择。

对新企业成长的影响;将2003—2006年开发区设立作为准自然实验,通过考察非开发区新企业成为开发区新企业后对其规模变化的影响,来识别增量制度对新企业规模成长的因果联系。现有关于开发区政策对经济发展影响的实证研究大多使用OLS方法,可能存在的缺陷是实证的准确性容易受双向因果、选择性偏差等内生性问题的影响。2003—2006年不仅是中国开发区新设数量快速增长的年份,同时有相当数量的企业从之前的非开发区企业成为开发区内企业,这为本章的实证研究提供了天然的准自然实验条件。利用之前的非开区企业在上述年份集中参与到开发区内,有助于排除内生性问题的干扰。

6.3.1 数据来源与样本选择

本章使用的企业数据源于2000—2011年"中国工业企业数据库"。该数据库涵盖了全部国有工业企业和规模以上非国有工业企业,包含了丰富的微观企业信息(许家云和毛其淋,2016)。为了提高数据可靠性,借鉴Brandt等(2012)、余淼杰(2011)的处理方法,将2000—2011年共12年的横截面数据合并成面板数据集,对行业代码进行调整,对财务数据进行平减处理,并排除地址文本和财务信息存在异常或者缺失的样本。同时,参考李坤望等(2014)的"三年判断标准",筛选出持续经营的企业样本。此外,本章对于新企业的界定与第四章相同,为了避免重复,在此就不赘述了。

目前已有研究主要有三种识别开发区内企业的方法。方法一:某一年份,如果企业所在县区建有开发区,则将该企业识别为开发区企业;反之,则为非开发区企业(王永进和张国锋,2016)。方法二:某一年份,如果企业地址信息的文本字段出现代表开发区的特定字样,则将该企业识别为开发区企业;反之,则为非开发区企业(向宽虎和陆铭,2015;Chen等,2015)。方法三:先获取开发区区域边界信息和企业的经纬度信息,然后进行比对(Lu等,2015;Zheng等,2017)。相对来说,方法三的处理更为细致,但存在工作量巨大的缺陷;方法一处理方式符合开发区设立作为区位导向型产业政策的逻辑,但只能识别国家级、省级开发区企业。所以,本书主要借鉴方法二的识别原则,同时下文使用了方法一的识别方法进行稳健性检验。

具体来说,本章采用"中国工业企业数据库"中企业地址相关指标的文本信息和国家级、省级的开发区信息相对比的方法来识别开发区企业样本。所使用的国家级和省级开发区数据来源于《中国开发区审核公告目录》(2006年版),该目录列示了国家级开发区222家、省级开发区1 346家。这两类开发区的命名具有一定的规律,国家级开发区有6个类型[①],省级开发区有3个类型,其名称中包含若干表示开发区的字样[②]。所以参考向宽虎和陆铭(2015)、Chen等(2015)的做法,识别规则是:如果"中国工业企业数据库"中某企业某年份的地址相关字段出现上述字样,则将此年份的该企业识别为在开发区内;反之,则将此年份的该企业识别为不在开发区内。同时,为了排除企业因为搬迁而进行资产重组的影响,对照了企业前后三年的地址,只保留地址没有发生实质性改变的企业样本。此外,开发区类型(级别)包括国家级、省级、市级及以下三种。

6.3.2 研究方法

1. 准自然实验的因果识别方法

本章旨在借助开发区设立这一准自然实验,以揭示开发区设立与新企业成长之间是否存在实际的因果联系。因果识别是实证研究所关注的首要问题。政策效果评估、项目效应评估的相关研究成果,通过准自然实验的思路,已经形成了比较成熟的因果识别方法。Rubin(1974)提出了一个"反事实框架":以虚拟变量 $D_i=\{0,1\}$ 表示个体 i 是否参与某一项目,即1为参与,而0为未参与。通常称 D_i 为"处理变量",反映个体 i 是否得到了"处理"。记其未来收益结果为 y_i。因果识别的目标是判断 D_i 是否对 y_i 有因果作用。对于个体 i,未来收益有两种状态,取决于是否参加项目,即:

$$y_i = \begin{cases} y_{0i} & \text{若 } D_i=0 \\ y_{1i} & \text{若 } D_i=1 \end{cases} \quad (6-1)$$

其中,y_{0i} 表示个体 i 未参加项目的未来收益,而 y_{1i} 表示个体 i 参加项目的

---

① 第6个类型的"其他类型的国家级开发区"既包括旅游度假区,又包括保税物流区、台商投资区,不仅数量较少,而且对于工业企业影响效果并不一致,故本书做了剔除。
② 主要包含"经济技术开发区""经济开发区""科技园""产业园""产业开发区""工业园""工业区""保税区""保税港""物流园""出口加工区""贸易区""贸易示范区""投资区""投资开发区"等字样。

未来收益。我们希望获得$(y_{1i}-y_{0i})$,即个体i参加该项目的因果效应;但对于每个个体i只能处于一种状态,无法同时获得y_{1i}与y_{0i}。

公式(6-1)的分段函数可以更简洁地表示为:

$$y_i=(1-D_i)y_{0i}+D_iy_{1i}=y_{0i}+(y_{1i}-y_{0i})D_i \quad (6-2)$$

其中,$(y_{1i}-y_{0i})$为个体i参加该项目的因果效应。

由于处理效应$(y_{1i}-y_{0i})$为随机变量,我们更关心项目实际参与者的期望值,即"参与者平均处理效应"(ATT):

$$ATT\equiv E(y_{1i}-y_{0i}|D_i=1) \quad (6-3)$$

实践中,识别个体i的因果效应是有条件的。因为:

$$E(y_{1i}|D_i=1)-E(y_{0i}|D_i=0)=E(y_{1i}|D_i=1)-E(y_{0i}|D_i=1)+\\E(y_{0i}|D_i=1)-E(y_{0i}|D_i=0)=ATT+E(y_{0i}|D_i=1)-E(y_{0i}|D_i=0)$$
$$(6-4)$$

公式(6-4)将项目参与者和未参与者的平均收益之差分解为两个部分,第一部分为 ATT,而第二部分为参与者的平均y_{0i}与未参与者的平均y_{0i}之差,即选择偏差。只有当选择偏差为零的时候,我们能够观测的项目参与者和未参与者的平均收益之差等于项目的因果效应。倾向得分匹配基础上的双重差分方法(PSM-DID),通过匹配的方法处理选择偏差问题,是比较前沿的因果识别方法。

2. 倾向得分匹配基础上的双重差分方法

本章旨在借助 2003—2006 年间开发区设立这一准自然实验,考察新企业成为开发区企业后对其规模变化的影响,以揭示开发区设立与新企业成长之间是否存在实际的因果联系。新企业进入开发区后,其规模变化主要来自三个方面:一是企业因为自身差异而形成的"分组效应";二是企业随着时间惯性或因为经济形势变化而产生的"时间效应"部分;三是企业进入开发区后受该政策影响而形成的"政策处理效应"部分。双重差分(Difference-in-Differences,DID)可以有效分离出"政策处理效应",从而广泛地使用于自然实验对政策实施前后的效果评估(董艳梅和朱英明,2016)。

本章采用该方法,将样本新企业分为两组:一组是 2003—2006 年间进入开发区的新企业(记为处理组),另一组是始终不在开发区内的新企业(记为对照组)。本章构造二元虚拟变量 $DZ=\{0,1\}$,当新企业为开发区企业时,DZ 取 1,否则取值为 0;同时以 4 个政策实施年份为界,样本期可以划分为实验期前后,构造二元虚拟变量 $T=\{0,1\}$,进入实验期后,T 取 1;实验期之前,T 取值为 0。定义交互项 $DZ \times T$ 来刻画新企业进入开发区的"政策处理效应"。本章尝试检验这 4 年间进入开发区的新企业在实验期前后的企业规模,是否与对照组新企业存在显著差异。定义 $Scale_{it}$ 为企业 i 在 t 期的规模,是本章关注的结果变量。基本假设模型为:

$$Scale_{it} = \alpha_0 + \alpha_1 DZ_{it} + \alpha_2 T_{it} + \alpha_3 DZ_{it} \times T_{it} + \varepsilon_{it} \quad (6-5)$$

DID 方法假设两组样本的考察变量具有相同的"时间效应"趋势,那么实验前后两组结果的变化就纯粹是"政策处理效应"引起的变化。在现实中,企业是否进入开发区可能是非随机事件:一方面,各级政府出于发展当地经济、促进产业转型、吸引外商投资等经济意图,在审核、授予开发区的过程中具有相当的权责,可能会重点发展某一些产业来扶持新兴、保护幼稚,同时也可能在吸引、选择企业上存在一定的偏好,具备某种经济特征的企业可能更受偏爱,即企业能否进入开发区可能会受政府意图的影响;另一方面,企业行为都是基于自身成本收益的比较而做出最优的决策,企业会比较不同开发区的交通地理条件、税收优惠政策、招商引资措施等硬软件条件,潜在的经济利益和企业参与集聚的意愿也可能造成样本偏差,即企业是否进入开发区也受企业自身因素的影响。

既然企业之间存在异质性,保证处理组和对照组的可比性就显得尤为重要。Heckman 等(1997)、Rosenbaum 和 Rubin(1985)等学者提出的倾向得分匹配方法(Propensity Score Matching,PSM)有助于改善样本选择偏差。其基本思想是,通过匹配构建一个与进入开发区的新企业(处理组)在进入开发区之前的主要特征"尽可能一致"的非开发区新企业作为对照组,从而使得匹配后的两个样本组的配对新企业之间仅在是否进入开发区方面有所不同。其具体步骤为下:

一是计算倾向得分值。构建一个被解释变量为二元虚拟变量的回归模型,处理组取值为 1,对照组取值为 0,解释变量是能够影响两组相似度的若干指标。新企业进入开发区的概率(即倾向得分)为:

$$P = Pr\{DZ_{it} = 1\} = \Phi\{X_{it}\} \tag{6-6}$$

其中，X_{it}表示影响企业进入开发区的因素，即特征变量。二是根据计算出来的倾向得分值，选择具体的匹配原则，对每个处理组的企业 i，从对照组中寻找与其倾向得分最接近的若干企业作为其对照组。

DID方法可以通过双重差分解决内生性问题而分离出"政策处理效应"，但可能无法避免存在样本偏差问题；而PSM有助于处理样本偏差问题。因此，本章采取两者相结合的倾向得分匹配基础上的双重差分方法（PSM-DID）来尝试更准确地估计开发区政策对企业成长的因果联系。具体方法是：(1) 通过PSM寻找对照组样本；(2) 使用匹配后的对照组和原始处理组，进行DID估计，相应的估计模型为：

$$Scale_{it} = \alpha_0 + \alpha_1 DZ_{it} + \alpha_2 T_{it} + \alpha_3 DZ_{it} \times T_{it} + \beta X_{it} + v_j + v_k + \varepsilon_{it} \tag{6-7}$$

其中，X_{it}是影响企业规模变化的控制变量，也是影响企业进入开发区的特征变量。公式(6-7)是本章评估新企业进入开发区后"政策处理效应"的基准模型。

此外，需要说明的是本章参考陈钊和熊瑞祥（2015）的研究，采用的是"渐进式"的DID方法。一方面，如前文描述的，2003—2006年不仅是市级及以下开发区建设规范化的年份，同时也是国家级、省级开发区快速发展的年份；更重要的是在实践操作中，开发区的筹备和设立需要时间，中国开发区的设立整体上是一个渐进的过程。如果只针对2006年新进入开发区企业进行标准的DID，"一刀切"的处理方法不符合实际情况，也不能排除2006年其他政策对企业成长的影响；而"渐进式"DID相对不容易受到混杂因素的干扰，能得到更准确的估计结果。

6.3.3 变量说明和描述性分析

1. 变量说明

（1）被解释变量

既往的研究往往选用企业的资产总额、就业人数、工业产值、营业总收入等指标来衡量企业成长(李洪亚,2016)。本章正文中的被解释变量是企业规模(Scale),使用企业的资产总额作为其度量指标,为了消除因为数据数量级相差过大可能导致的系统性误差,选择对数形式。同时,下文又分别从调整测算方式和衡量指标两个方面对被解释变量进行稳健性检验,分别改用企业规模增长率的测算方法和改用企业就业人数作为替代指标。

(2) 解释变量

本章选择新企业进入开发区的分组虚拟变量(DZ)、时间虚拟变量(T)及其交互项(DZ×T)作为解释变量。其中分组虚拟变量度量了开发区新企业和非开发区新企业之间规模变化的差异,时间虚拟变量度量了实验期前后处理组和对照组企业规模的变化,而交互项度量了进入开发区对处理组和对照组新企业的规模变化差异,是本章的核心解释变量。

(3) 控制变量

借鉴盛斌和毛其淋(2015)、于娇等(2015)等研究,本章选择以下控制变量:企业年龄(Age 以及其二次项 Age×Age),使用当年年份减去企业开业年份再加1计算而来;企业资产收益率(ROA),使用利润总额与资产总额的比值;企业资本密集度(Clr),以企业固定资产与从业人数的比值来衡量,并对固定资产进行了平减处理;企业杠杆率(Leverage),采用企业负债总额与资产总额的比值来衡量;企业融资约束(Finance),采用利息支出与固定资产的比值;企业工资水平(Wage)由年度应付工资总额除以从业人数计算而来,选择对数形式;国有控股虚拟变量(State)用来度量企业的所有制结构特征;此外,控制了地区固定效应、行业固定效应和时间固定效应。

2. 初步的描述性分析

在进行正式回归分析之前,先对未进行匹配的原始新企业样本进行简要的描述性统计。表6-2报告了匹配前主要变量的统计特征,开发区新企业在企业规模(Scale)、企业工资水平(Wage)上高于非开发区新企业,存在一定的差异;同时,开发区企业在企业年龄(Age 以及其二次项 Age×Age)、企业资产收益率(ROA)、企业杠杆率(Leverage)、企业融资约束(Finance)、国有控股虚拟变量(State)等方面不同程度地低于非开发区企业,存在显著差异。这说明开发区企业具有一定的区别于非开发区企业的特征,在下文匹配过程中应选择上述变量作为匹配的特征变量。

表 6-2 主要变量的统计特征

变量	开发区内新企业样本			非开发区新企业样本		
	观测值	均值	标准差	观测值	均值	标准差
Scale	254 148	9.910 7	1.366 5	1 166 737	9.461 3	1.370 8
Age	254 148	5.031 2	1.975 5	1 166 737	5.063 9	2.010 2
Age×Age	254 148	29.215 3	19.604 0	1 166 737	29.683 4	19.984 7
ROA	254 148	0.075 4	0.194 1	1 166 737	0.123 7	4.532 9
Clr	254 148	151.370 1	957.722 7	1 166 737	151.833 9	2 694.007 0
Leverage	254 148	3.858 5	435.966 3	1 166 737	4.359 4	331.585 8
Finance	254 148	0.071 3	3.409 0	1 166 737	0.084 8	3.110 0
State	254 148	0.024 9	0.155 9	1 166 737	0.045 5	0.208 3
Wage	254 148	18.856 2	67.000 8	1 166 737	14.898 7	98.181 3

数据来源：作者根据中国工业企业数据库整理而得。

6.4 估计结果与分析

6.4.1 样本匹配情况

首先采用倾向得分匹配方法为处理组（首次进入开发区新企业）寻找对照组（非开发区新企业）。具体匹配方法如下：(1) 先获得 4 个年份（2003 年、2004 年、2005 年和 2006 年）每年的处理组和对照组样本，因为本章使用的是"渐进式"DID 方法，需要将企业样本按照进入年份每年单独进行一次匹配；(2) 根据公式(6-6)，选择某年份首次进入开发区新企业的分组变量和进入前一年的特征变量作为匹配数据，并将数据随机排序；(3) 使用 Logit 模型来估计倾向得分；(4) 进行匹配，借鉴 Abadie 等(2004)的研究，采用"k 近邻匹配"(k=4)的方法；匹配时不允许并列，当存在倾向得分相同的并列个体，按照数据排序选择；选择企业年龄（Age 以及其二次项 Age×Age）、企业规模（Scale）、企业资产收益率（ROA）、企业资本密集度（Clr）、企业杠杆率（Leverage）、企业融资约束（Finance）、企业工资水平（Wage）、国有控股虚拟变量(State)、地区虚拟变量以及行业虚拟变量作为匹配的特征变量。

为了确保匹配结果的可靠性,回归之前先进行共同取值检验和匹配平衡性检验。图6-2报告了匹配前后处理组和对照组倾向得分的核密度分布情况。如图6-2(a)所示,匹配前,处理组和对照组样本在倾向得分值较小的区间(0~0.8)存在重叠,符合共同取值假设,可以进行后续的匹配。同时,图6-2(b)表明匹配后两组样本的核密度分布显著趋于一致。

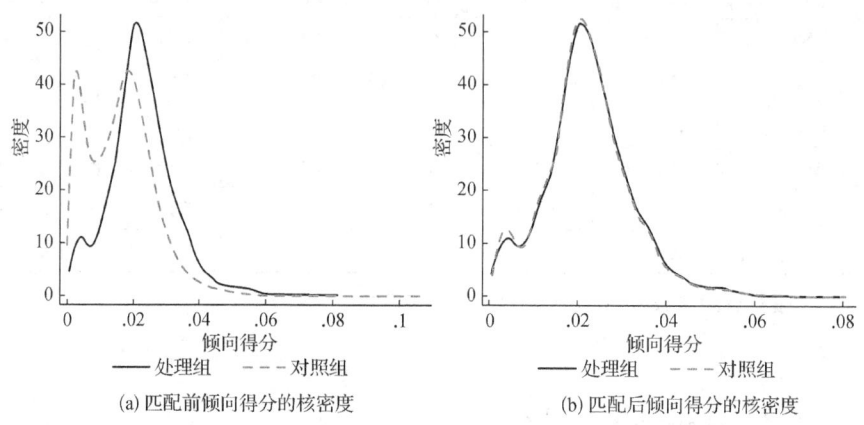

图6-2 匹配前后处理组和对照组倾向得分的核密度分布对比(以2003年为例)

匹配平衡性假设要求满足:$DZ_{it} \perp X_{it} | P(X_{it})$,即如果在给定企业成为开发区企业概率$P(X_i)$的情况下,企业是否实际进入开发区与其特征向量之间是相互独立的。表6-3报告了对2003年首次进入开发区新企业匹配过程中处理组与对照组企业特征变量的平衡性检验结果。判断匹配过程的有效性主要可以从匹配前后的t统计量的变化、匹配前后标准偏差的变化两个方面来看:① 从t统计量的变化中可以发现,两组企业的特征变量在匹配之后均不再具有显著差异。② 匹配后标准偏差的绝对值越小,说明匹配的效果越好;Rosenbaum & Rubin(1985)认为若匹配后标准偏差的绝对值能够小于20%,则匹配处理是有效的。表6-3中匹配后各特征变量的标准偏差的绝对值均小于5%。所以,匹配基本满足了平衡性假设,即本章选择的匹配方法和匹配原则是合理的。最终获得处理组新企业样本45 879家和对照组新企业样本142 296家。

表 6-3　特征变量的平衡性检验结果(以 2003 年为例)

变量名称	处理	均值 处理组	均值 对照组	标准偏差(%)	标准偏差减小幅度(%)	t 统计量	t 检验相伴概率
Age	匹配前	9.447 7	16.147 0	−38.7	97.6	−13.49	0.000
	匹配后	9.447 7	9.609 2	−0.9		−0.55	0.586
Age×Age	匹配前	187.560 0	760.630 0	−1.1	97.4	−0.34	0.731
	匹配后	187.560 0	172.750 0	0.0		1.07	0.283
Scale	匹配前	9.859 4	9.595 8	18.0	82.6	7.70	0.000
	匹配后	9.859 4	9.905 2	−3.1		−1.02	0.310
ROA	匹配前	0.056 3	−0.180 6	0.4	96.9	0.13	0.898
	匹配后	0.056 3	0.063 6	−0.0		−1.75	0.081
Clr	匹配前	104.990 0	122.720 0	−6.8	63.8	−0.27	0.788
	匹配后	104.990 0	111.410 0	−0.3		−0.65	0.514
Leverage	匹配前	4.221 7	11.786 0	−0.4	89.8	−0.13	0.894
	匹配后	4.221 7	3.447 5	0.0		0.41	0.681
Finance	匹配前	0.048 9	0.071 8	−1.3	23.0	−0.42	0.677
	匹配后	0.048 9	0.066 5	−1.0		−1.00	0.319
State	匹配前	0.101 2	0.248 7	−39.6	98.4	−15.33	0.000
	匹配后	0.101 2	0.103 6	−0.6		−0.25	0.806
Wage	匹配前	11.739 0	10.023 0	2.4	24.5	3.78	0.000
	匹配后	11.739 0	10.443 0	1.8		0.76	0.449

6.4.2　基准回归结果与分析

通过倾向得分匹配已经获得了处理组和对照组的新企业样本,进而通过在持续经营企业的面板数据集中筛选出相关企业,可以对公式(6-7)的基准模型做回归估计。表 6-4 报告了全样本的估计结果。模型(1)列只检验了各解释变量的影响,模型(2)列在此基础上控制了地区固定效应和年份固定效应,模型(3)列则在模型(1)列的基础上进一步加入了控制变量,模型(4)列则在加入控制变量的同时控制了地区固定效应和年份固定效应。从模型(1)列至(4)列中可以发现,核心解释变量的估计系数符号和显著性水平都未发生实质改变。

表6-4 基准模型的估计结果

变量	(1)	(2)	(3)	(4)
DZ	0.032 (0.71)	0.055 (1.47)	0.018 (0.46)	0.037 (1.10)
T	0.270*** (12.64)	0.233*** (12.07)	0.170*** (6.62)	0.128*** (6.47)
DZ×T	0.115*** (3.78)	0.131*** (4.25)	0.124*** (4.30)	0.137*** (4.74)
Age			0.105*** (8.63)	0.115*** (10.87)
Age×Age			−0.003*** (−2.73)	−0.004*** (−4.62)
ROA			−0.002*** (−6.96)	−0.002*** (−6.97)
Leverage			0.000 (0.42)	0.000 (0.28)
Finance			0.002 (1.24)	0.002 (1.29)
Clr			0.000 (1.35)	0.000 (1.32)
State			1.436*** (26.36)	1.124*** (23.90)
年份效应	No	Yes	No	Yes
地区效应	No	Yes	No	Yes
Constant	9.716*** (330.00)	10.180*** (87.12)	9.218*** (281.71)	9.544*** (86.16)
Observations	188 175	188 175	188 175	188 175
R^2	0.013	0.110	0.082	0.152

注:括号内数值是控制了聚类标准误的 t 值;*、**、***分别表示10%、5%、1%的显著性水平。

接下来具体以模型(4)列的完整估计结果为基础进行分析。模型(4)列的结果显示:在控制了其他影响因素后,变量 DZ 系数较小且未通过显著性检验(系数为0.037, t 值为1.10),说明在开发区设立之前处理组的企业规模相对于对照组并未呈现出明显的差异,同时证明了之前采用的倾向得分匹配方法是有效的。变量 T 系数为正且通过显著性检验(系数为 0.128,t 值为 6.47,在 1%水平上显著),说明不论是处理组企业还是对照组企业,企业规模随着时间的推移均有显著扩大。最重要的是交互项 $DZ×T$,其系数为正且通过显著性检验(系数为 0.137,t 值为 4.74,在 1%水平上显著),这就说明总体而言,开发区设立促进了新企业规模的扩大,有助于新企业成长。

6.4.3 异质性分析

为了更深入剖析开发区政策对新企业成长的微观影响,本章在基准模型的基础上进行更细致的考察:先分析不同级别的开发区异质性,再考察不同要素密集度的产业异质性,表 6-5、表 6-7 分别报告了相关的估计结果。

1. 开发区级别的异质性

中国开发区的设立一般采用"逐级晋升"的模式(王兵和聂欣,2016):国家级开发区的前身通常为省级开发区,省级开发区一般由市级开发区发展而来。因此,本节在公式(6-7)的基础上增加对开发区异质性变量的引入。具体做法是,在处理组企业样本中,根据企业所处开发区的级别(国家级、省级、市级及以下),将这部分企业划分为三种类型(DZ_{it}^{rank-k},$k=1,2,3$)。例如,DZ_{it}^{rank-1} 代表国家级开发区内的处理组;DZ_{it}^{rank-2} 代表省级开发区内的处理组,DZ_{it}^{rank-3} 由市级及以下开发区内的处理组构成。从而,考虑开发区异质性的检验模型被拓展为:

$$Scale_{it} = \alpha_0 + \alpha_1 DZ_{it} + \alpha_2 T_{it} + \sum \lambda_k DZ_{it}^{rank-k} \times T_{it} + \beta X_{it} + v_j + v_k + \varepsilon_{it}$$

(6-8)

比较交互项 $DZ^{rank-k} \times T$ 的系数 λ 可以识别不同级别的开发区设立对新企业规模变化的异质性影响。表 6-5 报告了公式(6-8)的回归结果。比较模型(1)列至(4)列的核心解释变量,可以发现在各个模型里面三个交互项 $DZ^{rank-k} \times T$ 系数的符号和显著性均没有实质性改变,说明结果具有较好的稳健性。

表6-5 开发区异质性的估计结果

变量	(1)	(2)	(3)	(4)
DZ	0.032 (0.71)	0.056 (1.48)	0.018 (0.46)	0.038 (1.11)
T	0.270*** (12.64)	0.233*** (12.05)	0.170*** (6.62)	0.127*** (6.46)
$DZ^{rank-1} \times T$	0.827*** (6.11)	0.738*** (5.63)	0.760*** (5.96)	0.704*** (5.71)
$DZ^{rank-2} \times T$	0.159** (2.30)	0.152** (2.26)	0.164** (2.55)	0.157** (2.51)
$DZ^{rank-3} \times T$	0.009 (0.19)	0.047 (1.17)	0.029 (0.65)	0.059 (1.49)
控制变量	Yes	Yes	Yes	Yes
年份效应	No	Yes	No	Yes
地区效应	No	Yes	No	Yes
Constant	9.716*** (329.99)	10.180*** (87.08)	9.218*** (282.01)	9.545*** (86.11)
Observations	188 175	188 175	188 175	188 175
R^2	0.016	0.112	0.085	0.154

注:括号内数值是控制了聚类标准误的 t 值;*、**、***分别表示10%、5%、1%的显著性水平。

接下来,以模型(4)列的完整回归结果为基础进行开发区级别的异质性分析:交互项 $DZ^{rank-1} \times T$ 的系数为正且通过显著性检验(系数为0.704,t 值为5.71,在1%水平上显著),这表明国家级开发区的设立能促进新企业规模的扩大。交互项 $DZ^{rank-2} \times T$ 的系数为正且通过显著性检验(系数为0.157,t 值为2.51,在1%水平上显著),这表明省级开发区的设立也能促进新企业规模的扩大。然而,交互项 $DZ^{rank-3} \times T$ 的系数虽然符号为正,但系数较小且未通过显著性检验(系数为0.059,t 值为1.49,在10%水平上不显著),这表明市级及以下开发区并没有显著促进新企业规模增长的作用。进一步比较模型(1)至(4)列可以发现,各模型中交互项 $DZ^{rank-1} \times T$ 的显著性均优于 $DZ^{rank-2} \times T$,同时,交互项 $DZ^{rank-1} \times T$ 的系数显著大于 $DZ^{rank-2} \times T$ 的系数(前者是后者的4.48倍~5.20倍)。这说明对区内新企业规模扩大的促进作用,国家级开发区的影响程度显著优于省级开发区。

开发区级别的异质性结果说明,不是所有的开发区都能促进新企业的成长,开发区对新企业规模的影响情况与其级别相关。开发区设立通过增量的制度环境吸引企业入驻,不同的政策效应对企业的吸引力度不同,而入驻后企业数量和质量又进一步影响集聚效应的强度。开发区级别不同,批准设立的政府级别和管理单位也不同,从而能够支持政策效应的政府资源也不同。一般来说,相对于省级开发区而言,国家级开发区能给予更丰裕的政府补贴、更优惠的税收政策;相对于市级开发区,省级开发区在政策倾斜方面也存在优势。同时,集聚效应的实现可能存在特定的阈值:集聚效应不是简单的企业"扎堆",是区内企业数量达到一定规模、产业关联达到一定密度后,足够数量优质劳动力在地理上的集中;是地理优势下关联企业间的协同创新与技术扩散。只有一定级别的开发区才能达到一定规模、一定强度的产业集聚,才能体现其集聚的规模效应。因此,开发区设立对新企业规模成长的作用效果与开发区级别的异质性有关。

2. 产业要素密集度的异质性

本节进一步从企业所属行业不同要素密集度的角度,通过比较交互项 $DZ \times T$ 和 $DZ^{rank-k} \times T$ 的系数来识别开发区对新企业规模变化的普适性影响。鲁桐和党印(2014)的研究按生产要素的相对密集度对行业进行了分类,本节借鉴此方法根据所属行业,将企业所属行业分为劳动密集型、技术密集型和资本密集型(如表6-6所示)。对公式(6-7)、(6-8)分别进行分样本的回归估计,估计结果如表6-7所示。

表6-6 根据产业要素类型的行业分类

劳动密集型行业		资本密集型行业		技术密集型行业	
代码	名称	代码	名称	代码	名称
6	煤炭开采和洗选业	17	纺织业	22	造纸及纸制品业	27	医药制造业
7	石油和天然气开采业	18	纺织服装、鞋、帽制造业	23	印刷业和记录媒介复制	35	通用设备制造业
8	黑色金属矿采选业	19	皮革、毛皮、羽毛及制品业	25	石油加工、核燃料加工业	36	专用设备制造业
9	有色金属矿采选业	20	木材加工及制品业	26	化学原料及化学制品制造业	37	交通运输设备制造业

续　表

	劳动密集型行业			资本密集型行业		技术密集型行业
10	非金属矿采选业	21	家具制造业	28	化学纤维制造业	39	电气机械及器材制造业
11	其他采矿业	24	文教体育用品制造业	29	橡胶制品业	40	电子设备制造业
13	农副食品加工业	44	电力、热力的生产和供应业	30	塑料制品业	41	仪器仪表等机械制造业
14	食品制造业	45	燃气生产和供应业	31	非金属矿物制品业	42	工艺品及其他制造业
15	饮料制造业	46	水的生产和供应业	32	黑色金属冶炼及压延加工业	43	废弃资源材料回收加工业
16	烟草制品业			33	有色金属冶炼及压延加工业		
				34	金属制品业		

表 6-7　行业异质性的估计结果

变量	劳动密集型		技术密集型		资本密集型	
	(1)	(2)	(3)	(4)	(5)	(6)
DZ	0.022 (0.55)	0.021 (0.53)	0.033 (0.91)	0.034 (0.94)	0.014 (0.32)	0.014 (0.32)
T	0.096*** (4.34)	0.095*** (4.27)	0.191*** (5.43)	0.191*** (5.45)	0.135*** (4.80)	0.135*** (4.82)
$DZ \times T$	0.141*** (3.98)		0.154*** (4.01)		0.077** (1.99)	
$DZ^{rank-1} \times T$		0.634*** (4.09)		0.637*** (3.54)		0.619*** (5.64)
$DZ^{rank-2} \times T$		0.136** (2.35)		0.155* (1.72)		0.166** (2.45)
$DZ^{rank-3} \times T$		0.090 (1.19)		0.075 (1.48)		-0.014 (-0.29)
控制变量	Yes	Yes	Yes	Yes	Yes	Yes
年份效应	Yes	Yes	Yes	Yes	Yes	Yes
地区效应	Yes	Yes	Yes	Yes	Yes	Yes
Constant	9.568*** (84.81)	9.569*** (84.80)	9.549*** (101.55)	9.551*** (101.83)	10.140*** (82.12)	10.150*** (82.17)
Observations	68 655	68 655	50 186	50 186	69 334	69 334

续 表

变量	劳动密集型		技术密集型		资本密集型	
	(1)	(2)	(3)	(4)	(5)	(6)
R^2	0.198	0.199	0.169	0.172	0.205	0.207

注:括号内数值是控制了聚类标准误的 t 值;*、**、***分别表示10%、5%、1%的显著性水平。

模型(1)列和(2)列报告了劳动密集型行业的回归结果,可以发现和全样本情况一致,没有实质性改变。整体上,交互项 $DZ \times T$ 的系数为正且通过显著性检验;区分开发区等级后,$DZ^{rank-1} \times T$ 和 $DZ^{rank-2} \times T$ 的系数均为正且通过显著性检验,而交互项 $DZ^{rank-3} \times T$ 的系数为正但未通过显著性检验,同时,国家级开发区的影响程度显著地优于省级开发区。模型(3)列和(4)列报告了技术密集型行业的回归结果,和劳动密集型行业的情况一致。模型(5)列和(6)列报告了资本密集型行业的回归结果,与前两种行业分样本情况不存在显著差异。开发区整体上的促进作用显著,同时国家级开发区的促进作用优于省级开发区,省级开发区的促进作用优于市级及以下开发区。这说明,基于要素密集度的行业差异并没有影响开发区设立对新企业规模扩张的作用:对于所有行业的新企业,国家级开发区对企业规模扩张的促进作用均显著;省级开发区对企业规模扩张的促进作用也显著但影响程度低于前者;而市级及以下开发区对企业成长作用并不显著。出现这一结果的主要原因是:初创期的新企业普遍情况是企业成长深受资源不足的约束,以开发区设立为典型的制度增量能有效改善新企业资源情况,从而促进新企业成长。

劳动密集型行业主要是通过扩大劳动力资源投入来获取规模经济,开发区政策对这类新企业影响显著可能因为:一方面,"政策效应"的政府补贴和税收优惠可以缓解企业的资金约束,获取更丰富的劳动力资源;另一方面,"集聚效应"的劳动力市场共享可以帮助开发区内企业了解市场信息,更便捷地雇佣到高素质员工,更有效地满足招聘需求。技术密集型行业主要是通过扩大技术资源投入来获取规模经济,开发区政策对这类新企业影响显著可能因为:一方面,"政策效应"的政府补贴可以支持内部研发的资金投入,也可以购买外部专利;另一方面,"集聚效应"的创新溢出和技术扩散可以帮助企业低成本获得技术资源,并提高创新活动的效率。而资本密集型(即资金密集型)行业主要通过扩大资本资源投入来获取规模经济,开发区政策对这类新企业影响依旧显著可能原因:虽然在金融市场日益成熟和完善的背景下,外部融资应该是企业获取资金的主要方式,但对于新企业来说,初始资源有限,难以使用杠杆渠道。而"政策效应"的政府补贴和税收优惠是新企业比较直接的资金流入,可以缓解企业的资金约束,同时开发区特殊的增量制度安排还具有吸引外资流入的作用;"集聚效应"通过中间产品共享等方式可以为企业避免额外的资金占用。新企业拥有资源的匮乏和需求资源的饥渴,使得开发区设立对新企业规模成长具有普遍的促进作用。

6.5 稳健性检验与机制检验

6.5.1 稳健性检验

虽然开发区设立对于新企业来说是一个外生冲击,但产业集聚与新企业成长之间可能存在双向因果的内生性问题,同时实证分析也可能存在首次进入开发区新企业的样本选择偏差问题。上文使用较为前沿的倾向得分匹配基础上的双重差分方法(PSM-DID)尽可能获取更可靠的估计结果。为了保证回归结果的稳健性,这里还进行了如下稳健性检验(主要的稳健性检验结果如表6-8所示):

表6-8 主要稳健性检验结果

变量	改变被解释变量指标		筛选处理组样本					
	(1)	(2)	(3)	(4)	(5)	(6)	(7)	(8)
$DZ \times T$	2.541* (1.75)		0.137*** (4.74)		0.136*** (4.59)		0.137*** (4.55)	
$DZ^{rank-1} \times T$		4.024** (2.16)		0.699*** (5.63)		0.674*** (5.17)		0.682*** (4.75)
$DZ^{rank-2} \times T$		3.320** (2.44)		0.158** (2.53)		0.160** (2.57)		0.165*** (2.64)
$DZ^{rank-3} \times T$		1.045 (1.35)		0.060 (1.51)		0.062 (1.58)		0.067 (1.27)
控制变量	Yes	Yes	Yes	Yes	Yes	Yes	Yes	Yes

续　表

变量	改变被解释变量指标				筛选处理组样本			
	(1)	(2)	(3)	(4)	(5)	(6)	(7)	(8)
年份效应	Yes	Yes	Yes	Yes	Yes	Yes	Yes	Yes
地区效应	Yes	Yes	Yes	Yes	Yes	Yes	Yes	Yes
Observations	73 412	73 412	188 143	188 143	187 954	187 954	187 644	187 644
R^2	0.756	0.756	0.152	0.154	0.151	0.153	0.151	0.153

变量	对地区不可观测变量的剔除				"反事实"检验		改变匹配方法	
	(9)	(10)	(11)	(12)	(13)	(14)	(15)	(16)
$DZ \times T$	0.128*** (4.30)		0.167*** (5.17)		0.151*** (3.86)	0.144*** (3.17)	0.028** (1.99)	
$DZ^{rank-1} \times T$		0.699*** (4.72)		0.795*** (3.67)				0.190*** (4.59)
$DZ^{rank-2} \times T$		0.185*** (2.79)		0.203*** (3.28)				0.055* (1.82)
$DZ^{rank-3} \times T$		0.037 (0.92)		0.049 (1.50)				−0.003 (−0.19)
$DZ \times LT1$					0.030 (1.06)			
$DZ \times LT2$						0.010 (0.33)		
控制变量	Yes	Yes	Yes	Yes	Yes	Yes	Yes	Yes
年份效应	Yes	Yes	Yes	Yes	Yes	Yes	Yes	Yes
地区效应	Yes	Yes	Yes	Yes	Yes	Yes	Yes	Yes
Observations	166 701	166 701	138 809	138 809	188 175	188 175	101 501	101 501
R^2	0.152	0.154	0.147	0.149	0.152	0.152	0.104	0.104

(1) 使用被解释变量的其他测算方式。在前文的回归估计中，使用企业规模的对数值作为被解释变量的度量指标。这里改变测算方式，使用企业规模增长率作为被解释变量，即（当期企业规模－前期企业规模）/前期企业规模。表6-8的模型(1)列和(2)列报告了主要回归结果，结果显示：总体上，开发区对新企业成长的促进作用仍然显著；国家级开发区的影响程度优于省级开发区，市级及以下开发区的作用并不显著。这表明，本章核心结论不受被解释变量测算方法的影响。

(2) 对处理组样本进一步筛选。前文实证研究中国家级开发区的5个类型分别是:经济技术开发区、高新技术产业开发区、保税区、出口加工区、边境经济合作区,后三者的设立可能是基于鼓励出口和边境合作等政策意图,与前两种开发区可能存在效果和机制的差异。这里进一步先后剔除了边境经济合作区的处理组、保税区的处理组和出口加工区的处理组。模型(3)至(8)列报告了主要回归结果,总体上,开发区对新企业成长的促进作用依旧显著;国家级开发区的影响程度优于省级开发区,市级及以下开发区的作用并不显著。这表明,本章核心结论是基本稳健的。

(3)对地区不可观测变量的剔除。前文使用 PSM-DID 的方法,尽可能更严谨地分析因果关系。PSM 有助于控制可测变量的影响,这里进一步剔除不可观测变量对回归结果可能造成的潜在影响。开发区设立作为区位导向型产业政策,可能受到城市特征的影响;直辖市和省会城市由于其城市规模等特征从而可能存在系统性差异。这里先后剔除了4个直辖市和27个省会城市的样本进行稳健性检验,回归结果如模型(9)列至(12)列所示。结果表明,核心结论是基本稳健的。

(4)进行"反事实"检验。借鉴范子英和田彬彬(2013)的研究,本节通过改变政策实施时间来进行反事实检验。本节假设处理组样本开发区设立的年份都提前一年或者两年,如果"政策处理效应"依旧显著,则说明开发区企业规模变化很可能来自其他政策变化或者随机因素。而模型(13)列和(14)列报告了开发区设立提前一年和提前两年的回归结果,结果显示:假设的开发区设立对新企业成长的作用并不显著。因此,说明处理组与对照组的成长差异不是其他因素导致的,而是来源于开发区设立。

(5)改变 PSM-DID 的匹配方法。匹配的过程存在指标、参数的选择和匹配方法的选择。这里进一步更换了匹配指标和使用了其他匹配方法。① 使用被解释变量的其他衡量指标。在前文的回归估计中,使用企业资产总额的对数值作为企业规模的度量指标。本节又以企业就业人数(对数形式)作为匹配的特征变量之一和回归的被解释变量。模型(15)列和(16)列报告了相关回归结果。② 分别使用卡尺匹配、核匹配和马氏匹配方法。在卡尺匹配的过程中,限制了倾向得分的绝对距离在0.1倍的倾向得分样本标准差内。在核匹配过程中,根据个体距离给予不同的权重,同时使用核函数计算权重,进行整体匹配。这里又使用马氏距离匹配法重新对样本进行匹配,这种配对方法只保留具有最小距离的对照组。替换匹配方法后的回归结果均与上文基本一致。

（6）使用开发区企业识别的其他方式。前文的回归结果是基于开发区企业的第二种识别方法进行的，这里改用第一种识别方法（王永进和张国锋，2016）重新整理数据，进行稳健性检验。根据《中国开发区审核公告目录》（2006年版）和百度地图获得国家级和省级开发区的县区地址信息，本研究采用的识别原则：某一年份，如果企业所在县区建有开发区，则将该企业识别为开发区企业；反之，则为非开发区企业。相关回归结果显示：总体上，国家级和省级开发区对企业成长的促进作用仍然显著。这表明，核心结论不受开发区企业识别方式的影响。

6.5.2 机制检验

1. 中介效应模型的构建

根据本章前文的理论机制分析[①]，开发区设立对新企业成长的影响机制可能存在"政策效应""集聚效应"两种传导机制。"政策效应"可以体现为开发区设立中政府补贴或税收优惠对企业规模扩张的影响；"集聚效应"则可以体现为开发区所引致的产业集聚在劳动力市场共享、创新溢出与技术扩散、中间产品投入等方面对企业规模扩张的影响。据此，这里通过引入"政府补贴"和"临时雇员"作为分别代表政策效应和集聚效应的中介变量来构建中介效应模型，以验证开发区设立对新企业规模成长影响的传导机制。借鉴既往的研究，采用"中国工业企业数据库"企业财务信息中"补贴收入"的对数值来衡量政府补贴（Subsidy）；根据企业经营实际情况，使用"应付工资总额"和"应付福利费总额"之间差值的对数形式来衡量临时雇员（Tempstaff）[②]。构建中介效应模型的基本步骤如下：(1) 将被解释变量对解释变量进行回归；(2) 将中介变量（政府补贴和临时雇员）分别对解释变量进行回归；(3) 将被解释变量同时对中介变量和解释变量进行回归。

开发区"政策效应"的中介效应模型由如下方程组构成：

[①] 参见第二章 2.3.3 增量制度对新企业成长的"扶持"作用。

[②] 工业企业生产存在产量波动，而员工保有量总是低于峰值所需数量。企业通过原有雇员加班或招聘临时雇员等方式来应对波动。集聚效应的劳动市场共享为开发区企业招聘临时雇员提供资源和信息。长期雇员和临时雇员都能获得工资，而福利费用往往给予长期雇员。因此，工资总额和福利费总额的差值，可以近似作为临时雇员的衡量指标。

$$Subsidy_{it} = f(DZ_{it}, T_{it}, DZ_{it} \times T_{it}, X_{it}) \quad (6-9)$$

$$Scale_{it} = f(DZ_{it}, T_{it}, DZ_{it} \times T_{it}, Subsidy_{it}, X_{it}) \quad (6-10)$$

开发区"集聚效应"的中介效应模型由如下方程组构成:

$$Tempstaff_{it} = f(DZ_{it}, T_{it}, DZ_{it} \times T_{it}, X_{it}), \quad (6-11)$$

$$Scale_{it} = f(DZ_{it}, T_{it}, DZ_{it} \times T_{it}, Tempstaff_{it}, X_{it}), \quad (6-12)$$

2. "政策效应"和"集聚效应"的机制检验

表6-9报告了机制检验的结果,其中模型(1)列显示了表6-4中模型(4)列的基准回归结果,模型(2)列和(3)列报告了政策效应的检验结果,模型(4)列和(5)列报告了集聚效应的检验结果。

表6-9 "政策效应"和"集聚效应"的检验结果

变量	基准回归 (1) Scale	政策效应 (2) Subsidy	政策效应 (3) Scale	集聚效应 (4) Tempstaff	集聚效应 (5) Scale
DZ	0.037 (1.10)	0.016 (0.47)	0.035 (1.07)	0.025 (0.98)	0.021 (0.85)
T	0.128*** (6.47)	0.091*** (3.90)	0.114*** (6.02)	0.147*** (8.14)	0.034** (2.42)
$DZ \times T$	0.137*** (4.74)	0.103*** (2.79)	0.124*** (4.45)	0.101*** (3.78)	0.071*** (3.11)
$Subsidy$			0.145*** (24.74)		
$Tempstaff$					0.636*** (56.07)
控制变量	Yes	Yes	Yes	Yes	Yes
年份效应	Yes	Yes	Yes	Yes	Yes
地区效应	Yes	Yes	Yes	Yes	Yes
Constant	9.544*** (86.16)	−0.210** (−2.21)	9.571*** (88.34)	6.859*** (65.43)	5.168*** (39.63)
Observations	188 175	182 935	182 935	179 906	179 906
R^2	0.152	0.021	0.192	0.128	0.473

注:括号内数值是控制了聚类标准误的 t 值;*、**、*** 分别表示10%、5%、1%的显著性水平。

中介效应模型的回归结果表明存在政策效应的传导机制。模型(2)列

中交互项 $DZ \times T$ 的系数为正且通过显著性检验,表明开发区设立能显著地增加区内新企业获得的政府补贴,即开发区的设立通过优惠政策吸引企业入驻,首次进入开发区的新企业普遍得到政府补贴、税收减免等政策福利。模型(3)列中介变量 $Subsidy$ 系数为正且通过显著性检验,表明新企业获得的政府补贴有利于企业规模的扩大,即开发区的政策效应对新企业规模成长有促进作用。其原因在于政府补贴对于新企业来说是无偿的资金转移,直接增加新企业的资金拥有量,有助于缓解新企业的资源约束,从而帮助新企业扩大生产、增加投资,实现规模扩张。结合模型(2)和(3)列,发现存在"政府补贴"的中介效应,即开发区对新企业规模影响的"政策效应"机制得到验证。进一步比较模型(1)列和(3)列交互项 $DZ \times T$ 的系数 λ,可以发现模型(3)列的 λ 小于模型(1)列的 λ,说明"政府补贴"的中介效应是部分存在,与理论假说相一致。

中介效应模型的回归结果表明存在集聚效应的传导机制。模型(4)列中交互项 $DZ \times T$ 的系数为正且通过显著性检验,表明开发区设立显著地增加了区内新企业雇佣临时雇员,即开发区的设立通过集聚效应使得区内企业可以共享劳动市场,首次进入开发区的新企业更多地通过雇佣临时员工来应对市场波动和节约人力成本。模型(5)列中介变量 $Tempstaff$ 系数为正且通过显著性检验,表明新企业雇佣临时员工有利于企业规模成长,即开发区的集聚效应对新企业规模成长有促进作用。其原因在于临时雇员可以帮助新企业更及时、低成本地应对生产需求的变化,既抓住了宝贵市场机会,又避免了人力资源浪费,有助于保持生产成本的同时提高销售产值,有利于新企业成长。结合模型(4)列和(5)列,发现存在"临时雇员"的中介效应,即开发区对新企业规模影响的"集聚效应"机制得到验证。进一步比较模型(1)列和(5)列交互项 $DZ \times T$ 的系数 λ,可以发现模型(5)列的 λ 小于模型(1)列的 λ,说明"临时雇员"的中介效应是部分地存在,与理论假说相一致。

6.6 本章小结

实行特殊政策和管理体制的开发区是区域制度变迁的重要载体,以开发区为典型的增量制度建设是制度环境变化的典型表现。本章主要从中国渐进式改革实践中增量制度安排的视角,进一步补充制度环境对新企业成长的影响研究。根据中国改革中增量制度建设、开发区发展和开发区企业变化的经验事实,研究发现 2003—2006 年间不仅是中国开发区新设数量快速增长的年份,同时也有相当数量的企业从之前的非开发区企业成为开发区内企业,这为本章的实证研究提供了天然的准自然实验条件。本章将 2003—2006 年开发区设立作为准自然实验,采用倾向得分匹配基础上的"渐进式"双重差分方法(PSM-DID),通过考察非开发区新企业成为开发区新企业后对其规模变化的影响来识别增量制度对新企业规模成长的因果联系。

主要研究结论包括:

(1) 从总体而言,开发区设立促进了新企业规模的扩大,有助于新企业成长。这说明作为增量制度安排的开发区建设具有"扶持"新企业的作用。同时,在一系列稳健性检验以后,上述核心结论没有发生实质变化。

(2) 进一步研究发现,开发区对新企业成长的促进作用与开发区级别有关,即国家级开发区和省级开发区均能促进新企业的规模扩张,而市级及以下开发区的影响并不显著;同时,国家级开发区的影响程度显著优于省级开发区。这主要因为开发区设立通过增量的制度环境吸引企业入驻,不同的政策效应对企业的吸引力度不同,而入驻后企业数量和质量又进一步影响集聚效应的强度。

(3) 研究发现,基于要素密集度的行业差异并没有影响开发区设立对新企业规模扩张的作用。对于所有行业的新企业,国家级开发区对企业规模扩张的促进作用均显著;省级开发区对企业规模扩张的促进作用也显著但影响程度低于前者;而市级及以下开发区对企业成长作用并不显著。这说明新企业资源缺乏的普遍性,新企业拥有资源的匮乏和需求资源的饥渴,使得开发区设立对新企业规模成长具有普遍的促进作用。

(4) 本章不仅分析了开发区设立对新企业成长的平均影响效应和异质性效果,还通过引入中介效应模型对影响机制进行了检验。机制检验分别使用"政府补贴"和"临时雇员"作为中介变量,发现"政策效应"和"集聚效应"是开发区影响新企业成长的重要传导机制。

第七章 研究结论、对策与展望

本章系统总结了本书的主要研究结论;在此基础上针对中国新企业死亡率和失败率高的现状提出切实可行的对策建议;最后,客观评述了本书的不足之处,指出未来研究可以进一步拓展的方向。

7.1 主要结论

本书以资源禀赋和制度环境为研究对象,从企业内部条件和外部环境两方面研究新企业的成长动因。通过梳理和借鉴既往研究,将新企业成长过程解读为成长路径的"锁定"与"解锁"两个方面,分析资源禀赋和制度环境影响新企业成长的内外作用机制;在科学界定核心概念的基础上,测算新企业成长率、新企业资源禀赋水平,分析了新企业的成长特征;基于理论机制和现状特征的分析,构建资源禀赋、制度环境对新企业成长影响的实证模型,实证分析了资源禀赋、制度环境对新企业成长的影响程度,对两者相互作用的机制进行了检验,并从制度环境细分层面、企业控股结构两方面进行了异质性分析;由于不同产业演化中的新企业成长存在差异,本书从产业政策导向、产业竞争强度、产业规模壁垒三个方面,进一步实证分析了不同产业特征情况下资源禀赋和制度环境的异质性作用;增量制度是改革过程中制度环境变化的典型表现,本书以开发区设立作为准自然实验,使用倾向得分匹配基础上的双重差分方法(PSM-DID),补充了对增量制度与新企业成长关系的因果识别。本书获得的主要结论如下:

1. 考察了新企业规模变化、新企业成长率、新企业资源禀赋和各省区制度环境质量的基本情况。

研究发现:(1)在中国工业企业平均规模总体上升的趋势下,新企业的演化存在明显的"新进入缺陷",新企业存在更高的退出率和死亡率。同时,新企业跃迁到更高级别规模档次的比例更高,新企业的成长率水平高于成熟企业,而成熟企业保留在原有规模档次的比例相对更高。实现快速成长是新企业避免失败、保持存活的重要手段。(2)新企业成长受到资源约束的困扰。在中国工业企业资源禀赋的年际变化上呈现波动上升的趋势下,资源禀赋在新企业和成熟企业之间存在较大的差异。相对于成熟企业,新企业资源禀赋的时间趋势形态不同。新企业资源禀赋水平较低,同时新企业资源增长速度也相对较慢。这些特点说明成熟企业更容易积累资源,新企业存在资源约束,不仅难以获取资源,而且需要耗用资源。(3)中国制度环境总体质量有所改善,但各地区存在水平差异,东部地区制度环境总体质量最优,中部地区次之,西部地区最劣。同时,制度环境三个细分层面的变化情况,不论是年际之间的时间趋势,还是地区之间的水平差异都不相同。

2. 从新企业成长路径的"锁定"和"解锁"两个方面,可以解读企业资源禀赋和制度环境对新企业成长的内外影响机制。

研究发现:(1)新企业成长过程可以解剖为成长路径的"锁定"和"解锁"两个方面,这是本书分析新企业成长动因的有效思路。创立初期的内外条件对新企业演化具有路径依赖的"锁定"作用,而后续的特殊事件、外部变化和进一步战略行为具有路径变迁的"解锁"作用。(2)资源禀赋对新企业成长的影响主要体现在三个方面:初始资源禀赋能够强化组织"烙印"作用,将新企业锁定在易于成长的路径之上;丰裕的资源禀赋有利于实现新企业成长路径的"跃迁";资源禀赋有助于强化"资源拼凑"行为,缓解新企业的资源约束,改善"新进入缺陷"问题。同时,资源禀赋存在多种类型,人力资源和财务资源适应资源拼凑的需要,在新企业的成长中发挥尤为重要的作用。(3)制度环境对新企业成长的影响主要体现在三个方面:制度环境的改善有助于新企业改善资源使用效率、获取后续资源,进而缓解新企业的资源不足,强化新企业成长路径的"锁定"过程;中国情境下制度环境的变迁有助于营造更加规范和公平的新企业成长环境,有利于触发新企业演化路径的"解锁"过程;制度环境的改善有助于新企业获得身份认同、获取合法性,突破"合法性门槛"。同时,制度环境包含多个层面,经济制度环境、政府行政制度环境和法律保护制度环境从不同的方面对新企业成长起着促进作用。以开发区为典型的增量制度安排积极地营造了利于企业成长的外部环境,其"政策效应"和"集聚效应"对新企业成长具有"扶持"作用。

3. 实证研究了资源禀赋、制度环境对新企业成长的影响,同时考察了制度环境细分层面和企业股权结构的异质性,并对资源禀赋和制度环境交互作用的影响机制进行了检验。

研究发现:(1)总体而言,资源禀赋和制度环境对新企业成长率均具有正向影响,即丰裕的企业资源禀赋和制度环境总体改善均能够促进新企业的成长;验证了新企业成长不仅依赖于企业资源禀赋,还受到良好制度环境的促进作用。(2)就企业股权异质性来说,资源禀赋、制度环境对国有控股新企业成长的作用与对非国有控股新企业的作用存在差异。与非国有控股企业情形相比,在国有控股企业情形下,新企业的成长更依赖于资源禀赋,制度环境的总体改善反而抑制了其成长。(3)就制度环境异质性来说,在作用方向上,制度环境三个细分层面的影响方向和制度环境的总体影响结果保持一致,即制度环境的改善对新企业成长具有促进作用;在作用强度上,制度环境三个细分层面的影响存在差异,就单提高一个指标单位而言,经济制度环境和法律保护制度环境的作用强度大于政府行政制度环境的作用强度。(4)机制检验发现,总体上,制度环境和资源禀赋对新企业成长的影响存在互补的作用关系,即资源禀赋越丰富,制度环境总体情况越良好,越有助于促进新企业的成长;制度环境的三个细分层面与资源禀赋的相互作用关系则存在差异,经济制度环境与资源禀赋的影响存在替代关系,而政府行政制度环境、法律保护制度环境与资源禀赋的影响则存在互补关系。

4. 实证研究中进一步引入对产业特征异质性的考察,从产业政策导向、产业竞争强度和产业规模壁垒三个角度,分析资源禀赋和制度环境在新企业成长过程中的差异化作用。

研究发现:(1)考虑产业政策导向的情况下,资源禀赋、制度环境对受引导行业新企业成长的作用与对受管制行业新企业成长的作用呈现异质性。异质性效果主要体现在制度环境总体改善更有利于受引导行业新企业的成长,对受管制行业新企业反而有抑制作用;同时,资源禀赋的作用仍然显著。(2)考虑产业竞争强度的情况下,资源禀赋、制度环境对高竞争强度行业新企业成长的作用与对低竞争强度新企业成长的作用呈现异质性。行业竞争强度越低,资源禀赋对新企业成长的促进作用越强;同时,行业竞争强度越高,制度环境对新企业成长的促进作用越强。(3)考虑产业规模壁垒的情况下,资源禀赋、制度环境对高规模壁垒行业新企业成长的作用与对低规模壁垒行业新企业成长的作用呈现异质性。行业规模壁垒越高,新企业成长对资源禀赋的依赖性越强;同时,行业规模壁垒越低,制度环境对新企业成长的促进作用越强。

5. 基于中国改革的实践过程,实证研究中还补充了对增量制度的考察,通过借助开发区设立的准自然实验、使用倾向得分匹配基础上的双重差分方法(PSM-DID),对增量制度与新企业成长的关系进行了因果识别。

研究发现:(1)从总体而言,开发区设立促进了新企业规模的扩大,有助于新企业成长。这说明作为增量制度的开发区设立具有"扶持"新企业的作用。(2)就开发区异质性来说,开发区促进新企业成长的作用与开发区级别有关。国家级开发区和省级开发区能促进新企业的规模扩张,而市级及以下开发区的影响并不显著;同时,国家级开发区的影响程度显著优于省级开发区。(3)就行业异质性来说,基于要素密集度的行业差异并没有影响开发区设立对新企业规模扩张的作用,这说明新企业资源约束的普遍性,初创期的新企业普遍情况是企业成长深受资源不足的约束,国家级和省级开发区的设立能有效改善新企业资源情况,从而普遍促进新企业成长。(4)使用中介效应进行机制检验后发现,"政策效应"和"集聚效应"是开发区影响新企业成长的重要传导机制。

7.2 对策建议

上述研究结论可以为解决中国情境下新企业成长问题提供新的借鉴思路。助力新企业更快、更好发展,可以从企业内部资源禀赋入手,改善"自身条件";也可以从外部制度环境入手,加强"外部建设"。

1. 新企业在进入市场前尽可能获取、积累充分的资源禀赋,有助于其快速成长。

初始资源禀赋能够强化组织"烙印"作用,将新企业锁定在易于成长的路径之上;丰裕的资源禀赋有利于实现新企业成长路径的"跃迁";资源禀赋有助于强化"资源拼凑"行为,缓解新企业的资源约束。实证结果表明:总体而言,丰裕的企业资源禀赋能够促进新企业的成长,同时,人力资源、财务资源的作用都比较稳健;在考虑产业特征的情形下,不同产业政策导向、产业竞争程度、产业规模壁垒对资源禀赋的作用方向没有造成影响,但作用强度有不同程度的变化。这些结论说明资源禀赋对新企业成长的促进作用是普遍适用的。新企业在进入市场前,积累的资源越多,越能帮助其促进后续成长。同时,新企业还需要根据资源拼凑的需要和资源禀赋的功能,有针对性地构建资源禀赋的结构比例。人力资源富有活力,易于满足资源拼凑过程的需要;财务资源的杠杆能力强,能撬动更多新资源。在企业创立初期,通过积累丰裕的存量资源,构建合理的资源结构,可以奠定新企业持续发展的基础。

2. 政府应改善制度环境总体质量和细分层面的质量,营造促进新企业成长的外部环境。

制度环境的改善能促进新企业改善资源使用效率、获取后续资源,进而缓解新企业的资源不足,强化新企业成长路径的"锁定"过程;中国情境下制度环境的变迁有助于营造更加规范和公平的新企业成长环境,有利于触发新企业演化路径的"解锁"过程;制度环境的改善有助于新企业获得身份认同、获取合法性,突破"合法性门槛"。实证结果表明:总体而言,制度环境总体改善均能够促进新企业的成长;就制度环境异质性来说,制度环境的三个细分层面(经济制度环境、政府行政制度环境和法律保护制度环境)对新企业成长促进作用仍然显著,但存在作用强度差异。就单提高一个指标单位而言,经济制度环境和法律保护制度环境的作用强度大于政府行政制度环境的作用强度。这提示我们,一方面需要积极努力,继续推进中国市场化改革的进程,为创新创业活动营造新企业成长的外部环境;另一方面,需要重视制度环境细分层面的异质性作用。经济制度环境近年来曾出现过一段时间恶化的情况,这说明改善企业经营环境的工作任重道远。同时,改善制度环境的工作总是存在成本的,希望制度环境得到全面改善的政策目标是美好的,但未必是可行的。在现实情境下,重点改善经济制度环境与法律保护制度环境的状况,可能有助于更有效地发挥对新企业成长的促进作用。

3. 政府和新企业都应重视资源禀赋和制度环境的相互作用关系,通过兼顾两者作用充分发挥促进加成效应或弥补效应。

制度环境的改善能够改善企业既有资源的使用效率、提高企业获取后续资源的难易程度,这两种作用关系的差异带来制度环境总体情况和细分层面与资源禀赋之间作用关系的不同。实证研究发现:总体上,制度环境和资源禀赋对新企业成长的影响存在互补的作用关系;但制度环境的三个细分层面与资源禀赋的相互作用关系则存在差异,经济制度环境与资源禀赋的影响存在替代关系,而政府行政制度环境、法律保护制度环境与资源禀赋的影响则存在互补关系。因此,对于新企业成长的具体实践和政策指导就需要具体问题具体分析,因地制宜地协调企业资源积累和外部制度建设的关系。对于存在互补关系的领域,应充分发挥制度环境和资源禀赋之间的加成效应,实现"强强联合";对于存在替代关系的领域,改善外部制度环境是弥补企业"先天不足"的有效方式,可以尝试通过经济制度环境改善弥补新企业初始资源不足的成长困境。资源禀赋比较丰裕的新企业区位选择可以优先考虑制度环境总体质量、政府行政制度环境、法律保护制度环境比较好的地区,获取加成的成长效果;资源禀赋比较匮乏的新企业区位选择可以优先考虑经济制度环境比较好的地区,获取后续资源来弥补初始资源不足。

4. 应充分关注新企业成长过程中的产业特征异质性,新企业选择进入行业和政府促进企业发展都应根据产业政策导向、产业竞争强度、产业规模壁垒等情况而差异化对待。

产业环境是新企业开展业务、扩展市场的首要环境,产业特征决定了新企业与在位企业的力量对比、市场中的地位与角色。实证研究发现,考虑产业政策导向的情况下资源禀赋对新企业的促进作用仍然普遍,但制度环境总体制度的作用出现异质性,制度环境改善更有利于受引导行业新企业的成长,对受管制行业新企业反而有抑制作用;考虑产业竞争强度的情况下,行业竞争强度越低,资源禀赋对新企业成长的促进作用越强,而制度环境对新企业成长的促进作用越弱;考虑产业规模壁垒的情况下,行业规模壁垒越高,新企业成长对资源禀赋的依赖性越强,而制度环境对新企业成长的促进作用越弱。因此,新企业在进入市场前应明确产业特征情况,如果新企业初始资源禀赋较为丰裕,那么选择进入受政策引导的行业、竞争强度低的行业和规模壁垒高的行业,则资源禀赋对其成长的促进作用就较为明显。政府希望优化制度环境助力新企业获取后续资源,那么选择目标行业为竞争强度高的行业和规模壁垒低的行业,制度环境改善的促进作用就较为明显。

5. 政府应加强中国情境下的增量制度建设,根据其异质性特点充分发挥对新企业成长的"扶持"作用。

合理恰当的增量制度安排对于促进新企业成长具有十分重要的影响。以开发区设立为例,开发区建设能够促进新企业的规模成长,具有"扶持"作用。在政策实践和具体操作中,需要重视以下几个方面:一是开发区建设时应该重视开发区的质量,不能只看开发区的数量。在以地方政府为主体的区域竞争格局下,"锦标赛"式的晋升机制往往导致地方政府盲目上马开发区项目,容易造成低级别开发区"遍地开花"的怪象。但实际上,开发区设立对新企业的促进作用是有条件的,不是所有开发区都能提振经济增长。实证研究发现,国家级开发区和省级开发区能促进新企业的规模扩张,而市级及以下开发区的影响并不显著。政府应不断完善开发区设立的审批制度,严格控制开发区设立的数量,特别是低级别开发区的数量。二是开发区建设应促进既有开发区的升级改造,推动省级开发区优化晋升。不断加强既有开发区的建设和管理,对于开发区效果进行定期的评估;理顺省级开发区的晋升路径,促进开发区的不断升级优化,促进产业集聚程度的提高,努力建设一定数量、优质的高级别开发区。三是开发区建设中要努力疏通传导机制,保证"政策效应"的作用,更要强化"集聚效应"的影响。开发区对新企业成长的最终效果是"政策效应"和"集聚效应"两者的综合。

7.3 不足与展望

本书的核心内容是笔者在攻读博士学位期间对于中国情境下新企业成长等相关方面的一些思考、认识和研究,不可避免存在一些不足之处。而这些不足可能是未来可以尝试的研究方向。

首先,对于新企业成长过程的解读缺乏数理模型。虽然本书根据既往研究,将新企业成长过程解读为成长路径的"锁定"和"解锁"两个方面,进而阐述资源禀赋和制度环境在新企业成长路径"锁定"和"解锁"两个方面的影响,但主要还是基于理论论述。可能局限于笔者的阅读量,本书没有借鉴和使用数理模型对新企业成长因素进行论证,可能因此错过了一些具有一般化甚至是重要的结论。今后进一步研究的一个方向是在主流经济学的数理模型中引入对新企业成长的部件和参数,或者在企业成长的框架下尝试构建模型,进而可以尝试对新企业成长动因做一般化的理论论证。

其次,没有对新企业成长的动态机制进行直接的实证研究。本书在实证分析中,对新企业成长机制的检验是间接进行的,即通过考察前一期的企业资源禀赋和制度环境状况与后续一段时间企业成长之间的关系。因为后续的创始人决策和战略实施一定程度上通过资源变化进而影响到企业成长,那么通过落脚在企业资源状态上可以连接初始状态和后续企业行为。但新企业成长是一个动态的过程,企业在既有资源的基础上进行战略决策,通过实施战略进而获取后续资源,后续资源又影响下一期企业绩效和行为;受限于笔者的能力,这种顺次影响的动态机制并未得到直接的实证检验。对新企业成长的动态机制研究是未来有待深入考察的方向,可以尝试通过案例分析、动态面板模型等方法来具体解剖。例如,新企业成长过程中哪些因素对成立路径具有"锁定"作用?哪些因素对成长路径具有"解锁"作用?"锁定"和"解锁"是怎样发生的?若能够获得时效性更好的微观企业调查数据,会有助于更细致地研究新企业成长动态过程。

最后,对于制度环境因素的考察还不够细致,同时,影响新企业成长的其他外部因素也值得进一步深入考察。本书关于企业外部条件的考察集中在制度环境,现实中可能还存在其他可以考量的因素,比如地方习俗、文化习惯、社会资本等方面的因素。这些因素与企业资源禀赋和制度环境均有联系,限于篇幅和数据可得性,未作为本书的重点,但值得作为进一步研究深入的方向。同时,本书对制度环境的考察,一方面是借助市场化总指数和分项指数作为制度环境总体质量和细分层面的变量进行了实证分析,另一方面补充了增量制度对新企业成长影响的研究。但这项研究仍然不够细致和深入,制度环境存在多种分类,正式制度和非正式制度都有丰富的内涵;现有的市场化指数虽然是比较通行的指标,但市场化指数统计口径存在多次调整,且局限于省区层面,可能无法体现其他层面的类型差异。今后的研究可以着重落脚到正式制度或者非正式制度某一或某一些具体方面,通过搜集、整理更精细的城市或者区县层面的制度因素数据,进一步和企业数据进行整合,或者采用问卷的方法获取更微观的数据,从而可以对制度环境在新企业成长中的作用进行更细致的实证研究。

参考文献

[1] Abdulsaleh A M, Worthington A C. Small and medium-sized enterprises financing: A review of literature[J]. *International Journal of Business and Management*, 2013, 8(14): 36-54.

[2] Acemoglu D, Akcigit U, Alp H, et al. Innovation, reallocation and growth[R]. Working Paper, 2017.

[3] Acemoglu D, Antràs P, Helpman E. Contracts and technology adoption[J]. *American Economic Review*, 2007, 97(3): 916-943.

[4] Adizes, I. *Corporate Lifecycles: How and Why Corporations Grow and Die and What to Do about It*[M]. NJ: Prentice Hall, 1989.

[5] Alchian A A. Uncertainty, evolution, and economic theory[J]. *Journal of Political Economy*, 1950, 58(3): 211-221.

[6] Alder S, Shao L, Zilibotti F. Economic reforms and industrial policy in a panel of Chinese cities[J]. *Journal of Economic Growth*, 2016, 21(4): 305-349.

[7] Aldrich H E, Fiol C M. Fools rush in? The institutional context of industry creation[J]. *Academy of Management Review*, 1994, 19(4): 645-670.

[8] Aldrich H E, Pfeffer J. Environments of organizations[J]. *Annual Review of Sociology*, 1976, 2(1): 79-105.

[9] Andersson O, Strigel W H. Business surveys and economic research: A Review of significant developments [C]. In International Research on Business Cycle Surveys, H Laumer and M Ziegler, ed. Munich: Springer-Verlag, 1981.

[10] Andrews K R. *The Concept of Corporate Strategy Homewood* [M]. Homewood, IL: Dow Jones Irwin, 1971.

[11] Amason A C, Shrader R C, Tompson G H. Newness and novelty: Relating top management team composition to new venture performance[J]. *Journal of Business Venturing*, 2006, 21(1): 125–148.

[12] Ambos T C, Birkinshaw J. How do new ventures evolve? An inductive study of archetype changes in science-based ventures [J]. *Organization Science*, 2010, 21(6): 1125–1140.

[13] Audretsch D B, Klomp L, Santarelli E, et al. Gibrat's Law: Are the services different? [J]. *Review of Industrial Organization*, 2004, 24(3): 301–324.

[14] Baker T, Aldrich H E. Bricolage and Resource-seeking: improvisational responses to dependence in entrepreneurial firms [R]. Working Paper, 2000.

[15] Baker T, Nelson R E. Creating something from nothing: Resource construction through entrepreneurial bricolage[J]. *Administrative Science Quarterly*, 2005, 50(3): 329–366.

[16] Bain J S. *Barriers to New Competition* [M]. Cambridge, MA: Harvard University Press, 1956.

[17] Barney J. Firm resources and sustained competitive advantage[J]. *Journal of Management*, 1991, 17(1): 99–120.

[18] Batjargal B, Hitt M A, Tsui A S, et al. Institutional polycentrism, entrepreneurs' social networks, and new venture growth[J]. *Academy of Management Journal*, 2013, 56(4): 1024–1049.

[19] Baum J R, Bird B J, Singh S. The practical intelligence of entrepreneurs: Antecedents and a link with new venture growth [J]. *Personnel Psychology*, 2011, 64(2): 397–425.

[20] Baum J R, Locke E A, Smith K G. A multidimensional model of venture growth[J]. *Academy of Management Journal*, 2001, 44(2): 292–303.

[21] Becker G S. *Human capital: A Theoretical and Empirical Analysis, with Special Reference to Education*[M]. New York: University of Chicago Press, 2009.

[22] Becker R, Henderson V. Effects of air quality regulations on polluting industries[J]. *Journal of Political Economy*, 2000, 108(2): 379-421.

[23] Bhidé A V. *The Origin and Evolution of New Businesses*[M]. Oxford University Press, 2003.

[24] Biggadike R E. *Corporate Diversification: Entry, Strategy and Performance*[M]. Cambridge, MA: Harvard University Press, 1979.

[25] Birley S.The role of networks in the entrepreneurial process[J]. *Journal of Business Venturing*, 1985, 1(1): 107-117.

[26] Boeker W. Strategic change: The effects of founding and history[J]. *Academy of Management Journal*, 1989, 32(3): 489-515.

[27] Brandt L, Van Biesebroeck J, Zhang Y. Creative accounting or creative destruction? Firm-level productivity growth in Chinese manufacturing[J]. *Journal of Development Economics*, 2012, 97(2): 339-351.

[28] Bruderl J, Schussler R. Organizational mortality: The liabilities of newness and adolescence[J]. *Administrative Science Quarterly*, 1990: 530-547.

[29] Brush C G, Greene P G, Hart M M. From initial idea to unique advantage: The entrepreneurial challenge of constructing a resource base[J]. *Academy of Management Perspectives*, 2001, 15(1): 64-78.

[30] Carroll G R, Hannan M T. *The demography of corporations and industries*[M]. Princeton: Princeton University Press, 2004.

[31] Chandler G N, Jansen E. The founder's self-assessed competence and venture performance[J]. *Journal of Business Venturing*, 1992, 7(3): 223-236.

[32] Chandler G N, Hanks S H. Measuring the performance of emerging businesses: A validation study[J]. *Journal of Business Venturing*, 1993, 8(5): 391-408.

[33] Chen, B., M. Lu, and K. Xiang. Geography versus policy: How remoteness to sea reverse the effect of development zones on firms' TFP[R]. Working Paper, 2015.

[34] Chiles T H, Bluedorn A C, Gupta V K. Beyond creative

destruction and entrepreneurial discovery: A radical Austrian approach to entrepreneurship[J]. *Organization Studies*, 2007, 28(4): 467 - 493.

[35] Child J, Chung L, Davies H. The performance of cross-border units in China: A test of natural selection, strategic choice and contingency theories[J]. *Journal of International Business Studies*, 2003, 34(3): 242 - 254.

[36] Chrisman J J, Bauerschmidt A, Hofer C W. The determinants of new venture performance: An extended model[J]. *Entrepreneurship Theory and Practice*, 1998, 23(1): 5 - 29.

[37] Ciavarella M A, Buchholtz A K, Riordan C M, et al. The Big Five and venture survival: Is there a linkage? [J]. *Journal of Business Venturing*, 2004, 19(4): 465 - 483.

[38] Clarysse B, Moray N. A process study of entrepreneurial team formation: the case of a research-based spin-off[J]. *Journal of Business Venturing*, 2004, 19(1): 55 - 79.

[39] Clercq D D, Sapienza H J. When do venture capital firms learn from their portfolio companies? [J]. *Entrepreneurship Theory and Practice*, 2005, 29(4): 517 - 535.

[40] Coase R H. The nature of the firm[J]. *Economica*, 1937, 4(16): 386 - 405.

[41] Cooper A C, Gimeno-Gascon F J, Woo C Y. Initial human and financial capital as predictors of new venture performance[J]. *Journal of Business Venturing*, 1994, 9(5): 371 - 395.

[42] Costinot A. On the origins of comparative advantage[J]. *Journal of International Economics*, 2009, 77(2): 255 - 264.

[43] Covin J G, Slevin D P. New venture strategic posture, structure, and performance: An industry life cycle analysis[J]. *Journal of Business Venturing*, 1990, 5(2): 123 - 135.

[44] Danis W M, De Clercq D, Petricevic O. Are social networks more important for new business activity in emerging than developed economies? An empirical extension[J]. *International Business Review*, 2011, 20(4): 394 - 408.

[45] Davidsson P. Continued entrepreneurship: Ability, need, and opportunity as determinants of small firm growth[J]. *Journal of Business Venturing*, 1991, 6(6): 405-429.

[46] Delacroix J, Carroll G R. Organizational foundings: An ecological study of the newspaper industries of Argentina and Ireland [J]. *Administrative Science Quarterly*, 1983: 274-291.

[47] Delacroix J, Rao H. Externalities and ecological theory: Unbundling density dependence [C]. In Evolutionary Dynamics of Organizations, J A C Baum and J V Singh, ed. New York: Oxford University Press, 1994.

[48] Delmar F. Measuring growth: methodological considerations and empirical results[J]. *Entrepreneurship and the Growth of Firms*, 2006, 1(1): 62-84.

[49] Delmar F, Davidsson P, Gartner W B. Arriving at the high-growth firm[J]. *Journal of Business Venturing*, 2003, 18(2): 189-216.

[50] Delmar F, Shane S. Does experience matter? The effect of founding team experience on the survival and sales of newly founded ventures[J]. *Strategic Organization*, 2006, 4(3): 215-247.

[51] Desa G, Basu S. Optimization or bricolage? Overcoming resource constraints in global social entrepreneurship[J]. *Strategic Entrepreneurship Journal*, 2013, 7(1): 26-49.

[52] Dimaggio P J, Powell W W. The iron cage revisited: institutional isomorphism and collective rationality in organizational fields[J]. American Sociological Review, 1983, 48(2): 147-160.

[53] Dowling J, Pfeffer J. Organizational legitimacy: Social values and organizational behavior[J]. *Pacific Sociological Review*, 1975, 18(1): 122-136.

[54] Dunne T, Roberts M J, Samuelson L. The growth and failure of US manufacturing plants[J]. *The Quarterly Journal of Economics*, 1989, 104(4): 671-698.

[55] Eisenhardt K M, Schoonhoven C B. Organizational growth:

Linking founding team, strategy, environment, and growth among US semiconductor ventures, 1978—1988[J]. *Administrative Science Quarterly*, 1990, 35(3): 504-529.

[56] Falk M. Quantile estimates of the impact of R&D intensity on firm performance[J]. *Small Business Economics*, 2012, 39(1): 19-37.

[57] Fatoki O O. The impact of human, social and financial capital on the performance of small and medium-sized enterprises (SMEs) in South Africa[J]. *Journal of Social Sciences*, 2011, 29(3): 193-204.

[58] Fichman M, Levinthal D A. Honeymoons and the liability of adolescence: A new perspective on duration dependence in social and organizational relationships[J]. *Academy of Management Review*, 1991, 16(2): 442-468.

[59] Fontana R, Nesta L. Product innovation and survival in a high-tech industry[J]. *Review of Industrial Organization*, 2009, 34(4): 287-306.

[60] Freeman J, Carroll G R, Hannan M T. The liability of newness: Age dependence in organizational death rates[J]. *American Sociological Review*, 1983: 692-710.

[61] Freeman J, Hannan M T. Niche width and the dynamics of organizational populations[J]. *American Journal of Sociology*, 1983, 88(6): 1116-1145.

[62] Garnsey E. A theory of the early growth of the firm[J]. *Industrial and Corporate Change*, 1998, 7(3): 523-556.

[63] Geroski, P. The growth of firms in theory and in practice [C]. In Competence, Governance, and Entrepreneurship: Advances in Economic Strategy Research, V Mahnke, ed. Oxford University Press, 2000.

[64] Geroski P A, Mata J, Portugal P. Founding conditions and the survival of new firms[J]. *Strategic Management Journal*, 2010, 31(5): 510-529.

[65] Gibrat R. *Les inkgalitks Economiques* [M]. Paris: Librairie du Recueil Sirey, 1931.

[66] Gilbert B A, McDougall P P, Audretsch D B. New venture growth: A review and extension[J]. *Journal of Management*, 2006, 32(6):

926-950.

[67] Grant R M.The resource-based theory of competitive advantage: Implications for strategy formulation[J]. *California Management Review*, 1991, 33(3): 114-135.

[68] Haire M.Biological models and empirical histories of the growth of organizations[J]. *Modern Organization Theory*, 1959, 10: 272-306.

[69] Hall B H.The relationship between firm size and firm growth in the US manufacturing sector[J]. *Journal of Industrial Economics*, 1986(35): 583-606.

[70] Hannan M T, Freeman J. The population ecology of organizations[J]. *American Journal of Sociology*, 1977, 82(5): 929-964.

[71] Hannan M T, Freeman J. Structural inertia and organizational change[J]. *American Sociological Review*, 1984: 149-164.

[72] Hargis M B, Bradley III D B. Strategic human resource management in small and growing firms: Aligning valuable resources[J]. *Academy of Strategic Management Journal*, 2011, 10(2): 105-125.

[73] Haushalter D,Klasa S, Maxwell W F. The influence of product market dynamics on a firm's cash holdings and hedging behavior[J]. *Journal of Financial Economics*, 2007, 84(3): 797-825.

[74] Heckman J J, Ichimura H, Todd P E. Matching as an econometric evaluation estimator: Evidence from evaluating a job training programme[J]. *The Review of Economic Studies*, 1997, 64(4): 605-654.

[75] Heirman A, Clarysse B. How and why do research-based start-ups differ at founding? A resource-based configurational perspective[J]. *The Journal of Technology Transfer*, 2004, 29(3-4): 247-268.

[76] Helfat C E, Peteraf M A. The dynamic resource-based view: Capability lifecycles[J]. *Strategic Management Journal*, 2003, 24(10): 997-1010.

[77] Hymer S,Pashigian P. Firm size and rate of growth[J]. *Journal of Political Economy*, 1962, 70(6): 556-569.

[78] Holcombe R G. The origins of entrepreneurial opportunities[J].

The Review of Austrian Economics, 2003, 16(1): 25-43.

[79] Johnson V. What is organizational imprinting? Cultural entrepreneurship in the founding of the Paris Opera[J]. *American Journal of Sociology*, 2007, 113(1): 97-127.

[80] Judge W Q, Hu H W, Gabrielsson J, et al. Configurations of capacity for change in entrepreneurial threshold firms: Imprinting and strategic choice perspectives[J]. *Journal of Management Studies*, 2015, 52(4): 506-530.

[81] Kaulio M A. Initial conditions or process of development? Critical incidents in the early stages of new ventures[J]. *R&D Management*, 2003, 33(2): 165-175.

[82] Kazanjian R K, Drazin R. A stage-contingent model of design and growth for technology based new ventures [J]. *Journal of Business Venturing*, 1990, 5(3): 137-150.

[83] Kimberly J R. Environmental constraints and organizational structure: A comparative analysis of rehabilitation organizations [J]. *Administrative Science Quarterly*, 1975: 1-9.

[84] Kimberly J R. Issues in the creation of organizations: Initiation, innovation, and institutionalization[J]. *Academy of Management Journal*, 1979, 22(3): 437-457.

[85] Kirzner I M. Creativity and/or alertness: A reconsideration of the Schumpeterian entrepreneur[J]. *The Review of Austrian Economics*, 1999, 11(1-2): 5-17.

[86] Knack S, Keefer P. Institutions and economic performance: cross-country tests using alternative institutional measures[J]. *Economics & Politics*, 1995, 7(3): 207-227.

[87] Krugman P. History and industry location: the case of the manufacturing belt[J]. *The American Economic Review*, 1991, 81(2): 80-83.

[88] Larrañeta B, Zahra S A, Galán González J L. Strategic repertoire variety and new venture growth: The moderating effects of origin and industry

dynamism[J]. *Strategic Management Journal*, 2014, 35(5): 761-772.

[89] Lee C, Lee K, Pennings J M. Internal capabilities, external networks, and performance: a study on technology-based ventures[J]. *Strategic Management Journal*, 2001, 22(6-7): 615-640.

[90] Leung A, Zhang J, Wong P K, et al. The use of networks in human resource acquisition for entrepreneurial firms: Multiple "fit" considerations[J]. *Journal of Business Venturing*, 2006, 21(5): 664-686.

[91] Levchenko A A. Institutional quality and international trade[J]. *The Review of Economic Studies*, 2007, 74(3): 791-819.

[92] Levinthal D A. Random walks and organizational mortality[J]. *Administrative Science Quarterly*, 1991: 397-420.

[93] Li H, Zhang Y. The role of managers' political networking and functional experience in new venture performance: Evidence from China's transition economy[J]. *Strategic Management Journal*, 2007, 28(8): 791-804.

[94] Li J J, Zhou K Z, Shao A T. Competitive position, managerial ties, and profitability of foreign firms in China: An interactive perspective [J]. *Journal of International Business Studies*, 2009, 40(2): 339-352.

[95] Lin N. Social networks and status attainment[J]. *Annual Review of Sociology*, 1999, 25(1): 467-487.

[96] Lin C, Lin P, Song F. Property rights protection and corporate R&D: Evidence from China[J]. *Journal of Development Economics*, 2010, 93(1):49-62.

[97] Lu Y, Wang J, Zhu L. Do place-based policies work? micro-level evidence from China's economic zone program[R]. Working Paper, 2015.

[98] Marino K E. Developing consensus on firm competencies and capabilities[J]. *Academy of Management Perspectives*, 1996, 10(3): 40-51.

[99] Marquis C, Tilcsik A. Imprinting: Toward a multilevel theory [J]. *Academy of Management Annals*, 2013, 7(1): 195-245.

[100] Marshall A. *The Principles of Economics*[M]. London: MacMillan, 1920.

[101] McDougall P P, Covin J G, Jr R B R, et al. The effects of industry growth and strategic breadth on new venture performance and strategy content[J]. *Strategic Management Journal*, 1994, 15(7):537-554.

[102] McDougall P P, Robinson Jr R B, DeNisi A S. Modeling new venture performance: An analysis of new venture strategy, industry structure, and venture origin[J]. *Journal of Business Venturing*, 1992, 7(4): 267-289.

[103] Milliken F J. Three types of perceived uncertainty about the environment: State, effect, and response uncertainty[J]. *Academy of Management Review*, 1987, 12(1): 133-143.

[104] Miner A S, Haunschild P R. Population level learning[C]. In Research in Organizational Behavior, L L Cummings and B M Staw, ed. Greenwich, CT: JAI Press, 1995.

[105] Moyes D, Ferri P, Henderson F, et al. The stairway to Heaven? The effective use of social capital in new venture creation for a rural business [J]. *Journal of Rural Studies*, 2015, 39: 11-21.

[106] Mudambi R, Zahra S A. The survival of international new ventures [J]. *Journal of International Business Studies*, 2007, 38(2): 333-352.

[107] North D C. *Institutions, Institutional Change and Economic Performance*[M]. Cambridge:Cambridge University Press, 1990.

[108] Oliver C. Strategic responses to institutional processes[J]. *Academy of Management Review*, 1991, 16(1): 145-179.

[109] Peng M W. *Global Strategy*[M]. Cincinnati: Thomson South-Western, 2006.

[110] Peng M W, Sun S L, Pinkham B, et al. The institution-based view as a third leg for a strategy tripod[J]. *Academy of Management Perspectives*, 2009, 23(3): 63-81.

[111] Penrose E T. *The Theory of the Growth of the Firm*[M]. New York: John Wiley, 1959.

[112] Petty J W, Bygrave W D. What does finance have to say to the

entrepreneur? [J]. *Journal of Small Business Finance*, 1993, 2(2): 125-137.

[113] Phelps R, Adams R, Bessant J. Life cycles of growing organizations: A review with implications for knowledge and learning[J]. *International Journal of Management Reviews*, 2007, 9(1): 1-30.

[114] Pieper T M, Smith A D, Kudlats J, et al. The persistence of multifamily firms: Founder imprinting, simple rules, and monitoring processes [J]. *Entrepreneurship Theory and Practice*, 2015, 39(6): 1313-1337.

[115] Porter M E. Competitive strategy: Techniques for analyzing industries and competitors[J]. *Social Science Electronic Publishing*, 1980 (2):86-87.

[116] Porter M E. Clusters and the new economics of competition[J]. *Harvard Business Review*, 1998, 76(6):77.

[117] Potoski M, Prakash A. Regulatory convergence in nongovernmental regimes? Cross-national adoption of ISO 14001 certifications[J]. *The Journal of Politics*, 2004, 66(3): 885-905.

[118] Prahalad C K, Hamel G. The core competence of the corporation[J]. *Harvard Business Review*, 1990(5-6): 75-91.

[119] Quinn R E, Cameron K. Organizational life cycles and shifting criteria of effectiveness: Some preliminary evidence [J]. *Management Science*, 1983, 29(1): 33-51.

[120] Renko M, El Tarabishy A, Carsrud A L, et al. Understanding and measuring entrepreneurial leadership style [J]. *Journal of Small Business Management*, 2015, 53(1): 54-74.

[121] Rindova V P, Kotha S. Continuous "morphing": Competing through dynamic capabilities, form, and function [J]. *Academy of Management Journal*, 2001, 44(6): 1263-1280.

[122] Rosenbaum, P. R., and D. B. Rubin. Constructing a control group using multivariate matched sampling methods that incorporate the propensity score[J]. *American Statistician*, 1985, 39(1):33-38.

[123] Rothwell G, Rothwell R, Zegveld W. *Reindustrialization and*

Technology[M]. ME Sharpe, 1985.

[124] Ropo A, Hunt J G. Entrepreneurial processes as virtuous and vicious spirals in a changing opportunity structure: A paradoxical perspective [J]. *Entrepreneurship Theory and Practice*, 1995, 19(3): 91-111.

[125] Rubin D B. Estimating causal effects of treatments in randomized and nonrandomized studies[J]. *Journal of Educational Psychology*, 1974, 66(5): 688-701.

[126] Ruef M, Scott W R. A multidimensional model of organizational legitimacy: Hospital survival in changing institutional environments[J]. *Administrative Science Quarterly*, 1998, 43(4): 877-904.

[127] Santos F M, Eisenhardt K M. Constructing markets and shaping boundaries: Entrepreneurial power in nascent fields[J]. *Academy of Management Journal*, 2009, 52(4): 643-671.

[128] Samuels J M. Size and the growth of firms[J]. *The Review of Economic Studies*, 1965, 32(2): 105-112.

[129] Scherer F M. Inter-industry technology flows and productivity growth[J]. *The Review of Economics and Statistics*, 1982: 627-634.

[130] Schumpeter J A. *The Theory of Economic Development: An Inquiry into Profits, Capital, Credit, Interest, and the Business* Cycle[M]. Piscataway, NJ: Transaction Publishers, 1934.

[131] Scott W R. *Institutions and Organizations: Ideas and Interests* [M]. Los Angeles: Sage Publications, 2008.

[132] Scott W, Meyer J. The organization of societal sectors[C]. In Organization Environments: Ritual and Rationality, J Meyer and W Scott, ed. Sage: Beverly Hills, 1983.

[133] Siegel R, Siegel E, Macmillan I C. Characteristics distinguishing high-growth ventures[J]. *Journal of Business Venturing*, 1993, 8(2): 169-180.

[134] Simon H A, Bonini C P. The size distribution of business firms [J]. *The American Economic Review*, 1958, 48(4): 607-617.

[135] Simsek Z, Fox B C, Heavey C. "What's past is prologue" A

framework, review, and future directions for organizational research on imprinting[J]. *Journal of Management*, 2015, 41(1): 288-317.

[136]　Stam W, Arzlanian S, Elfring T. Social capital of entrepreneurs and small firm performance: A meta-analysis of contextual and methodological moderators[J]. *Journal of Business Venturing*, 2014, 29(1): 152-173.

[137]　Stigler G J. The economies of scale[J]. *The Journal of Law and Economics*, 1958, 1: 54-71.

[138]　Stinchcombe A L. Social structure and organizations [C]. In Handbook of Organizations, J G March, ed. Chicago: Rand McNally, 1965.

[139]　Storey D J. *Understanding the Small Business Sector* [M]. London: Routledge, 2016.

[140]　Swaminathan A. Environmental conditions at founding and organizational mortality: A trial-by-fire model[J]. *Academy of Management Journal*, 1996, 39(5): 1350-1377.

[141]　Taylor J E. Undocumented Mexico-U. S. Migration and the returns to households in rural Mexico[J]. *American Journal of Agricultural Economics*, 1987, 69(3): 626-638.

[142]　Tang J, Murphy P J. Prior knowledge and new product and service introductions by entrepreneurial firms: The mediating role of technological innovation[J]. *Journal of Small Business Management*, 2012, 50(1): 41-62.

[143]　Teece D J. *Dynamic Capabilities and Strategic Management: Organizing for Innovation and Growth* [M]. Oxford University Press on Demand, 2009.

[144]　Teece D J, Pisano G, Shuen A. Dynamic capabilities and strategic management[J]. *Strategic Management Journal*, 1997, 18(7): 509-533.

[145]　Tucker D J, Singh J V, Meinhard A G. Organizational form, population dynamics, and institutional changes: The founding patterns of voluntary organizations[J]. *Academy of Management Journal*, 1990, 33

(1): 151-178.

[146] Tsai W, Ghoshal S. Social capital and value creation: The role of intrafirm networks[J]. *Academy of Management Journal*, 1998, 41(4): 464-476.

[147] Uzzi B. Social structure and competition in interfirm networks: The paradox of embeddedness[J]. *Administrative Science Quarterly*, 1997, 42(1): 35-67.

[148] Van de Ven A H, Poole M S. Explaining development and change in organizations[J]. *Academy of Management Review*, 1995, 20(3): 510-540.

[149] Van de Ven A H, Hudson R, Schroeder D M. Designing new business start-ups: Entrepreneurial, organizational, and ecological considerations[J]. *Journal of Management*, 1984, 10(1): 87-108.

[150] Vanevenhoven J, Winkel D, Malewicki D, et al. Varieties of bricolage and the process of entrepreneurship[J]. *New England Journal of Entrepreneurship*, 2011, 14(2): 53-66.

[151] Wang J. The economic impact of special economic zones: Evidence from Chinese municipalities[J]. *Journal of Development Economics*, 2013, 101: 133-147.

[152] Warren D E, Dunfee T W, Li N. Social exchange in China: The double-edged sword of guanxi[J]. *Journal of Business Ethics*, 2004, 55(4): 353-370.

[153] Watson J. Modeling the relationship between networking and firm performance[J]. *Journal of Business Venturing*, 2007, 22(6): 852-874.

[154] Wennberg K, Lindqvist G. The effect of clusters on the survival and performance of new firms[J]. *Small Business Economics*, 2010, 34(3): 221-241.

[155] Wernerfelt B. A resource-based view of the firm[J]. *Strategic Management Journal*, 1984, 5(2): 171-180.

[156] Wijbenga F H, Postma T J B M, Stratling R. The influence of

the venture capitalist's governance activities on the entrepreneurial firm's control systems and performance [J]. *Entrepreneurship Theory and Practice*, 2007, 31(2): 257 - 277.

[157] Willianson O E. *Markets and Hierarchies: Analysis and Antitrust Implications*[M]. New York: Free Press, 1975.

[158] Williamson O E. The new institutional economics: taking stock, looking ahead [J]. *Journal of Economic Literature*, 2000, 38(3): 595 - 613.

[159] Wind Y, Thomas R J. Organizational buying behavior in an interdependent world [J]. *Journal of Global Academy of Marketing Science*, 2010, 20(2): 110 - 122.

[160] Wood M S, Michalisin M D. Entrepreneurial drive in the top management team: Effects on strategic choice and firm performance[J]. *Journal of Leadership & Organizational Studies*, 2010, 17(3): 222 - 239.

[161] Yang T, Aldrich H E. "The liability of newness" revisited: Theoretical restatement and empirical testing in emergent organizations[J]. *Social Science Research*, 2017, 63: 36 - 53.

[162] Yli-Renko H, Autio E, Sapienza H J. Social capital, knowledge acquisition, and knowledge exploitation in young technology-based firms[J]. *Strategic Management Journal*, 2001, 22(6 - 7): 587 - 613.

[163] Zahra S A, Bogner W C. Technology strategy and software new ventures'performance: Exploring the moderating effect of the competitive environment[J]. *Journal of Business Venturing*, 2000, 15(2): 135 - 173.

[164] Zahra S A, Ireland R D, Hitt M A. International expansion by new venture firms: International diversity, mode of market entry, technological learning, and performance [J]. *Academy of Management Journal*, 2000, 43(5): 925 - 950.

[165] Zahra S A, Sapienza H J, Davidsson P. Entrepreneurship and dynamic capabilities: A review, model and research agenda[J]. *Journal of Management Studies*, 2006, 43(4): 917 - 955.

[166] Zheng S, Sun W, Wu J, et al. The birth of edge cities in China:

Measuring the effects of industrial parks policy[J]. *Journal of Urban Economics*, 2017, 100: 80 – 103.

[167] Zimmerman M A, Zeitz G J. Beyond survival: Achieving new venture growth by building legitimacy[J]. *Academy of Management Review*, 2002, 27(3): 414 – 431.

[168] 艾尔弗雷德·D·钱德勒.战略与结构:美国工商企业发展的若干篇章[M].昆明:云南人民出版社,2002.

[169] 鲍宗客.创新行为与中国企业生存风险:一个经验研究[J].财贸经济,2016(02):85 – 99+113.

[170] 彼得·德鲁克.创新和企业家精神[M].北京:机械工业出版社,2009.

[171] 蔡莉,柳青.新创企业资源整合过程模型[J].科学学与科学技术管理,2007(02):95 – 102.

[172] 蔡莉,肖坚石,赵镝.基于资源开发过程的新创企业创业导向对资源利用的关系研究[J].科学学与科学技术管理,2008(1):98 – 102.

[173] 蔡莉,尹苗苗.新创企业资源构建与动态能力相互影响研究[J].吉林大学社会科学学报,2008(6):139 – 144.

[174] 常根发.产业演化、企业持续成长与企业家——对南京民营经济发展的启示[J].南京社会科学,2005(S1):99 – 106.

[175] 陈闯,雷家骕,吴晓晖.资源依赖还是战略制胜——来自非上市公司的证据[J].中国工业经济,2009(2):15 – 24.

[176] 陈佳贵.关于企业生命周期与企业蜕变的探讨[J].中国工业经济,1995(11):5 – 13.

[177] 陈诗一.节能减排与中国工业的双赢发展:2009—2049[J].经济研究,2010,45(3):129 – 143.

[178] 陈钊,熊瑞祥.比较优势与产业政策效果——来自出口加工区准实验的证据[J].管理世界,2015(8):67 – 80.

[179] 陈志勇,陈思霞.制度环境、地方政府投资冲动与财政预算软约束[J].经济研究,2014,49(3):76 – 87.

[180] 戴魁早.制度环境、区域差异与知识生产效率——来自中国省际

高技术产业的经验证据[J].科学学研究,2015,33(3):369-377.

[181] 戴维奇,刘洋,廖明情.烙印效应:民营企业谁在"不务正业"?[J].管理世界,2016,(5):99-115.

[182] 道格拉斯·C·诺思.经济史中的结构与变迁[M].上海:上海三联书店,1991.

[183] 邓路,谢志华,李思飞.民间金融、制度环境与地区经济增长[J].管理世界,2014(3):31-40+187.

[184] 董保宝,葛宝山.新企业风险承担与绩效倒U型关系及机会能力的中介作用研究[J].南开管理评论,2014,17(4):56-65+87.

[185] 董保宝,李全喜.竞争优势研究脉络梳理与整合研究框架构建——基于资源与能力视角[J].外国经济与管理,2013,35(3):2-11.

[186] 董晓芳,袁燕.企业创新、生命周期与聚集经济[J].经济学(季刊),2014,13(2):767-792.

[187] 杜传忠,郭树龙.经济转轨期中国企业成长的影响因素及其机理分析[J].中国工业经济,2012(11):97-109.

[188] 杜运周,任兵,张玉利.新进入缺陷、合法化战略与新企业成长[J].管理评论,2009,21(8):57-65.

[189] 杜运周,张玉利.互动导向与新企业绩效:组织合法性中介作用[J].管理科学,2012,25(4):22-30.

[190] 龚丽敏,江诗松.21世纪以来企业成长研究的最新进展[J].国外社会科学,2014(1):41-52.

[191] 緱倩雯,蔡宁.制度复杂性与企业环境战略选择:基于制度逻辑视角的解读[J].经济社会体制比较,2015(1):125-138.

[192] 郭润萍,蔡莉.转型经济背景下战略试验、创业能力与新企业竞争优势关系的实证研究[J].外国经济与管理,2014,36(12):3-12.

[193] 郭韬,王晨,任雪娇.区域环境对中国工业企业成长影响的实证研究[J].北京理工大学学报(社会科学版),2017,19(3):15-24.

[194] 郭小金.企业生命周期理论视角下的财务资源整合途径[J].江西社会科学,2011,31(4):74-78.

[195] 范子英,田彬彬.税收竞争、税收执法与企业避税[J].经济研究,

2013,48(9):99-111.

[196] 樊纲,王小鲁,马光荣.中国市场化进程对经济增长的贡献[J].经济研究,2011,46(9):4-16.

[197] 樊纲,王小鲁,朱恒鹏.中国市场化指数——各省区市场化相对进程 2011 年度报告[M].北京:经济科学出版社,2011.

[198] 傅红岩,孙国浩.企业规模与成长关系的研究[J].经济理论与经济管理,1999(1):53-57.

[199] 付宏.中国新创企业成长轨迹的实证研究[M].北京:科学出版社,2013.

[200] 付强.制度环境、终极控制人代理与并购绩效[D].重庆大学,2015.

[201] 辜胜阻,易善策,杨威.30 年改革开放道路的历史经验及其中国特色[J].统计与决策,2008(24):123-124.

[202] 韩超,肖兴志,李姝.产业政策如何影响企业绩效:不同政策与作用路径是否存在影响差异?[J].财经研究,2017,43(1):122-133+144.

[203] 韩晶,陈超凡,施发启.中国制造业环境效率、行业异质性与最优规制强度[J].统计研究,2014,31(3):61-67.

[204] 韩淑娟.资源禀赋对中国人口城市化发展的影响[J].中国人口·资源与环境,2014,24(7):52-58.

[205] 韩炜,薛红志.基于新进入缺陷的新企业成长研究前沿探析[J].外国经济与管理,2008(5):14-21.

[206] 韩炜,杨俊,包凤耐.初始资源、社会资本与创业行动效率——基于资源匹配视角的研究[J].南开管理评论,2013,16(3):149-160.

[207] 韩亚欣,吴非,李华民.中国经济技术开发区转型升级之约束与突破——基于调研结果与现有理论之分析[J].经济社会体制比较,2015(5):150-163.

[208] 韩忠雪,周婷婷.产品市场竞争、融资约束与公司现金持有:基于中国制造业上市公司的实证分析[J].南开管理评论,2011,14(4):149-160.

[209] 何文君.增量改革与东西部制度创新[J].四川大学学报(哲学社会科学版),2005(6):30-34.

[210] 贺小刚,沈瑜.基于企业家团队资本视角的新创企业成长理论探

析[J].外国经济与管理,2007(12):30-37.

[211] 胡浩志,卢现祥.企业专用性人力资本与员工工资——基于CGSS的实证研究[J].北京师范大学学报(社会科学版),2011(2):126-132.

[212] 胡军.开发区政府行为的制度分析:对泰达管理体制的研究[J].上海经济研究,2005(11):96-99.

[213] 胡望斌,张玉利.新企业创业导向转化为绩效的新企业能力:理论模型与中国实证研究[J].南开管理评论,2011,14(1):83-95.

[214] 黄玖立,吴敏,包群.经济特区、契约制度与比较优势[J].管理世界,2013(11):28-38.

[215] 黄海霞,张治河.基于DEA模型的我国战略性新兴产业科技资源配置效率研究[J].中国软科学,2015(1):150-159.

[216] 黄茂钦.论产业发展的软法之治[J].法商研究,2016,33(5):75-84.

[217] 江曙霞,董保民,张小博.产出吸引、制度演进与增量改革的产权边界——基于中国制度演进路径的动态考察[J].经济研究,2006(9):62-74.

[218] 金宇超,施文,唐松,靳庆鲁.产业政策中的资金配置:市场力量与政府扶持[J].财经研究,2018,44(4):4-19.

[219] 李洪亚,史学贵,张银杰.融资约束与中国企业规模分布研究——基于中国制造业上市公司数据的分析[J].当代经济科学,2014,36(2):95-109+127-128.

[220] 李洪亚.R&D、企业规模与成长关系研究——基于中国制造业企业数据:2005—2007[J].世界经济文汇,2014(3):98-120.

[221] 李后建.制度环境、寻租与企业创新[D].重庆大学,2014.

[222] 李坤望,蒋为,宋立刚.中国出口产品品质变动之谜:基于市场进入的微观解释[J].中国社会科学,2014(3):80-103+206.

[223] 李力行,申广军.经济开发区、地区比较优势与产业结构调整[J].经济学(季刊),2015,14(3):885-910.

[224] 李强,徐康宁.资源禀赋、资源消费与经济增长[J].产业经济研究,2013(4):81-90.

[225] 李诗田,邱伟年.政治关联、制度环境与企业研发支出[J].科研管理,2015,36(4):56-64.

[226] 李新春,梁强,宋丽红.外部关系—内部能力平衡与新创企业成长——基于创业者行为视角的实证研究[J].中国工业经济,2010(12):97-107.

[227] 李心合.知识经济与财务创新[J].会计研究,2000(10):40-42.

[228] 李雪灵,韩自然,董保宝,于晓宇.获得式学习与新企业创业:基于学习导向视角的实证研究[J].管理世界,2013(4):94-106+134.

[229] 李雪灵,张惺,刘钊,陈丹.制度环境与寻租活动:源于世界银行数据的实证研究[J].中国工业经济,2012(11):84-96.

[230] 李妍妍.改革开放初期增量改革的实践及当代启示[J].中共石家庄市委党校学报,2015,17(7):31-34+38.

[231] 李扬,王国刚,刘煜辉.中国城市金融生态环境评价.2005[M].北京:人民出版社,2005.

[232] 李云鹤,李湛,唐松莲.企业生命周期、公司治理与公司资本配置效率[J].南开管理评论,2011,14(3):110-121.

[233] 李政.企业成长的机理分析[M].经济科学出版社,2005.

[234] 李志能.新创企业:大企业的"小版本"?[J].南开管理评论,2002(3):33-38.

[235] 梁强,罗英光,谢舜龙.基于资源拼凑理论的创业资源价值实现研究与未来展望[J].外国经济与管理,2013,35(5):14-22.

[236] 梁强,邹立凯,宋丽红,李新春,王博.组织印记、生态位与新创企业成长——基于组织生态学视角的质性研究[J].管理世界,2017(6):141-154.

[237] 廖开容,陈爽英.制度环境对民营企业研发投入影响的实证研究[J].科学学研究,2011,29(9):1342-1348.

[238] 刘慧龙,吴联生.制度环境、所有权性质与企业实际税率[J].管理世界,2014(4):42-52.

[239] 刘林平,张春泥.农民工工资:人力资本、社会资本、企业制度还是社会环境?——珠江三角洲农民工工资的决定模型[J].社会学研究,2007(6):114-137+244.

[240] 刘瑞明,赵仁杰.国家高新区推动了地区经济发展吗?——基于双重差分方法的验证[J].管理世界,2015(8):30-38.

[241] 刘小元,林嵩.地方政府行为对创业企业技术创新的影响——基

于技术创新资源配置与创新产出的双重视角[J].研究与发展管理,2013,25(5):12-25.

[242] 刘伟,杨贝贝,刘严严.制度环境对新创企业创业导向的影响——基于创业板的实证研究[J].科学学研究,2014,32(3):421-430.

[243] 刘艳.中国战略性新兴产业集聚度变动的实证研究[J].上海经济研究,2013,25(2):40-51.

[244] 刘曜,干胜道.企业成长:定义及测度[J].软科学,2011,25(2):141-144.

[245] 刘智勇,姜彦福.新创企业动态能力:微观基础、能力演进及研究框架[J].科学学研究,2009,27(7):1074-1079.

[246] 吕一博,苏敬勤,傅宇.中国中小企业成长的影响因素研究——基于中国东北地区中小企业的实证研究[J].中国工业经济,2008(1):14-23.

[247] 鲁桐,党印.公司治理与技术创新:分行业比较[J].经济研究,2014,49(6):115-128.

[248] 马光荣.制度、企业生产率与资源配置效率——基于中国市场化转型的研究[J].财贸经济,2014(8):104-114.

[249] 马歇尔.经济学原理[M].北京:商务印书馆,1981.

[250] 毛其淋,许家云.中间品贸易自由化、制度环境与生产率演化[J].世界经济,2015,38(9):80-106.

[251] 毛其淋,许家云.政府补贴、异质性与企业风险承担[J].经济学(季刊),2016,15(4):1533-1562.

[252] 聂普焱,黄利.环境规制对全要素能源生产率的影响是否存在产业异质性?[J].产业经济研究,2013(4):50-58.

[253] 彭学兵,胡剑锋.初创企业与成熟企业技术创业的组织方式比较研究[J].科研管理,2011,32(7):53-59.

[254] 钱学锋,陈勇兵.国际分散化生产导致了集聚吗:基于中国省级动态面板数据 GMM 方法[J].世界经济,2009,32(12):27-39.

[255] 钱雪松,康瑾,唐英伦,曹夏平.产业政策、资本配置效率与企业全要素生产率——基于中国 2009 年十大产业振兴规划自然实验的经验研究[J].中国工业经济,2018(8):42-59.

[256] 钱文荣,卢海阳.农民工人力资本与工资关系的性别差异及户籍地差异[J].中国农村经济,2012(8):16-27.

[257] 宋凌云,王贤彬.重点产业政策、资源重置与产业生产率[J].管理世界,2013(12):63-77.

[258] 孙早,肖利平.产业特征、公司治理与企业研发投入——来自中国战略性新兴产业A股上市公司的经验证据[J].经济管理,2015,37(8):23-34.

[259] 任萍.新企业网络导向、资源整合与企业绩效关系研究[D].吉林大学,2011.

[260] 芮正云,庄晋财.创业者网络能力、吸收能力与新创小微企业成长[J].财经论丛,2014(11):74-81.

[261] 盛斌,毛其淋.贸易自由化、企业成长和规模分布[J].世界经济,2015,38(2):3-30.

[262] 邵传林,邵姝静.制度环境、金融发展与企业研发投资:一个文献综述[J].首都经济贸易大学学报,2016,18(3):110-116.

[263] 宋瑛,陈纪平.政府主导、市场分割与资源诅咒——中国自然资源禀赋对经济增长作用研究[J].中国人口·资源与环境,2014,24(9):156-162.

[264] 苏芳,毛基业,谢卫红.资源贫乏企业应对环境剧变的拼凑过程研究[J].管理世界,2016(8):137-149+188.

[265] 苏敬勤,王鹤春.企业资源分类框架的讨论与界定[J].科学学与科学技术管理,2010,31(2):158-161.

[266] 田莉.新技术企业初始资源禀赋与初期绩效关系研究[J].中国科技论坛,2009(9):52-57.

[267] 田莉.新企业初始条件与生存及成长关系研究前沿探析[J].外国经济与管理,2010,32(8):27-34+41.

[268] 田莉.基于初始条件的新创企业组织烙印机制研究[J].管理学报,2012,9(12):1800-1809.

[269] 田莉,龙丹.创业过程中先前经验的作用解析——最新研究成果评述[J].经济理论与经济管理,2009(11):41-45.

[270] 田莉,张玉利.基于创业团队先前经验的新技术企业市场进入战略选择研究[J].管理科学,2012,25(1):1-14.

[271] 唐跃军,宋渊洋.中国企业规模与年龄对企业成长的影响——来自制造业上市公司的面板数据[J].产业经济研究,2008(6):28-35.

[272] 汤文仙,李攀峰.基于三个维度的企业成长理论研究[J].软科学,2005(1):17-20+33.

[273] 佟爱琴,朱建霞,黄思雅.人力资本、财务资本与资本结构——基于高新技术上市公司的经验数据[J].南京审计学院学报,2014,11(3):104-112.

[274] 向宽虎,陆铭.发展速度与质量的冲突——为什么开发区政策的区域分散倾向是不可持续的?[J].财经研究,2015,41(4):4-17.

[275] 肖兴志,何文韬,郭晓丹.能力积累、扩张行为与企业持续生存时间——基于我国战略性新兴产业的企业生存研究[J].管理世界,2014(2):77-89.

[276] 熊和平,杨伊君,周靓.政府补助对不同生命周期企业R&D的影响[J].科学学与科学技术管理,2016,37(9):3-15.

[277] 许家云,毛其淋.中国企业的市场存活分析:中间品进口重要吗?[J].金融研究,2016(10):127-142.

[278] 徐虹,林钟高,芮晨.产品市场竞争、资产专用性与上市公司横向并购[J].南开管理评论,2015,18(3):48-59.

[279] 徐康宁.产业聚集形成的源泉[M].北京:人民出版社,2006.

[280] 徐中,姜彦福,谢伟,林嵩.创业企业架构能力、元件能力与绩效关系实证研究[J].科学学研究,2010,28(5):747-756.

[281] 汪建,周勤,赵驰.产业链整合、结构洞与企业成长——以比亚迪和腾讯公司为例[J].科学学与科学技术管理,2013,34(11):103-115.

[282] 汪少华,佳蕾.新创企业及浙江新创企业的创业基础与成长特征[J].南开管理评论,2003(6):18-21.

[283] 汪伟,史晋川.进入壁垒与民营企业的成长——吉利集团案例研究[J].管理世界,2005(4):132-140.

[284] 王斌,宋春霞.创业企业资源禀赋、资源需求与产业投资者引入——基于创业板上市公司的经验证据[J].会计研究,2015(12):59-66+97.

[285] 王兵,聂欣.产业集聚与环境治理:助力还是阻力——来自开发区设立准自然实验的证据[J].中国工业经济,2016(12):75-89.

[286] 王凤荣,高飞.政府干预、企业生命周期与并购绩效——基于我国地方国有上市公司的经验数据[J].金融研究,2012(12):137-150.

[287] 王浩宇.资源整合、创业学习与新创企业创新的关系研究[D].吉林大学,2017.

[288] 王君,周振.从供给侧改革看我国产业政策转型[J].宏观经济研究,2016(11):114-121.

[289] 王书斌,徐盈之.信任、初创期企业扩张与市场退出风险[J].财贸经济,2016(4):58-70.

[290] 王铁媛.制度环境、管理层权力与投资效率研究[D].中央财经大学,2015.

[291] 王秀峰,李华晶,张玉利.创业环境与新企业竞争优势:CPSED的检验[J].科学学研究,2013,31(10):1548-1552+1547.

[292] 王永进,盛丹,李坤望.中国企业成长中的规模分布——基于大企业的研究[J].中国社会科学,2017(3):26-47+204-205.

[293] 王永进,张国峰.开发区生产率优势的来源:集聚效应还是选择效应?[J].经济研究,2016,51(7):58-71.

[294] 王永钦,杜巨澜,王凯.中国对外直接投资区位选择的决定因素:制度、税负和资源禀赋[J].经济研究,2014,49(12):126-142.

[295] 魏婧恬,葛鹏,王健.制度环境、制度依赖性与企业全要素生产率[J].统计研究,2017,34(5):38-48.

[296] 吴剑峰,杨震宁,邱永辉.国际研发合作的地域广度、资源禀赋与技术创新绩效的关系研究[J].管理学报,2015,12(10):1487-1495.

[297] 吴亮,赵兴庐,张建琦,刘衡.资源组拼视角下双元创新与企业绩效的中介机制研究[J].科学学与科学技术管理,2016,37(5):75-84.

[298] 吴敏,黄玖立."一揽子"政策优惠与地区出口——开发区与区外地区的比较[J].南方经济,2012,30(7):87-102.

[299] 吴先明,张楠,赵奇伟.工资扭曲、种群密度与企业成长:基于企业生命周期的动态分析[J].中国工业经济,2017(10):137-155.

[300] 吴晓晖,叶瑛.市场化进程、资源获取与创业企业绩效——来自中国工业企业的经验证据[J].中国工业经济,2009(5):77-86.

[301] 吴一平,李鲁.中国开发区政策绩效评估:基于企业创新能力的视角[J].金融研究,2017(6):126-141.

[302] 杨杜.企业成长论[M].北京:中国人民大学出版社,1996.

[303] 杨公朴,夏大慰.现代产业经济学.第2版[M].上海:上海财经大学出版社,2005.

[304] 杨俊.基于创业行为的企业家能力研究——一个基本分析框架[J].外国经济与管理,2005(4):28-35.

[305] 杨俊,张玉利,杨晓非,赵英.关系强度、关系资源与新企业绩效——基于行为视角的实证研究[J].南开管理评论,2009,12(4):44-54.

[306] 杨治.产业经济学导论[M].北京:中国人民大学出版社,1985.

[307] 尹苗苗,李秉泽,杨隽萍.中国创业网络关系对新企业成长的影响研究[J].管理科学,2015,28(6):27-38.

[308] 于波,唐任伍.网络社会中自主创新能力提升的框架模式研究[J].北京邮电大学学报(社会科学版),2014,16(3):6-12.

[309] 于飞.制度环境、企业社会责任行为与利益相关者关系质量研究[D].武汉大学,2014.

[310] 于娇,逯宇铎,刘海洋.出口行为与企业生存概率:一个经验研究[J].世界经济,2015,38(4):25-49.

[311] 于晓宇,李雅洁,陶向明.创业拼凑研究综述与未来展望[J].管理学报,2017,14(2):306-316.

[312] 余淼杰.加工贸易、企业生产率和关税减免——来自中国产品面的证据[J].经济学(季刊),2011,10(4):1251-1280.

[313] 余明桂,回雅甫,潘红波.政治联系、寻租与地方政府财政补贴有效性[J].经济研究,2010,45(3):65-77.

[314] 袁鹏,徐媛,刘海洋.中国制造业企业的成长符合Gibrat法则吗?[J].产业经济研究,2017(6):26-37.

[315] 战炤磊.资源禀赋型产业全要素生产率变化:优势还是诅咒?[J].产业经济研究,2014(6):9-20.

[316] 赵桂芹,周晶晗.公司成长与规模是否遵循Gibrat法则——对我国非寿险公司的实证检验[J].产业经济研究,2007(3):11-16.

[317] 张车伟,薛欣欣.国有部门与非国有部门工资差异及人力资本贡献[J].经济研究,2008(4):15-25+65.

[318] 张纯,潘亮.转型经济中产业政策的有效性研究——基于我国各级政府利益博弈视角[J].财经研究,2012,38(12):85-94.

[319] 张娟.人力资本、财务资本与资本结构:理论和实证[J].经济管理,2006(16):48-54.

[320] 张敬伟.新企业成长过程研究述评与展望[J].外国经济与管理,2013,35(12):31-40.

[321] 张维迎,周黎安,顾全林.高新技术企业的成长及其影响因素:分位回归模型的一个应用[J].管理世界,2005(10):94-101+112+172.

[322] 张国峰,王永进,李坤望.开发区与企业动态成长机制——基于企业进入、退出和增长的研究[J].财经研究,2016,42(12):49-60.

[323] 张梦琪.创业者社会资本、创业机会开发与新创企业成长关系研究[D].吉林大学,2015.

[324] 张玉利.企业成长的非对称性问题[J].首都经济贸易大学学报,2004(6):11-14.

[325] 张玉利,杨俊,戴燕丽.中国情境下的创业研究现状探析与未来研究建议[J].外国经济与管理,2012,34(1):1-9+56.

[326] 张玉利,杨俊,任兵.社会资本、先前经验与创业机会——一个交互效应模型及其启示[J].管理世界,2008(7):91-102.

[327] 张原,陈建奇.人力资本还是行业特征:中国行业间工资回报差异的成因分析[J].世界经济,2008(5):68-80.

[328] 郑江淮,高彦彦,胡小文.企业"扎堆"、技术升级与经济绩效——开发区集聚效应的实证分析[J].经济研究,2008(5):33-46.

[329] 祝振铎,李新春.新创企业成长战略:资源拼凑的研究综述与展望[J].外国经济与管理,2016,38(11):71-82.

[330] 曾萍,邓腾智,宋铁波.制度环境、核心能力与中国民营企业成长[J].管理学报,2013,10(5):663-670.

[331] 甄红线,张先治,迟国泰.制度环境、终极控制权对公司绩效的影响——基于代理成本的中介效应检验[J].金融研究,2015(12):162-177.

[332]　周建,方刚,刘小元.外部制度环境、内部治理结构与企业竞争优势——基于中国上市公司的经验证据[J].管理学报,2010,7(7):963-971.

[333]　周晶,何锦义.战略性新兴产业统计标准研究[J].统计研究,2011,28(10):3-8.

[334]　朱晓红,陈寒松,张玉利.异质性资源、创业机会与创业绩效关系研究[J].管理学报,2014,11(9):1358-1365.

[335]　朱秀梅,费宇鹏.关系特征、资源获取与初创企业绩效关系实证研究[J].南开管理评论,2010,13(3):125-135.

[336]　朱秀梅,李明芳.创业网络特征对资源获取的动态影响——基于中国转型经济的证据[J].管理世界,2011(6):105-115+188.

后　记

　　本书的核心内容主要源自我的博士学位论文《企业资源禀赋、制度环境对新企业成长的影响研究》；同时，结合从事教师职业后工作中的所学、所思、所想，补充了演化经济学等内容，并针对近年来新冠疫情、国际经贸摩擦、地缘安全冲突等国内外经济环境变化的新情况，进一步挖掘了研究主题的新内涵。本书的出版对我个人来说具有总结过去、砥砺前行的重要意义。

　　在撰写、补充、修改本书的过程中，我重新翻阅自己的博士学位论文，万种感慨在心头，千般思绪在脑海。本科毕业在企业工作了三年，我辞职考研又考博，一路坎坷自觉不易；本科生、硕士生、博士生三个阶段，我在三个城市就读了三所大学的三个专业，历经波折，不曾放弃，风雨兼程，甘苦自知。回首来路，衷心感谢在我人生旅途中太多给予我帮助、关怀和鼓励的老师、同学和亲朋好友，感谢你们一路扶持，助我前行！

　　值此本书付梓之际，由衷感谢我的家人，是你们给予我全方位的支持，给我勇气和胆魄去追寻自己的人生和理想。感谢我的父母，没有你们从小的教育和培养，我不可能走到今天；没有你们精神和经济上的支持，我也无法心无旁骛地完成学业。求学十余载，大部分时间都不能常伴你们，每当想起父母日渐增多的白发，我常常心有愧疚。感谢我的爱人，是你的无私付出给予我温馨的家。读博期间，我既未成家，又没立业。来到仙林大学城工作后，我才有缘遇到了你，加快了人生进度，定居恋爱、结婚成家；去年我们喜迎爱女的诞生，宝宝现在已经满一周岁，这其间都涉及很多家庭琐事，都离不开你事无巨细的操持和付出。今后的日子里，我会提高效率、加快进度，在学习、工作、生活和家庭等多个方面兼顾和平衡。

　　感谢我的导师吴利华老师，我的点滴进步都离不开您的培养、帮助和关怀；是您的和蔼可亲、平易近人，让我迅速地融入师门团队；是您有针对性的培养、训练，让我能够弥补转换专业底子薄、基础差的短板；是您不厌其烦地纠

后 记

正、打磨我写的论文、做的材料,让我学会如何做好学术论文和科学研究;是您的言传身教,让我体会和感悟如何做事,如何做人,如何做一名优秀的高校教师。

感谢一路走来人生旅途中的诸多老师。在我人生的每一个阶段,是每一位老师扶着我走一段,指点我走一段,看着我独立走一段,最后又把我送上新的旅程;是这么多老师一段一段的接力,我才能走到今天。现在,我也踏上了高校教师的岗位,深感肩上千斤重担。希望自己能一直戒骄戒躁,不断努力,不辜负博士期间的训练和培养,不辜负这么多老师的教导和期望;希望自己能薪火相传,像指导过我的老师们一样,教好书、育好人、做好学术与科研,帮助到我的学生们!

读博的阶段,经历了比原来设想多得多的困难,承受了比原来设想多得多的痛苦,也得到了比原来设想多得多的收获。人生最美的事情莫过于黑暗中的那一缕阳光、绝望中的那一点希望,而更美的是,这一缕阳光扩展为全世界的光明!

李 贡

2023 年 6 月 30 日于南京财经大学仙林校区